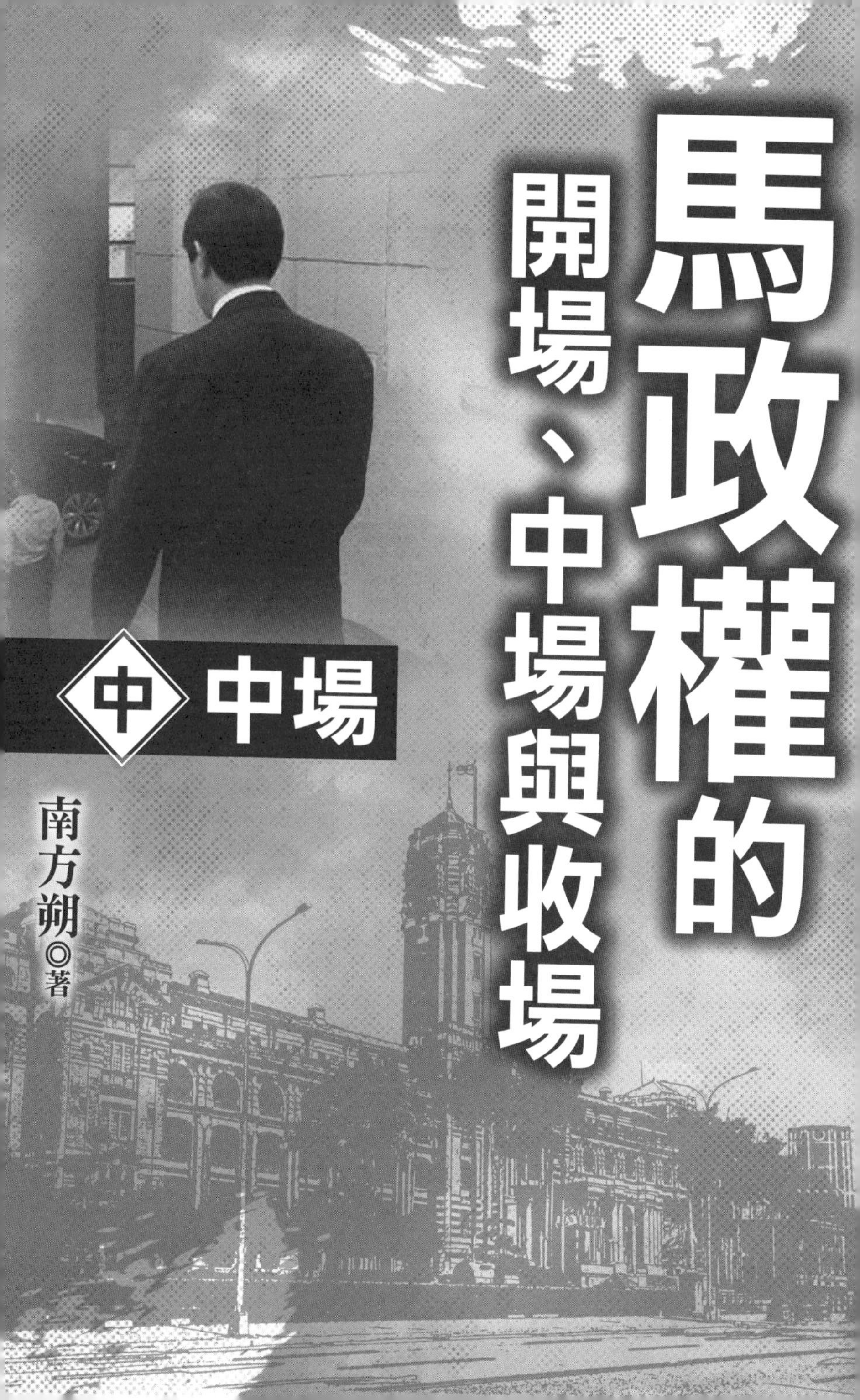

馬政權的開場、中場與收場

中 中場

南方朔◎著

馬政權的開場、中場與收場

(2011～2013)【中場】目錄

第一部 馬政權警訊頻傳

第二部　永不認錯的政權

第三部　政治退化與政爭

※　下冊則將於二〇一六年
　　總統大選結束後即出版

第一部（2011.1～2012.2）

馬政權警訊頻傳

做該做的公義之事，不必然影響選票！

近代政治，已出現一種自己嚇自己和政黨互嚇的文化，每到選舉，大家就拚減稅支票，拚政府多花錢，拚到財政紀律爲之崩壞。大家都相信如果主張緊縮財政或加稅，無疑的是政黨的政治自殺，一定選票跑光光，政權無望。

這種自嚇和互嚇的傳統是如此根深柢固，在這個聖誕老人政治結束的緊縮年代，政治變得陰陽怪氣起來。政黨和執政者明知必須下猛藥緊縮或加稅，但卻害怕這一定會選票流失，政權無望，於是講話做事愈來愈歪著嘴講假話，做假事，十足的鄉愿投機心態。今年七月英國大選，歐洲許多國家也都大選，由於選舉的壓力，政治氣氛遂變得格外詭異，各國都明知必須緊縮財政或加稅，但卻顧及選票而低調處理。想選舉但又怕選舉的心情彌漫各國，英國央行總裁甚至公開表示，現在贏得政權的，由於緊縮的壓力將來一定要做許多惹民怨的事，會再度失去一個世代的政權。由日前全歐各種公務員及大學生抗議示威，而且這個示威潮在二〇一一年不無可能蔓延到有破產之虞的美國州市的政府，我們更可以理解到想選舉但又怕選舉的當今氣氛的確有其依據。

中場

但就在這個陰陽怪氣的鄉愿時刻，英國的《經濟學人》雜誌卻發布了哈佛大學、柏克萊加州大學及紐約大學三位學者最近完成了一項報告，他們研究一九七五至二〇〇八的卅三年間，十九個富裕國家的政經選舉關係。他們發現在財政緊縮時期有十九次大選，只有七次（三七％）造成政權改變；而執政者因爲採取緊縮政策而失去政權的比例亦僅四〇％。採取緊縮支出而失去政權的機率只有二〇％，而採取加稅的，由於要從別人口袋裡搾出錢財，它的失去政權風險較高，達五六％，但也不足百分百。

這三位學者的研究實在極具啓發性，在緊縮時代的選舉，事實上並沒有那麼可怕，過去那種自己嚇自己也顯然只是一種迷思。每個社會的人雖然自私，但還不會太自私，縮減政府支出及加稅，只要理由正當，雖然還是會有些不高興，但當政者是否會因此而失去選票與政權，也未必百分百。緊縮財政，甚或加稅，未必像人們自己嚇自己的是政治自殺。只要自己抓對方向、是非價值清楚，現任者不但不會失去政權，反而會多出勝利的籌碼。怕的是，既怕失去政權，又要搞東搞西，用改革之名來掩飾反改革之事，成爲鄉愿的遊戲，還能不能賺到選票，可就難說了。

而上星期的十八趴及軍教課稅，毫無疑問的乃是一場鄉愿的遊戲。爲了連任的選票而繼續十八趴，八百億的利益他們不放，其罔顧是非正義，縱使講到天涯海角都站不住腳。接著而來的軍教課稅，有改革之名，但大體上「課多少，補多少」，也使得它成了假口號，真做戲，一百廿億原封不動只是換個會計科目繼續存在。台灣喊軍公教改革，最後改成這個模樣，寧不使人浩歎！以改革爲名而掩飾反改革之心，這乃是典型的鄉愿作風。這時候，我突然想起了孔老夫子。

孔子爲至聖先師，他是遠古時代的聖人君子，這種人在活著的時候，絕不可能口出惡言，有損風度；但孔子講到鄉愿這種無是非原則，大小好處要沾，壞處就閃的風格時，火氣還是冒了起來。《論語．陽貨》裡，他說「鄉愿，德之賊也。」在古漢語裡，罵人曰「賊」，那是很嚴重，很粗口的話。孔子的罵人「鄉愿」，西漢思想家徐幹在《中論．考僞第十七》加以引申討論，將徐幹的長篇大論古文翻成今語，他的意思是凡首鼠兩端，說好聽語掩飾不好的事，變亂是非者，「斯乃巧人之雄也，而僞之傑也。」

看著他們大剌剌宣傳說軍教課稅是「改革」，我忽然覺得台灣的改革口號可真是廉價。這時候，我回頭還是想到那三個美國學者啓示。這個時代需要是非道理，真正改革者做該做的事，做了該做的撙結支出甚或加稅，並不一定就是政治自殺；反而搞鄉愿，變亂是非，倒有可能成了政治自殺。做應做的事，堅守應有的是非公義，才是勝利的法門！

百合腐爛，比野草更腥臭

一九六〇年代是美國的進步年代，不只社會進步，甚至政治及道德也進步，並因爲價值進步而解決了許多自古以來即存在的道德糾纏之難題。

我印象最深刻的，乃是當時媒體對民權運動領袖馬丁路德．金恩性醜聞黑新聞的態度。當時金恩博士氣勢如日中天，聯邦調查局局長胡佛堅決的想把他鬥死鬥臭，只要把金恩鬥臭，胡佛相信民權運動也會崩潰。於是他遂下令對金恩全面跟監錄音。而現在的人已知道，金恩雖然在公共性的民權運動有無比的貢獻，但他的性問題卻亂七八糟，他只要赴外地，就常會召妓；有次他的召妓就被預置的錄音機錄到，而且居然是一男二女的三P遊戲，於是胡佛欣喜過望，認爲「這傢伙死定了」，但他把這個黑資料給媒體，卻沒有任何一家要這個天大的獨家新聞。理由是：

一、從某個角度看，金恩的確是個「道德上的僞君子」，但政府機關用公共權力搞他的黑資料，卻是更可惡的「卑鄙真小人」，媒體不要這種爆料獨家新聞，是不想成爲卑鄙手段的幫凶。因爲這種當權者的爆料如果被接受認可，那麼政府還有甚麼更卑鄙的事做不出來？

二、媒體拒登這則爆料性醜聞，可能也有另一重考慮，那就是黑人行為難測，媒體登出這則新聞要鬥死鬥臭金恩，搞不好惹翻了黑人，不但報社一把火被燒掉，甚至該媒體所在的城市都會被暴動的人群弭平，沒有媒體敢犯眾怒。黑人被欺侮了兩百年，好不容易出了個金恩，將以前憤怒的黑人民情導向到非暴力的新方向，摧毀金恩的結果可能是暴力路線的再起，沒有那家媒體敢去做這種豪賭。

因此，當年美國媒體拒絕做卑鄙的幫凶，實在是道德上的了不起貢獻。在西方，自耶穌之後，對偽君子的兩難問題都一直糾纏，耶穌勉勵人們向善，但他在《福音書》裡卻早已指出，人們或多或少都是個偽君子，因此才有那個重要的故事：有次人群逮到一個行淫的女子，人們根據當時的習慣，要用石頭扔擲那個女子到死，耶穌遂對眾人說：「你們中間那自認沒有罪的，他就可以先用石頭打她。」耶穌講了這話後，人群由老到小遂一個個離去，最後只剩耶穌跟那個女子。耶穌跟那個女子說「以後別再犯罪了」，讓她離去。

那個有名的故事，顯示出耶穌知道人人都有偽君子的成分，因而不要在道德上論斷別人。耶穌的真義乃是在勉勵人們道德上自求圓滿，走窄門而止於至善。但耶穌的這個故事，對邪惡的權勢人物卻也啟發了他們硬拗硬扭的空間。每當自己出了問題，就搞那種「諉責對罵的遊戲」（Blame Game），把別人偽君子的部分揪出來，當他證明別人也很爛，他的爛好像就變得可以原諒。而金恩博士那個往事卻顯示出偽君子雖然不應該，但卑鄙的真小人更可惡。卑鄙的真小人可以用揭發別人為偽君子這種賤招而得到一時利益，但這種比爛的伎倆很快就會被人識破，到底誰賺到便宜，猶未可知。

中場

由「卑鄙的真小人」和「僞君子」這種對比，我就想起莎士比亞《十四行詩》的第九十四首。在該首詩裡，莎士比亞對有權勢的人表示，縱使有權力去鬥人整人，但這種賤招也最好不要用，因爲權勢有如天生美麗的花朵，但若搞賤招，就等於好花自爛，最後它的臭味會比腐草更爲難聞：

但若好花受低劣所傳染
則雜草將覺得自己很高貴
美好的事物將因惡劣行徑而成最醜陋
權勢的百合當其腐敗它的氣味將比腐草更腥臭。

最近，國民黨因爲十八趴搞得裡裡外外都討不到好，最後使出爆料這個賤招，將矛頭轉到蔡英文的僞君子課題上。國民黨在一陣起鬨下似乎又搶回上風。但當權政黨用爆料賤招對付在野者，這種招數讓我回想起當年聯邦調查局長胡佛鬥臭鬥垮金恩博士的伎倆，卑鄙的真小人和僞君子雖然一樣爛，但誰才是真的更爛！

政黨本來就該以民意為黨意！

九六年美國大選，民主黨的凱瑞參議員對上尋求連任的布希總統，那次選舉時凱瑞犯了一個致命的抄襲大錯：他的幕僚把英國前工黨主席金諾克那篇「我是我們家族第一個唸大學的」著名演講照本抄襲，後來抄襲之事被人踢爆，凱瑞形象大傷。一個連演講稿都抄的人怎麼可能有能力去治理國政？凱瑞的抄襲風波乃是他敗選的關鍵！

而凱瑞抄襲金諾克，乃是金諾克在西方近代政治上享有極高的聲望。英國的工黨過去曾一度極爲輝煌，但後來國際形勢大變，英國保守黨在前後兩個黨魁兼首相柴契爾夫人及梅傑率領下，率先改造成功；此後即持續長期持政，但英國工黨卻昧於現實，遲遲未做調整，整個工黨仍由工黨基本教義派的黨工和黨員所把持，他們綁架了整個工黨使之無法動彈。當時工黨仍是極有實力的大黨，在倫敦市長選舉時指派的李文斯頓仍可當選，國會裡也出了像湯尼賓這種激進的政治明星，但就全局而論，工黨卻和執政已無關連。面對工黨成爲「無法選得贏」（unelectable）的困境，金諾克臨危受命出任黨魁，他遂扮演起改造工黨的歷史角色。

據我記憶所及，金諾克的改造工黨可真是坎坷萬分，工黨是個民主政黨，公媽公祖一大堆，那個人比你金諾克小，誰敢打誰的主意？英國那幾個重要的產職業工會，那個工會幹部不是功在黨國，能征慣戰，他們雖然已隨著工會勢力的減弱而地位不再像以往那麼顯赫，但關起門來在工黨內部仍有呼風喚雨的能耐，誰敢隨便動這些人一下？金諾克之前的工黨黨魁，好幾人都是望重一方的俊彥，甚至還有過莎士比亞的權威邁可·富特當過黨魁。但都因黨內激進的基本教義派盤據太久，已成了黨章黨綱的核心成份，遂完全無法動彈，任由這些黨工及黨員激進派綁架整個黨，像拖死狗般的舉步惟艱。

但當時的金諾克正值敢衝敢幹的中壯年歲，他真的展開了透過民主手段改造一個激進左翼政黨的歷史性偉業。他逐步透過改變遊戲規則的方式，削弱黨工黨員的表決權，讓基本教義派的勢力縮小，讓黨更能和民意貼近，最後是工黨的大方向也告改變。金諾克黨魁任內，工黨每次開會都像是個相罵場，甚至有時還成了相打場，但工黨的改造終於成功了，舊工黨走入歷史，新工黨上了舞台。金諾克本人並未享受到改造成功的勝利果實，但後來布萊爾出人頭地，新工黨一執政就是十餘年，這都是金諾克的餘蔭。由於歐洲國家在政黨問題上有著同質相似性，英國改造一個激進左翼政黨的經驗，當然有極大的傳奇性，這也是金諾克在其他地區可能名望不大，但在歐美政治圈卻響叮噹的原因，否則美國總統候選人也不會抄他的演講稿了。

金諾克的傳奇故事，對廿世紀後期及廿一世紀的全球政治都有極大的啓發性。現在的世界及各國內部都在快速變化，各個政黨自然必須與時俱進，如此始能貼近時代與民意，一個有為的政黨領袖處於這樣的時刻，遂必須格外有理想，有方向感，有魄力的去從事政黨的改革。而對各國政黨的基本教義派，必須體會到的乃是時代正在快速改變，過去的種種也必須與時俱進。基本教義派基本上乃是停留在過去，它們是以鄉愿做為認知與判斷的基礎，而鄉愿是擋不住時代轉動中的輪子。

金諾克所創造的乃是歷史上少有的政黨轉型的傳奇，這也是近代各國政治要人上百盈千，只要一提到金諾克，就會立即肅然起敬的原因。因為他除了改造老工黨為新工黨的偉業外，他還創造了一個成功不必在我的傳奇。政黨是國家的，不是個人的，政黨領袖與時俱進的改造政黨，就是對國家民主的發展創造出了有益的資產。

基於英國工黨的改造邏輯，民進黨在臨時全代會決定選舉採全民調制，這是個好決定，一個政黨本來就應該以民意為黨意啊！

中場

丐幫人數由誰決定？

周星馳的電影常有神來之筆。在《武狀元蘇乞兒》裡的神來之筆是康熙皇帝和丐幫幫主的那段對話，康熙說：「你丐幫弟子幾千萬，叫朕怎麼放心！」丐幫幫主答說，「我丐幫人數不是我決定，而是你決定的；如果你英明，可以國泰民安，人人有飯吃，人人有書念，鬼才願意去當乞丐！」

丐幫幫主蘇乞兒的那段話，今天在台灣已可改成：「台灣的街友窮人不是由反對派決定的，而是由政府決定；只要政府有能力，國家有希望，就會有公義，人人有好日子過，鬼才願意去當街友，鬼才會爲了一個區區陳光標搞出一堆無聊口水戰！」

這次大陸首富陳光標旋風式的到台灣做了一趟低調之旅，惹出一堆口水戰。如果追根究底，陳光標到台灣發紅包、搞慈善，再怎麼低調也變成了高調，因爲單單他的到台灣，就已戳到了台灣最敏銳也最虛假的自認優越感這根神經線。台灣比大陸優越，以前是「台灣錢淹腳目」，現在怎麼到了大陸人到台灣發紅包搞慈善的地步，於是有些人戴他大帽子，說是「侮辱台灣人」；有人則歪著嘴大扯什麼高調行善和低調行善這種假問題，希望用低調行善優於高調行善這種說法，來保留住那其實早已無法持續的優越感顏面。最無聊的是陸委會，既放陳光標來台，又怕被說成是幫助大陸人侮辱台灣人會影響到選票，於是去扯什麼《金剛經》，轉來繞去兜了個大圈，指不過是要硬拗低調行善優於高調行善而已。他們疏忽了最近期間，台灣請街友低收家庭，席開兩千多桌，又發紅包，還加上大官拚場作秀，那才是最高調的慈善秀，陳光標的低調被炒成了高調，台灣的優越感在作祟而已！

其實，行善高調低調在現代早已成了假問題。古代大家搞小錢給寺廟、教會作慈善，由於大家出小錢，高調也高不起來，但自從現代大老闆做公益起，高調行善早已成了常態。現代公益之父美國的皮波地（George Peabody 1795-1869）出身貧家，致富後常身懷巨款，所經之處見到窮地方，常會撒錢行善，經過這個階段後他由撒錢行善改走人道公益。他捐建自然史博物館給耶魯大學，又在巴迪摩爾市成立全美第一所音樂學院，比茱莉亞音樂學院早了幾十年。皮波地的高調行善，啓發了卡內基、洛克斐勒等偉大的公益企業家，也建立了現在競爭性公益事業的傳統，現在被巴斐特，比爾蓋茲所繼承。

現代企業家做公益早已不用「做慈善」（Charity）這個字，而用「人道公益」（Philanthropy），原因就是現代人認爲，社會救濟與照顧乃是政府的社會責任，有大錢的富人不和政商搶地盤，因爲這只會造成政府的退步不長進，企業家搞人道公益，必須著眼於未來的事業。近代大公益家高調的創辦大學，辦研究機構，在推動先驅性的事業，及世界和平等工作上做著競爭。高調行善的公益競爭有甚麼不好，美國老大哥就是這麼搞的，去罵他們呢！

中場

因此，陳光標閃電來去，惹出偌大風波和口水戰，只是因他戳破了台灣優越感這個紙糊的面子。台灣並沒有多麼窮，但台灣政府的無能，的確讓台灣窮人愈來愈多，經濟看起來亮麗的數字，原來和窮苦老百姓距離那麼遙遠。陳光標來去台灣一趟，等於以一種無言的方式甩了台灣政府一巴掌，他們是怎麼搞的，竟然有本領把「台灣錢淹腳目」搞成「台灣街友滿街走」，前年被服務的街友人次五十五萬，去年已增至七十二萬人次。陳光標到台灣，講了「祖國是台灣的靠山」這種A型和B型台獨都看不進去的刺耳之言，但請這些人總要給台灣的窮人們一個說法，否則明年陳光標再來，必有更多窮人去排隊等著領紅包。

因此，還是回到周星馳在《武狀元蘇乞兒》電影裡的那句話，台灣窮人愈來愈多，罵陳光標是沒有用的，台灣窮人增多不是他的事，而是台灣政府決定的。如果政府有能力人人有工作，人人有書唸，鬼才會去管什麼陳光標的紅包！

台灣有「史潑尼克時刻」的警覺心嗎？

二〇一〇年是中國崛起的關鍵年，在量的方面它的GDP超過了日本，成爲世界第二。在質的方面，它和十九世紀美國崛起的模式相同，經濟起飛後立即能量往科技創新方向集中。二〇一〇年世界經濟出現「節儉式創新」（Frugal Innovation）這種新概念，用來指中國和印度已成爲新興科技創新大國的趨勢。美國「通用電氣」最近發表「全球創新趨勢調查報告」，中國已躋身全球創新四強之列。

中國科技創新雖然突飛猛進，但顯然仍落後美國一大截，但縱使如此，美國也不敢掉以輕心，最近歐巴馬在〈國情咨文〉報告中即提到四項中國的科技創新成就，認爲美國已到了科技再創新的「史潑尼克時刻」（Sputnik Moment）。一九五七年俄國發射太空探測人造衛星史潑尼克號成功，在太空競賽上先馳得點，於是美國傾其國力一路追趕而迎頭趕上。而今歐巴馬舊事重提，顯然中國的創新已對美國造成了極大的挑戰，由此也可看出美國是個多麼有警覺性的國家！

中國的崛起，在量和質上都突飛猛進，它除了衝擊到世界結構，更直接的乃是它反映在

中 中場

兩岸硬軟實力的消長上。我們甚至可以說，二〇一一年已可看出兩岸消長的實質上與符號上的突變。在以前，都是台灣的有錢人娶大陸的女明星女舞星，但從大S嫁入大陸豪門起，這種社會關係已告改變，往後台灣名女人嫁進大陸富豪之家的必然更多。以前都是台灣富人捐錢給大陸救災辨慈善，而自陳光標起，這種關係也反轉了過來。

以前兩岸諜報戰，只有錢多的台灣收買大陸間諜的份，解放軍少將劉連昆被台灣收買即是台灣的最大成就了，而今已反過來輪到台灣將領被收買了。由羅賢哲少將被收買爲期長達九年，而且價碼高達百萬美元以上，真讓人擔心在這種強大銀彈收買攻勢下，台灣還有多少將軍願意欣然去當間諜。再由這次埃及撤僑案，台灣自己表現不佳，很多台灣人寧願去找大陸幫忙，此例一開，將來台灣人在海外遇到危難，恐怕都只有找大陸，而不會去找自己的駐外人員。而由台灣犯人引渡到大陸之事，已可看出它可能是個先例，台灣人將被視爲是中國人來處理。上述這些二〇一一年的新實例，已顯示出兩岸硬軟實力的消長，已不只影響到社會關係，更會影響到台灣人的身分關係，以及主權認同關係。

除了兩岸消長在二〇一一年已使基本關係出現改變外，最重要的厥爲經濟問題，大陸由於科技創新的能量，它已將高新科技列爲「十二五計畫」的重點，這對大陸台商已造成極大壓力。台商已開始警惕，當「十二五計畫」的扶植高新科技，特別是扶植大陸自己的中小企業後，必將對台商空間造成擠壓。

因此，自二〇一一年起，由於大陸經濟量與質的突飛猛進，特別是兩岸消長所造成的各種關係的生變，對台灣而言，它應是比美國的「史潑尼克時刻」更嚴重的挑戰時刻。問題在於，歐巴馬那種「史潑尼克時刻」的警覺心在台灣有嗎？

當代記號學權威，也是世界級的作家及評論家艾柯反覆指出，近年來許多社會由於受制於輕媒體、輕政治的左右，已耽溺在一種「快樂的民粹主義」中；媒體上充斥著男女名流及政府廠商提供的軟性快樂新聞及八卦，它愈來愈不喜歡沉重，於是輕媒體，做秀式的輕政治遂成了當今這個時代快樂民粹主義的主流，而當媒體和政治都愈來愈輕、社會遂在大家都無心理會下愈變愈沉重。快樂的民粹主義式媒體治國，在感覺上甚爲良好，但在應當有「史潑尼克時刻」警覺心的時候，放棄了警覺心，最後的沉重代價就只好由社會自己來概括承受！

二〇一一年，乃是繼二〇一〇年中國在世界秩序上量與質突飛猛進後，在硬軟實力上改變了兩岸各種關係的一年。因此，二〇一一年理應是台灣最嚴峻的「史潑尼克時刻」，無論經濟、科技、軍事都要重做戰略部署，看媒體快樂治國的人有這樣的心理準備嗎？

中場

當政者說謊，還是撇不清？

古人常說，如果對重大問題欠缺了宏觀周詳的思考，而只是泄泄沓沓矇混過日子，就難免出現捉襟見肘，窘態畢露的結果。連日來，馬總統到底有沒有介入扁嫂吳淑珍的免入監案，鬧翻了半個天，藍營人士有四七％表示不能接受，並揚言「二〇一二票投不下去」，馬總統則表示他沒有介入這種個案。他到底是在說真話或說謊，已成了大家共同的疑問。

馬總統到底有沒有介入吳淑珍的免入監案，二〇一一年二月七日的台灣《壹週刊》第五〇二期即做了獨家報導，稱「府院高層定調，馬英九指示吳淑珍免入監」。該報導稱，去年十一月十五日府院黨五人小組開會，確定了「扁嫂不用關」，但要法務部做好「技術處理」。該報導並稱，法務部後來的動作，「不過是在舖排一齣已寫好劇本的戲碼」而已。府院黨的這項決定，後來民進黨主席蔡英文也知悉，她在十二月七日黨內「中國小組」會議時也向與會學者透露：「馬英九說吳淑珍不會關。」

對《壹週刊》的這項報導，我曾做了查證，發現該刊所說大體屬實，它並沒有杜撰新聞。意思就是說，馬總統宣稱他沒有介入扁嫂這起個案，乃是在說謊。而且是很嚴重的大謊。由於台中監獄的培德醫院拒收吳淑珍，造成藍營群眾大反彈，揚言「二〇一二不投票」，國民黨十八日晚間得悉後已嚇壞了，漏夜急忙召開緊急應變會議，遂有了十九日馬總統參加退休將領春節餐會的說謊撇清。由此已可看出吳淑珍案已對國民黨發揮了多大的殺傷力。而這種殺傷力對馬總統而言，實在可說是咎由自取。

任何國家，當過領導人這種層級的重要人物涉及的任內犯罪，後任者為免被人認為是在搞清算，他當然不能對案子本身下任何指導棋，但不下指導棋卻不意謂著對這種案件完全無所作為。做過國家領導人這種等級的人物，他們的起訴審判和入獄，每項決定都動見觀瞻，而且會使他那邊的群眾出現各種不可測的反應，因此對這種案子均宜特別組成司法委員會來處理，其成員由該社會裡具有真正公信力的法政人士擔任，並由特別法庭來審理。只有透過這種特別及具有公信力的安排，一個社會才可避免因為這種人審判及判決執行而讓社會更加分裂與對立。這是種特別的制度性安排，只有透過這種制度的安排，始可免於社會撕裂的擴大。

但在台灣，我們的領導人卻用一句似是而非的「不干預司法」就撇開了他對司法制度改革的責任。整個陳水扁案，我們從不特別的特偵組檢察官，到一點也不特別的普通等級的法官，他們怎麼有足夠的智慧與公信力來受理如此影響重大且深遠的案件。從扁案偵辦、起訴、審判到判決執行，我們司法體系裡這些一點也不特別的司法人員，他們必須面對各種立場群眾的批評與威脅，任何處理不是這邊不高興，就是那邊罵成一片。整個台灣社會的藍綠對立，其實已因扁案而更加惡化，甚至整個司法體系的尊嚴與信心也都因此而被嚴重損傷。

應該由司法特別制度來處理的扁案由普通一般法庭來處理，等於是他們已承擔了他們根本承受不起的重量。爲了扁案，我們事實上已折損了好多位假以時日應該大有前途的檢察官和法官。

而當政者以「不干預司法個案」這似是而非的空話，拋棄了自己對制度改革責任，它所造成的幾是藍綠基本教義派的日益蔓延茁壯，最後是這種力量反打回他自己的身上。他那種嘴巴上說「不干預司法個案」，其實卻暗中操作一切的手段在曝光後，整個藍營群眾有四七%的人大反彈。雖說這些人只是一時憤怒，選舉時還是會回籠，但四七%反彈，只要有五%不回籠，二〇一二就已相當危險。國民黨十八日晚間即召開緊急應變會議，以及接下來又說謊撇清，但真的撇得清嗎？由這場風波對當政者的警告是：對任何事都要有全套理想與改革做法，泄沓講空話混日子的美好時光真的已過去了！

政黨是選舉機器或特遣部隊？

三月五日高雄、台南立委補選，不令人意外的是民進黨拿下這兩席，而令人意外的是兩黨實力在這次補選中已拉大了差距到六四、七三之間。小英主席選後表示，打完這場前哨戰後，民進黨將以重返執政及國會過半爲目標。她的話已沒有人視爲空話，大家都認爲是很有可能成真。

連日來，各媒體討論兩黨消長的評論已多，毫無疑問的，幾乎都一致認爲國民黨已出現深重的執政危機，而它的政黨則嚴重的士氣渙散。民進黨任何艱困地區的選舉，都會有人請纓上陣，打一場雖敗猶榮的漂亮選戰；國民黨則勇於內鬥，怯於公戰，艱困地區已搞到無人應戰，只好勉強挖角湊數，難怪藍綠版圖消長日益加速。藍軍在領先的地區其領先差距快速縮小，綠軍在領先地區的領先差距急速拉大，整個台灣之圖，看起來已真的由藍大綠小被轉變爲綠大藍小了。這種形勢是怎麼造成的？二〇〇八年國民黨不是才以兩百萬的領先差距贏得大位嗎？這兩百萬票怎麼才三年就全部人間蒸發了？

就在最近，我才讀過美國南伊大教授瓦斯比（Stephen L. Wasby）所輯的《美國政府及

政治》論文集，在該書的政黨部分指出，任何民主社會都有由理念相似，改革夢想相同的人們組成政黨，因此政黨先天就是個政治上的「特遣部隊」（Task force）。孫中山先生所謂的有思想、有信仰，才會有力量，說的就是這個道理。

在該書也指出，在美國歷史上有許多個高度庸俗化的階段，搞政治的把政黨的這種理念夢想色彩拋棄，將政黨視爲簡單的政治操作機器。而幾乎毫無例外的，乃是當政黨變成了沒有靈魂的機器，它就注定一步步向下沉淪，或爲當官發財的腐敗群體。近年來國民黨雖在某些日子會把孫中山先生抬出來搞些慶祝秀，但中山先生的三民主義早已不知丟到哪裡去了。國民黨宣稱國民黨甚麼東西也不是，只不過是個選舉機器。問題在於一個政黨不去思考，不去改革，讓未來沒有夢想，它哪裡會有仁人志士，一堆大大小小的黨官僚，選舉機器又怎麼動得起來？一個不會動的選舉機器又要怎麼去選？難怪國民黨幾乎是每戰必敗北了，我不知道二〇一二這個機器要怎麼動起來？

而一個政黨淪爲動不起來的選舉機器，當然又得追溯到它的政黨領導人角色了。在一個民主社會，政黨領導人必須更加努力的去領導民意和回應民意。他必須要有更大的聰明才智，更多的勇氣擔當，要像美國開國元勛之一的漢米爾敦所說的，一個傑出的領袖人務，必須隨時都全身武裝配備齊全，始有可能應付民主之挑戰。但這種辛苦的政治領袖在現在的國民黨內已告絕了跡。

今天的國民黨領袖雖然事事管，但也事事都不管，出了問題就萬變不離其宗的一句「看民意的態度」而定。一個政黨必須快速凝聚民意，必須在最快時間內即講出某件事我的態度是甚麼，當一個黨連這種最低限的氣魄都已消失不見，難怪整個龐大的黨機器都陷入永遠的冬眠狀態了。國民黨的問題是它的弱領導已到無領導的程度。就像是個機器，看起來光鮮亮麗，但卻沒有發動機，一切都成了白搭！政黨沒有發動機，政府也沒有發動機，難怪百年的它顯得如此暮氣了。

三月五日的補選立委結束後，一切的前哨戰都已打完，接下來就是熱身賽和總會賽。不過短短的三年，國民黨即由形勢大好像溜滑坡一樣，變成了形勢不佳；而相對的則是短短三年，民進黨卻能由打癱在地，快速翻轉為可能逆轉勝。兩黨如此消長，其實已顯示出組織學上的一個鐵律，那就是無論團體、政黨、政府，它的活力之維持，都必須要有人扮演起思想和行動上的發動機。當動力不絕，這個組織就會永動，如果沒有了發動機，缺乏了源頭活水，這個組織就會愈轉愈慢，終至嘎然停止不動！

兒童不幸福，台灣社會的警訊

近代「幸福學」研究興起，它談的不是全球卅億每天活不到二美元的窮人的幸福問題，也不是在談飽受列強侵略處於戰亂之中的人們是否幸福的問題；「幸福學」關心的是富裕和接近富裕的社會，儘管財富增加，房子也愈住愈大，爲何人們的幸福感不增反降。特別是兒童青少年，好像與幸福的距離日益遙遠。

西方富裕社會的確平均財富在增加，但財富的增加卻是以家庭及社會價值的瓦解爲代價的。

就以家庭價值爲例，由於現在破碎家庭多，美國十五歲前的小孩有二分之一不和生父母一同生活；家庭破碎在人的幸福感上扣分極大。在正常家庭，每天同聚晚餐乃是必須，現在則是有四分之一家庭這種晚餐每星期少於四次；英國人平均每天盯著電視三點五小時，已無暇理會小孩。所有這些現象都造成兒童青少年從很早起就有被背叛，被冷淡，被拋棄之感，這種挫折人格乃是精神疾病，反社會暴力犯罪的源頭。兒童青少年從很早就和同儕小團體的人相濡以沫，這種挫折感相互激盪強化，也造成了兒童青少年很早開始就黑道化。

而在社會這一面，由於社會不平等擴大，由於貧富差距而造成的犯罪增加，而電視上不斷宣揚的富人成功故事，只是擴大人們的認知差距，以反方向的方式強化了人們的反社會情緒。以美國為例，它嚴厲執法將人送進監獄，平均每一百卅人就有一人關在牢裡，特別是黑人男子，有百分之五都在入監；若以十五至廿九這個年齡層為例，黑人入監的比例高達百分之十二，最富裕的大國早已成了全世界第一監獄大國。一個社會的基本互信已告解體，一九五九年，美國人百分之五十六認為其他人是可信的，這個比例現已降到百分之卅；英國則由百分之五十六降到百分之卅三；英國已有三分之一的人認為夜晚散步是不安全的。當一個社會的成員對社會已如此沒有信心，難怪人們的幸福感日益降低了。

當代幸福學領導學者，英國倫敦政經學院教授雷雅（Richard Layard）指出，一個幸福社會不能只看經濟和所得，更重要的乃是要看家庭與社會，特別是兒童青少年的處境；若一個社會多數兒童青少年都活得極不幸福，甚至出現挫折人格，及被出賣背叛和被冷落的情緒，這種不幸福感就會持續擴大和遺傳，這個社會就會往暴力社會的方向移動。雷雅教授特別指出，一個幸福社會以互助合作為基礎，而不是以鼓勵人們賺錢和追求成功做為基礎。西方社會錢愈賺愈多，而人們的不幸福感卻有增無減，這對全世界正在發展中的社會，已等於是個極好的反面教材。

日前，兒童福利聯盟公布了家庭溫暖指數調查報告，受訪兒童用「我家像壓力鍋」、「我家是核爆廠」、「我家像監獄」、「家裡只是吃飯睡覺的地方」、「我家冷冰冰的，我就像流浪狗一樣被人冷落」，「有時像天堂、有時又是地獄」，由兒童的這些自我評語，當

今台灣兒童的不幸福感可說已相當嚴重。由此也可看出，台灣其實正走在西方那種社會愈富裕，人們的幸福感不升反降的方向上。如果我們的政府及社會不能重視幸福感失落這個問題，再接下來就是反社會暴力大增，社會像是個壓力鍋，不知何時會出現大亂子。

幸福感的失落，並不是說幾句諸如「應加強家庭溫暖教育」、「今日應多花心思在子女身上」的空話即能應付的問題。當代幸福學的研究早已指出，幸福的社會第一要義乃是必須在社會平等上做出許多努力。若社會公平，那種由於憤怒而產生的不滿情緒就不會亂竄，社會能量就會被帶到一個相對肯合作、有善意的方向上。一個不公平的社會肯定不可能成爲幸福的社會。言至於此，英國效用主義哲學家邊沁的那句「極大多數人最大的幸福」，仍應是政治的第一目標！

政治人物別把自己關在閃亮的鐵籠子裡

最近抽空又把喬治梅森大學經濟學教授蒂勒・柯文（Tyler Cowen）所著的《生出何價》讀了一遍，感慨更深了。柯文指出，在這個政治人物愈來愈像明星的時代，他們只把避免被罵當成最高標準，也像明星一樣經營粉絲俱樂部；這種人由於這個也怕，那個也不願意，自然愈來愈趨保守，甚至會完全失去對各類問題的判斷力，於是他就注定永遠落在時代後頭，愈怕被罵的人反而愈容易招來各種罵。他的一切行爲都圍繞著閃避被罵而兜著圈子，再也做不出正經事情來。

這就是明星或政治人物可悲的下場，他們絞盡腦汁搞形象、搞宣傳，最後一切努力全部成了反座力倒打了回來。政治人物的主職乃是替國家造願景、替社會謀福祉，能夠如此用心的政治人物，他自然能夠判斷何者爲是、何者爲非，是能以改革的願景凝聚人民的向心，並催動出整個政府的潛力。不在根本處下功夫，只在枝節的形象上做虛幻，最後只會造成政府體制的無所適從及癱瘓如散沙！這種明星式而非領導式的政治人物，他們替自己造了一個光鮮亮麗的鐵鳥籠，已和台灣百姓分開。

中 中場

於是，台灣最近這兩年，我們總是看到關在鐵鳥籠裡面的馬政府，一再重覆的演出由於沒有了判斷力而犯下嚴重錯誤，而後，爲了拯救形象而拚命的打躬作揖道歉，這種先倨而後恭的無聊當有趣的戲碼。「八八風災」乃是這種模式的基本型態。

在「八八風災」伊始，台灣朝野上下幾乎一致的主張願總統發布緊急命令，全力動員搶救。但這種呼籲卻完全未獲理睬，到了後來台灣舉島罵翻了天，於是他又到處去鞠躬十五秒道歉，但這種扮可憐、裝無辜的舉動，怎麼可能扭轉已被傷透了心的台灣百姓？八八風災已使人們懷疑這個自關在鐵鳥籠裡的政府，他們的心是怎麼長的？除了老百姓手上的那張選票外，他們還關心甚麼？

而「八八風災」這種行爲模式，從此成了台灣定期上演的戲碼。國光石化案、台灣核能政策案，這種問題都不是簡單的技術問題，而是攸關台灣未來方向的願景性及長程性問題；但我們政府那一群關在鐵鳥籠的官僚階級，面對這些新興的價值判斷問題，打從一開始就以舊思維表示核能政策不變、石化政策不變的立場。當你們政策不變的立場都已宣示於前，別人反國光石化案的誓師餐會，去了又有何意義，莫不是又是另一種摸頭的動作？聽人講話，每個人講話都言簡意賅，根本沒有必要去搞勤記筆記這種小動作，基於同理，別人反國光石化、反核能，各種主張大家也都耳熟能詳，哪有必要去搞出溝通這種戲碼。搞出這種戲碼，除了是在搞形象，顯示我很理性他們很不理性的宣傳外，可有任何其他意義？

再如提名恐龍法官爲大法官一事，這更是個羅生門故事，該邵姓女法官在被召見約談時，肯定有表示自己的爭議性，但除非把總統府的錄音帶公布，府方說不知道根本無從證實。根據個人粗淺的認知，該邵姓法官一定有說，但當時他們也沒有意見，只是到了後來見諸媒體，引獲強烈反彈，他們才慌了手腳，臨時撤消提名。由該案已可看出問題的真正關鍵，乃是他們對問題的重要不重要早已失去了判斷力，而不是媒體所說的是「菁英意識」所致。

這個政府最大的麻煩，乃是它除了形象文宣外，對各式各樣的問題都早已失去了判斷力，只有人民罵成一團時，他們才知道問題嚴重而去扮可憐、裝無辜的修補形象，由於某人的形象最重要，他們在修補形象的同時，當事人當然也就被踩在腳底。近年來，他們為了個人形象而去踩別人之事已屢見不鮮，從這樣的角度看，這個形象至上的政府，其實也是蠻殘酷的，一個自己沒有了判斷力的政府，最後一定淪落到凡事都被動的地步，一出了事就要急著去撇清，去扮無辜。這種政府又怎麼可能會得到人民的尊敬呢？甚至刻意培養的粉絲，也會有朝一日看破手腳而跑光光！

中場

你們愛台灣，台灣不愛你們！

幾年前，美國西北大學教授蓋瑞．威爾士（Gary Wills）寫了一本足可列入當代學術經典的《必要之惡：美國人不信任政府史》。他指出，美國自從殖民時代以來，人們就以防政府之弊爲重要認知目標，但隨著時間的推演，愈到後來政府愈被少數集團所把持，再也做不出政府應有的「必要之善」的事，於是美國人對政府的不信任遂日甚一日，幾年前美國的民兵組織大盛，發生許多起拿起槍枝炸彈和政府對幹的大案，可見人民不信任政府的程度了。

將政府視爲一種惡，近年來這種感覺日益普遍。蓋瑞．威爾士說道：「當政府無法顯示出人性美德，它就會被認爲無所貢獻而被人拒絕，對政府要求太多的人，最後會變成對它已不再有期望，並使得人們不得不藐視他們投票選出的人。」

古代希伯來神話裡有個「海中巨獸」（Leviathan），後來這個海中巨獸「利維坦」就被醜化爲國家及政府的代號。但醜化政府的職能其實是假，利用這個代號形成一種論述來讓有錢階級取得政府的控制權才是真。於是久而久之，就在醜化政府職能爲「利維坦」的文化裡，一個新的「利維坦」卻已告形成，那就是少數財團與大富世家。他們利用了政府的怯懦無能，而得盡一切金錢利益的好處，他們等於實質上控制了整個國家機器，在「贏者通吃」的時代像是新的怪獸「利維坦」般吞噬著時代及國家的利益。政府將它的臉貼著財團富人，而背部向著愈來愈小愈窮的中產階級及中產階級的後代。最近美國學者哈克（Jacob S. Hacker）及皮爾森（Paul Pierson）在新著《贏家通吃政治學》裡即明言，所得兩極化的時代，人民痛恨及不信任政府的情緒只會愈來愈增。

而這種情況在台灣一點也沒有落在別國之後，民國九十八年前百分之十所得稅申報戶的平均所得近二百八十一萬元，最底層的百分之十則僅九萬九千元，差距由前年的廿六倍拉大到廿八倍。而這只是地上經濟可以看得到的部分，台灣的真正窮人早已窮到根本不必申報繳稅的程度。台灣那些動輒捧著現金買豪宅的富人，他們更多的財富都是出自無帳的資本利得這個富人的地下經濟板塊。如果我們政府有稽察本領，相信只要去追查台灣百分之一富人，那個數字一定會讓全體台灣人都嚇傻了眼。

一個所得嚴重兩極的社會，它最致命的風險乃是人類社會自然生成的社區感已無法再維繫。當一個政府把臉向著財團富人，把背對著中產階級和窮人，它向窮人應該提供的「社會保護」功能就會衰退。這種社會只會讓愈來愈多人對政府的痛恨會愈來愈增。近年來，我們政府對於因窮困而自殺、而偷竊強盜的案件數據已愈少公布，整個台灣都在媒體的渲染下充滿了快樂幸福的氣氛，這種操弄下的快樂民粹主義其實是經不起考驗的，一份所得統計資料，就把那個假象全都戳破而露了光！

因此，此刻的台灣形勢其實是很讓人感傷的，絕大多數台灣人都愛台灣，但請恕我講

句冒犯的話，台灣並不愛你們。此刻的台灣講究的不是台灣透過政府的作爲來重造大家能互助的社區感，我們的主流價值是大家在比本領，有本領的可以進入那個贏家通吃的「有」（Have）的小圈圈；沒有本領進不了「有」的小圈圈，你就注定要進入「一無所有」（Have-not）的大圈圈，那是永遠不會有關愛眼神的失敗者，失敗者有失敗者自己要走的宿命！

社會和國家政府間是個以社區感爲中心的契約關係，在這個社會業已兩極對立時刻，人民有必要強力要求政府去對新契約做承諾。對二〇一二的候選人，我們已應要求他或她們對台灣社會的所得不公，社區感的重建等問題做出承諾。台灣應該讓人民對政府的角色恢復信任。台灣無論如何是不能像美國一樣，任由情勢惡化，最後走到老百姓怒而變成民兵的地步！

不能讓沒有資格的人發號施令

幾年前，當我首次讀到德國評論家哈夫納（Sebastian Haffner）所寫的《德國人的故事》時，內心澎湃良久，因爲作者以極其細密的觀察，紀錄了當時德國人心靈的墮落和納粹的興起。

其中，讓人感觸最深的是一九三三年哈夫納以實習法官身分見證到的柏林高等法院的一幕。一群流氓式的納粹褐衫軍突擊隊侵入法院大肆叫囂，大吼「猶太，滾出去」，他們是毫無資格向人發號施令的人，但在頤指氣使的脅迫下，法院居然有人說「早就滾了」。後來有個突擊隊員問哈夫納：「你是亞利安人嗎？」雖然對方毫無質問別人的資格，問的也是個假問題，但他當時還是囁嚅的答說「是的」。後來哈夫納氣自己，真想打自己耳光。因爲這代表了他的良知已失敗投降。世界上有一種人喜歡對別人進行操縱，藉著實質暴力、氣氛暴力或語言暴力，迫使別人回答一些假問題。這是種思想學術的控制，人們對它的警號已需提高警覺！因爲許多更大的迫害都從此開始。

台灣喜歡夸夸而談人權，但其實台灣人權的倒退早已舉世有目共睹。今天台灣已無明目

張膽的政治迫害，但政治上的欺壓已轉化成了以性別歧視為外形的模式，單身未婚女性的被妖魔化，更是其中的常見。

舉例言，前副總統呂秀蓮長得相貌普通，毫無貴婦架式，二〇〇〇年台灣政治變天，如果人們不健忘，當還會記得有人即在她的醜上做文章。更可惡的乃是當時有個神經男子做了許多看板，演出向呂副總統求婚的出人洋相鬧劇；鬧劇中則隱藏著相貌歧視，這些行為都惡劣無品，在我的新聞良知裡，它根本沒刊載價值，但當時媒體卻大登特登，儼然成了美醜歧視及對女性單身未婚歧視的幫凶。

其實，台灣的性別與性向歧視是相當嚴重的，台灣受到古代三妻四妾舊文化影響，男子到處劈腿，性伴侶多到好幾個手掌數不完，這是雄風的證明，也可美名化稱之為風流；而對女子則是另一套標準，甚至到了單身未婚都被說成了是一種道德上的罪的程度。中國古代的無聊男子文人特別喜歡在尼姑這種不婚出家人身上發揮性淫蕩想像力。現在對女同性戀問題了解多了，這種性狂想迷往女同性戀這個方向發展，女子只要過了適婚年齡仍單身，一定是性向出了問題。在蔡英文性向問題上做文章，話是說得冠冕堂皇，但說的人知道，聽的人也知道，這是要把蔡英文的單身未婚往女同性戀這個方向扯，讓蔡英文直接去面對歧視女同性戀的文化，他是挖個洞要強迫蔡英文跳，如果說這不是惡意，那麼世界上再也沒有什麼是惡意的事了。

蔡英文的性向究竟如何，這其實並不是重點，因此許多人說這是歧視女同志，也顯然搞錯方向。問題關鍵是施明德根本就沒有資格去發這個號，施這個令，用有特別用意的假問題假藉了歧視文化的暴力來逼迫蔡英文去面對。它的道理就像是希特勒的褐衫軍突擊隊根本就沒有資格質問別人是不是亞利安人一樣。任何人只要順著他們的話去作了發展，就等於承認他們有質問的權利。對正義是非的堅持，是從起點開始就要全力守護，這場性向風波，人們要守護的起點，乃是施明德根本就沒有質問別人的資格。

近年來西方進步的學術界日益重視到政治「操縱」（Manipulation）這種新現象興起，所謂「操縱」乃是指政黨及政治人物愈來愈擅於藉著掌控媒體和製造新聞、詭辯的言詞，強辭奪理來炮製各樣假議題，而在假議題裡則都暗槓了原本的歧視文化因子，挑撥離間等因素。最近這段期間，由於政權防衛壓力大增，台灣的政治操縱已各路人馬紛紛上陣。當代操縱學專家洛西可夫教授（Douglas Rushkoff）指出，操縱得太多，只會讓是非更形混亂。性向風波一事，居然有人宣稱這是施明德在暗助蔡英文，當話講到已無話可說，這種渾話都講得出來，是非顛倒到這樣的程度，真讓人夫復何言！

社區力量崛起，政府也應轉型

「社區力量」（Community power）乃是近年來政治學及政治社會學裡的新興研究領域，由「社區力量」的日益茁壯，連帶所及，傳統式的政府功能及角色已出現巨大的合法性危機。由台灣的反國光石化運動，已顯示出「社區力量」這個新問題已必將對台灣的政治帶來巨大且長遠的影響。

戰後美歐社會，由於權力相對集中在少數政商菁英手中，因而學術界普遍將那種穩定的地方權力關係稱爲「菁英多元主義」，在那種權力秩序下，中央及地方政府都辦事極爲容易。少數權力寡頭一協商即可讓一個重大議題輕鬆過關。

但這種有權者辦事容易的黃金時代，在一九七〇及八〇年代後即已告結束。原因即在於「社區力量」的興起，而「社區力量」的興起有下述原因：

一、西方經過一九七〇年代的青年反文化運動的洗禮，各地方的社區居民也出現新的公民意識自覺，進入一個「人人都有話要說」的新階段。

二、戰後由於大專教育普及，政府已不再能壟斷專門問題的發言權，這種發言權的分散，已使得中央及地方政府隨便編個理由即一意孤行的時代無法再維繫。

三、人們在有了自覺後，已能合理推論出一切問題都與權力有關，這使得「社區力量」動員性增強，矛頭更集中。

四、戰後各國政府早已固定化的以「資本邏輯」思考一切公共議題，除此之外它們已不可能有其他邏輯，因而其他一切新問題如公害、汙染、生態環境、核能等議題都由社區居民提出，社區力量已建立起了它的正當性。

五、社區力量在一九九〇年後由於網路的興起，在資訊蒐尋及居民動員上更加容易，社區與政府的針對性已增強。

當「社區力量」已取得正當性，相對的當然使得政府角色日益尷尬且無能。由於社區在更大的權力框架上畢竟還是選民的來源，許多政府爲了選票，只好一逕閃避拖延，於是決策的拖延這種現象遂在各國普遍出現。社區力量的茁壯已使得各國政府的無能症候群日趨嚴重；政府的領導層也更加扭扭捏捏的在那裡變來變去，躲來閃去，傳統的那種政府權威，也因「社區力量」的因素而變得爲之蕩然。

因此，「社區力量」的崛起，可以說乃是政治學和現實政治的一大改變，以前人們習慣的政治規則已告無效，對此，當代歐美學者在談到未來政府的前景時，已提出「共同連結主義」（Consociationalism）及「分段多元主義」（Segmented pluralism）這種新概念。它的意思是在指將來的政府已必須更加異質與真正多元，讓各種思考的邏輯都能被納入，形成一種政策思考的大聯盟。如此始能以更寬廣的視野去設定未來政策的議程表。問題是，在概念上這

個方向言之容易，要落實則絕不簡單，它涉及領導風格的改變，政府異質功能的重視，草根民主的紮根落實等。易言之，這已等於政府要脫離尷尬的無能困境，已必須全面重來一次。

美國近代領導學權威龐斯（James MacGregor Burns）顯然也是看到了這個問題的嚴重性，因此他認為現在其實是已經進入了一個大轉型時代。大轉型時代需要轉型領導人，擺脫現有的糾葛，提出更大的願景，將各種不同的力量與方向儘量全都吸納進來，形成新的共識與共同願景；而最忌諱的乃是出現在那裡扭扭捏捏，精打細算，便宜要沾，壞處要閃的「交易式領袖」（Transactional leaders）。龐斯教授的觀點實在令人深省。

國光石化案，在社區居民鍥而不捨的「社會力量」堅持下，終於改變政府那種單方向思維模式，這是草根民主，「社區力量」一大突破，我們可想像到此案對台灣其他社區居民也是一大鼓舞。由其他國家「社區力量」的經驗，我們倒是該注意到，面對「社區力量」的崛起，我們的政府恐怕已應在領導風格，草根多元，異質的決策模式上做出結構性的調整了。這次為了選票而態度急轉彎只是個開始，人們希望看到的是下一步轉型的多元急轉彎！

蹂躪仇敵屍骸，不會讓自己更勇敢！

在文明的早期，文明與巫術並存，如何處理敵人的屍體在各種巫術裡一直佔有舉足輕重的地位。許多部落的人會把凶猛仇敵的眼睛或內臟吃掉，他們相信由此一來，仇敵的勇猛精氣就會被我奪走，使我成爲勇猛的人。在歐洲古代巫術神話裡，人們相信對自己的畏懼的東西，克服畏懼的最好方法就是將它吃掉。或將仇敵的骷髏拿來懸掛，如此即可克服對仇敵的恐懼。

這種原始的巫術神話，後來隨著文明的建造而被變型，蹂躪仇敵的屍體即是這種巫術信仰的遺跡。荷馬的史詩《伊利亞得》裡就有好多段寫到特洛伊戰爭，雙方搶戰爭英雄屍體的故事。最波瀾壯闊的乃是希臘聯軍第一戰將阿奇利斯（Achille）爲了替朋友帕特羅克洛斯（Patroclus）報仇，而和特洛伊第一勇士赫克托（Hector）大戰，最後將赫克托殺死的那一段。阿奇利斯由於憤怒塡膺，他在殺死赫克托之後：

> 他為高貴的赫克托設計出卑劣的計謀

在他兩隻腳後跟的肌腱之處
穿以牛皮製的繩索
用他的戰車拖著
赫克托的頭留下一條軌跡
帕特羅克洛斯
你在陰間應歡呼
我已完成幫你報仇的願望
我拖著赫克托的屍體，要讓狗群來吞噬
將來火化他時
還要在火葬堆前殺十二個特洛伊小孩來血祭。

荷馬史詩裡這一段記錄，可說是蹂躪仇敵屍體的原型。歷史上無論是爲了報復或是爲了克服恐懼，人們蹂躪仇敵的屍體早已成了通例，至今尚未絕跡。問題在於蹂躪仇敵的屍體，乃是對人的最大侵犯，阿奇利斯蹂躪赫克托的屍體，最後是造成阿奇利斯自己的滅亡。侵犯敵人的屍體，經常會造成難以預估的後果。現在，美軍殺了賓拉登，而美國已在擔心「墓地變聖地」，美國到底是在怕甚麼？

近代的確有個「墓地變聖地」前例，那就是切·格瓦拉。切·格瓦拉是出身好家庭的醫學院畢業生，像他這種人如不管閒事，可一輩子錦衣玉食，幸福到老。但他看到多數拉丁美洲人都活在國家無尊嚴、生活無保障的悽慘情勢下，他於心不忍，遂提著腦袋搞反美革命，乃是一九六〇年代的美國第一號公敵，美軍在拉丁美洲有幾萬特種部隊，全都為了他一人。一九六七年三月他率領四十四人到玻利維亞打游擊，同年十月八日下午四時，他的游擊隊被美玻的特種部隊碰上，交戰後他受傷被捕，當時玻利維亞沒有死刑，他應可活著受審判，但美玻雙方卻認為他如果受審判，一定會在法庭上宣揚革命，於是美玻遂決定，「這個人不可以讓他活著受審判，他必須立刻死亡消失」，於是十月九日一早，他和其他被俘的同志即被行刑槍決，槍決後美玻雙方各種說法不定，有的說已被火化，有的說已被掩埋，但事實上是美國中情局將他的雙手剁掉，寄給卡斯楚示威，他的屍體則和他的同志被靜悄悄掩埋在一處無名塚內。這個埋骨處後來在一九九七年七月被古巴及阿根廷一個專案小組的人員找到，於是墓地變成了聖地，他的遺骨也成了聖跡。切．格瓦拉屍骸的真相要等到他死亡卅年之後，基於同理，賓拉登屍骸的真相現在仍言之過早。

切．格瓦拉和賓拉登都是歷史的產物，不論我們喜歡或不喜歡，他們不忍自己的同胞受苦受難，而拋棄榮華富貴拿起槍桿。他們本身的傳奇性因此建立，而人一旦成了傳奇，他們在歷史上就已不會真正的死亡，將他們的屍體剁掉雙手，或隨便挖個洞埋掉，或隨便丟進大海，或讓狗吃掉，這只是在增加他們傳奇的豐富性。要避免墓地變聖地，就必須先終止世界的恃強凌弱。沒有壓迫就不會有烈士，也不會有恐怖分子，如此而已。

富蘭克林收服了雷電，富士康卻被雷打

無論國家或公司，都存在著一個共同的難局，那就是在開創者的那一代，它具有極強的內聚力，就靠著這種內聚力所造成的自動機制，可以排除種種難關；而當開創者那一代老去甚或過去，除非能打造出更好的認同運作機制，即難免狀況總是不斷。近年來台灣的台塑一年四大火，富士康更是狀況頻傳。它們都成了台灣組織管理和轉型上值得注意的特例。

而最使人有突兀之感的，乃是富士康成都廠因爲遭到雷擊而爆炸一案了。富士康乃是所謂的高科技產業，而雷擊則是最前現代，最低科技的公共災難。這種幾乎不可能出現的事是怎麼發生的？這時候就讓人不由得想到人類史上公認的偉人之一的富蘭克林（Benjamin Franklin）了。

十八世紀乃是歷史上以英美爲主體的所謂「啓蒙的時代」，那個時代倡導不離開經驗的科學精神，也倡導無論個人與集體都可以在品質上被改善的人文價值。在這兩種價值帶動下，遂整個時代的氣氛丕變，英才之輩也一個個興起。而富蘭克林就是在美國這邊的出類拔萃人物。

美國歷史上頭牌偉人都沒受過甚麼教育。林肯全部入學的時間加起來不到一年。富蘭克林的入學更少到只有幾天。但這並不影響他成為偉人的條件。他父親是個製造臘燭的商人，他自小就當學徒，在少年時決定離家自立門戶，他十七歲就獨自一人只帶了一兩塊錢由波士頓到費城，先當個鉛字印刷廠的學徒，後來就自己開印刷店並辦當時的小報。它當時自己讀書，自己揣摩寫作，特別是以符合時代需要的方式寫宗教勵志文章，獨樹一幟，成了那時的知名作家。

除了自修寫作及經商外，他那個時代的人普遍都對知識充滿了好奇，他沒受過正規教育，不懂高等數學，但這也不妨礙他對知識的質上的好奇。他喜歡自己動手做，自己發明，一共發明了美國印刷上的富蘭克林鉛字，發明過熱效率較高的富蘭克林壁爐，也發明了直到現在還有人在用的雙焦距眼鏡，也設計過醫學上的人工導管。而最了不起的，他這個完全的外行人居然成了電學之父。

在西方自從牛頓力學後，最重要的就是電學了。牛頓也注意到電，但他並未投入這個很危險的領域，反倒是大膽而有試驗精神的富蘭克林卻一頭栽了進去，早在一七四九年他根據自己的觀察，就解釋了閃電和雷擊現象，電學上許多基本概念如「電荷」、「電流」、「正電負電」全都由他首創。在他那個時代，人們普遍認為閃電打雷是魔鬼正在發威，因此閃電打雷時有鐘樓的教堂一定要敲鐘，但這反而常發生雷擊事件。在十八世紀的德國，就曾在五年內發生過三八六起鐘樓被雷擊，敲鐘人死亡百餘人的事件；最嚴重的乃是威尼斯曾把炸藥藏在鐘樓地下室，一次打雷引發爆炸，死亡人數高達三千多人。雷擊乃是前現代的最大公共

中 中場

性質的災害，而出來解決的就是富蘭克林。

他的電學觀察與試驗在一七五二年已成熟，他的風箏試驗即是避雷針試驗。同一時間法王路易十五看了富蘭克林的報告，也下令做同樣的試驗，由於法國有國王支持，因此是第一個設避雷針的國家，美國的避雷針則以費城爲始。後來法國政治家屠哥遂如此說道：「他從空中抓下閃電，從暴君手上抓下權杖。」

富蘭克林發明的東西多了，他是公立圖書館的創始人，也是義勇消防隊的奠基者，他也是美國民兵制度的開創者，他沒讀過甚麼書而白手起家興國，他倡導白手起家的企業精神。美國很多第一代企業家都受他啓發。他以認真與好奇，對近代文明做出了了不起的貢獻。

富蘭克林在前現代時間馴服了雷電，而台灣則在發達的時代，頻頻出現前現代式的雷擊、失火、營養午餐裡有蛆的荒唐事件。我們社會的凡事不用心，不認真，不能與時並進，乃是一切問題的源頭！

重建政府責任感，是時候了

哈佛大學政治哲學教授丹尼斯．湯普森（Dennis F. Thompson）在近著《重建責任感》論文集裡指出，當今政府，由於公共事務日趨複雜，加以複雜化後所造成的黑洞更多，濫權而不必負責任；有責任的不做事已日益普遍。現在政治上，「我負責」和「沒有人負責」儼然成了同義辭。重建責任感已成了當今政府的共同課題。

當今的政府的確已愈來愈好混了。像權力濫用這種罪大惡極的事，它躲在龐大而又複雜的官僚黑洞裡，很容易就被遮蓋掉或模糊掉，最後成了「濫權而不必負責任」。至於有責任該做事的，它的「不作爲」（Omission）就更容易了，有權但不做事只要不出大事闖大禍又會有誰知道？於是有責任但不做事的現象遂日趨普遍。這種權責的錯亂，搞得嚴重一點，就等於是責任的無政府正式形成，而此刻的台灣就差不多已成了這種責任的無政府社會。

就以江國慶刑求逼死案爲例，台灣過去在國共對峙的時代，軍中的安全保防及反情報人員獨攬大權，甚至軍法部門都成了附庸，也養成了軍中辦案如抓匪諜的文化；只要他們認定是人有嫌疑，莫不用辦匪諜那一套將人屈打成招斃掉，儼然成了體制裡的黑社會。而這個黑

社會並未隨著民主化而被清理掉，而是繼續頑強存在著，江國慶碰到的就是這個黑社會，和當年被赤裸裸做掉的尹清楓相差無幾。而今江國慶案被翻案，照理當年的那批人全都應以集體謀殺罪名追訴，但在官官相護大結構下，硬是找個最輕鬆法條就將他們的行爲免予追訴。再怎麼罪大惡極的濫權，也可做了而不必負責。根據台灣體制的邏輯，只要多印一點鈔票發給被害者家屬就可以擺平一切，問題是鈔票可以加印，但人命及正義也可以印得出來嗎？托爾斯泰說過：「只有坐過牢的人，才知道國家的可怕！」旨哉斯言。

江國慶案已讓人看透了濫權而不必負責的政府本質。而上星期鬧翻半個天的塑化劑風暴，以及中央政府對台塑連續四次失火不聞不問，迫使雲林縣政府只好自力救濟，勒令它的兩個廠區停工受檢；再加上新北市對國小營養午餐疏於管理，竟出現營養午餐有蛆的大醜聞。管理塑化劑、台塑失火及學童營養午餐，這都是政府的責任，而今卻都是有責任的不作爲，遂到鬧出一大堆問題，甚至還喧騰國際，成爲一則奇聞。明明有責任的卻不作爲，這已不是政府有沒有能力的問題了，而是升高到台灣到底還有沒有政府這個更本質的問題了。

政府的存在有些是責任很清楚的，它是政府該管的事，而既然該管就要管好。而今台灣政府在人權上亂管，管到了濫權刑求程度；對該管的食品安全、工業安全及學生營養午餐安全卻都泄沓至極。這樣政府又怎可能讓人民安心？電視上充斥政府的宣傳廣告，甚麼「衛生署關心您」、「國防部關心您」的廣告辭多不勝數，現在政府的紕漏大量湧現，益發襯托出那種「XXX關心您」的虛情假意。台灣已到了須重建政府責任感及落實責任感的時候了。

重建政府責任感，在學術上乃是個複雜的體制改革問題。而談這個問題時，我就不由得

當商官亂搞，就用侵權傷害罪告他

許多人一定看過茱莉亞．羅伯茲主演的那部「永不妥協」（Erin Brockovich），它是在講美國侵權訴訟史上的頂級大案。「太平洋瓦斯電力公司」所屬的一個加州電廠，由於排放的工業廢水裡有六價鉻，使得社區居民飲用水被汙染，致癌比例極高。此案受到「瑪斯瑞律師事務所」的助理布洛可維奇關注，鍥而不捨的蒐集證據以及遊說居民簽署委託書由該事務所提告，最後該案判決賠償三億三千萬美元。乃是侵權賠償數額最大的案件。

該案乃是一起劃時代的案例，一九六〇年代自從卡森女士（Rachel Carson）出版《寂靜的春天》，提出化學物質的環境公害，以及食品公害起，美國對有毒化學物的訴訟提告即不絕如縷，因爲誠如柏克萊加州大學教授大衛．賽門在他那本不斷重印的白領犯罪傑作《精英偏差行爲》裡所述，大公司的胡作非爲及政府無所作爲所造成的環境及食品公害，這都不是偶然發生的意外，而是政商利益共生後自然產生的「精英偏差行爲」。對於這種事要他們自我節制和規範，其效果將極爲有限，真正有效的辦法，乃是提出「侵權損害賠償之訴」（Tort Suits），甚或是既屬個人但也同時爲國家公益求償的Qui Tam Suits，其次則是制訂法律讓檢舉者免罪。只有讓環境公害及食品公害的侵權賠償之訴能有更多法律武器。公司爲了顧慮胡作非爲可能要付出的巨額賠償，政府不作爲損害到國民利益，也要賠償，在司法的威嚇下，他們才有可能守法盡責。

美國環境公害求償、食品安全求償、甚至如菸害求償訴訟已多不勝數，正是因有了這些求償訴訟，美國在這方面的治理遂走在時代前面。美國人不相信廠商會多麼有道德，也不相信政府會多麼有責任心，寧願相信權力制衡及公民社會的司法自我防衛。正是因相信司法這個最後武器，在環境及食品等公害問題上，它們遂能透過判決促成法制上的與時俱進。以前法律認定損害時均採狹義的因果法則，化學致癌您必須證明致癌不是其他原因，而現在則已採「總量層次的統計證據法則」（aggregate-level statistical evidence），只要統計上有效就已是證據。這種證據法則的改變，已讓廠商及官僚卸責的空間大爲縮小。

外國人用司法這個終極武器來自我防衛，並用司法來建構成一套制止商人缺乏道德及政府不盡責任的監督懲罰機制，但在台灣卻從不這樣處理。我們出了重大公害及食品衛生問題，人們就會把焦點集中到商人道德問題上。殊不知商人的道德從不是問題的關鍵，治理的制度與能力才是關鍵。如果治理的制度清楚，商人不道德就會受到懲罰，人民的損害賠償也會讓它付出慘痛代價，它自然就會一切按紀律辦事，合紀律就是合道德。如果治理無能泄沓，不道德的人受到獎勵，有道德反而蒙受懲罰，當這種反淘汰機制形成，合道德的商人自然瀕臨絕種。

長期以來，只要每次檢驗單位檢驗出牡蠣或海產不良成份超標之情事，農漁民一施壓反

彈，政府一定會出現大官小官排排坐，猛吃牡蠣海產，證明它很安全的畫面。不良成份超標乃是汙染事件，政府即應就事論事追究到底，但政府卻總是演出一場場可以放心吃的政治話劇，檢驗單位反而成了麻煩製造者，檢驗單位又何苦再去做顧人怨的事。這次塑化劑風暴如果不是因爲違犯了世界性的標準，保證事情一發生，還是會出現大官小官排排坐，猛吃果醬，猛喝果汁飲料，證明它很安全，可以安心食用的畫面。

近年來台灣的工業安全、食物安全或汙染問題日益嚴重，如換了別的國家，可能早已侵權損害的求償訴訟案紛紛提出，天文數字的賠償判決也早已出現。但在台灣，我們並沒有爲了公共利益而訴諸侵權賠償的價值習慣，也沒有公益律師這樣的角色。因此鬧來鬧去，問題只是在商人道德和政府責任這種老問題上打轉，台灣的工業安全及食品安全停滯退步，真是有原因的！

當政治成了跑攤式電子花車秀

台灣不知道從什麼時候開始，政治已變成電子花車秀。到重要選舉時，這種電子花車秀演得更帶勁，政治人物像跑攤式的一天搞個好幾場，加上有辣媽辣妹豔舞助陣，真是把聲光化電的政治娛樂文化搞到了前無古人的程度。

近代西方學者早已指出，現在已進入了政治人物與影歌星搏版面、搏新聞時段的時代，於是政治人物遂愈來愈像影歌星一樣，已可改歸類爲「影藝表演業」，因而當代政治愈來愈重視「表演政治學」。紐約大學媒體教授戴蒙（Edwin Diamond）在所著的《白宮進你家：虛擬美國的媒體與政治》中指出，在這個媒體的虛擬時代，務虛不務實，政治討論已被虛擬化，成了無休無止的口水戰爭；政治人物最大的政績已不是在興利除弊，而是致力於「形象塑造」和製造形象所需要的各種活動。

正因活動是如此的重要，當今的政治人物遂都得了過動症，像跑攤式的動作頻頻。但儘管如此跑攤，但它卻不是以前那種巡視災區或貧民窟，下達各種計畫命令，而是像電子花車秀一樣，搞些辣媽辣妹跳成一團。電子花車秀這種型態的表演，儘管與國計民生無關，但它至少提供了娛樂，當今的政治人物已沒有其他用處，提供娛樂正成了他們存在的最大價值。

幾年前，西方學者注意到兩個表演政治的天才，一個是菲律賓獨裁者的妻子伊美黛，另一個則是南非曼德拉的下堂妻薇姬。她們毫無任何公共事務本領，但卻經常打扮得花枝招展，到貧民窟造訪；她們每次出訪，都是老遠就下車，然後連跑帶跳歡天喜地尖叫著奔向貧民群眾，名貴的高跟鞋踩過水坑，濺濕她們名貴的衣服都無動於衷，她們就這樣和貧民打成一片。西方學者察覺到這種表演政治，所反映的乃是第三世界那種皇帝皇后下凡塵的模式，她們活在天上，貧民活在地底，中間的距離永遠不可能跨越；一旦皇帝下凡塵，貧民群眾就已感激泣零，縱使他們成了這種表演政治的佈景道具，他們也心甘。伊美黛和薇姬後來失勢，但菲律賓及南非窮人仍對他們懷念不已。這種打成一片的表演政治在西方不流行，只有在第三世界一直存在，即在於第三世界有著皇帝皇后下凡塵的迷思，當有些老百姓吃皇帝皇后下凡塵這一套，第三世界搞起電子花車式的表演政治，其肉麻程度就比西方更爲精采厲害。

政治人物嫌自己時間太多，多得很無聊，寧願跑攤式的去搞電子花車式的表演政治，這是他們的自由，外人也不好去說三道四。只是政治人物大權在握，主掌了國家的前途及人民的福祉，這是何等艱鉅的志業，他們即使用全部的時間來思考國事，可能都力有未逮，那裡還會有多出的時間來跑攤？勤於跑攤的政治人物，要不是根本不知道該去做甚麼，就是已無法分辨甚麼重要或不重要。

由台灣的政治人物勤於跑攤搞電子花車式的表演政治秀，就讓人想到當代政治學所討論的「政治退化」（Political Degeneration），多倫多大學教授章伯林（J. Edward Chamberlin）及康奈爾大學教授吉爾曼（Sander L. Gilman）在編纂的論文集《退化：進步的黑暗面》裡，指出十九世紀儘管大英帝國一片興隆，但當時的英國思想家如彌爾（John S. Mill）就已領先全球提出政治及社會退化的警言。大思想家彌爾指出，一個國家與社會的統治精英，必須永遠不斷的努力，才有可能阻擋住退化的力量，而退化的動力就在精英人士的「愚蠢、邪惡、無知、怠惰及懶散」中。十九世紀全球都在退化，只有英美在加速進步，就是受到「退化」的警惕所致。

而今的台灣，由各種亂象交相出現，我們已可說由於政治人物的愚蠢無知，我們其實已進入大退化的時代，政治的退化又誘發了社會的退化。在這個大退化的時代，政治人物怎麼可以假裝一切都沒發生，而去跑攤搞電子花車秀呢？

剝皮坑殺陸客，最後只殺到台灣自己

觀光產業乃是一種最難的產業，它服務的客人多數只有短短的交易時間，然後即可能一輩子再也不會相見。坑殺這種客人，他們的不滿我們不會知道，既然如此遂很容易不坑白不坑。因此我始終認爲觀光產業乃是一種服務的紀律感最強的產業。人們必須像朋友一樣去服務那些短暫交會卻永不再相見的客人。

我自己就有兩次終生難忘的觀光被服務經驗。

今年初赴香港，有天中午和一個友人到中環廣場地下室一家日式燒烤店用餐，那天或因客人太多，或因點菜單傳丟了，我們的上菜整整遲了快卅分鐘。就在三催四催之時，那個年輕人的外國領班自己來上菜，然後很抱歉的說，今天本店廚房出了差錯，耽誤了貴客的時間，非常對不起，爲了表示歉意，今天貴客的用餐都由本店招待，貴客還可任意點一份飲料，亦由本店招待。那是我生平第一次吃了一頓免費餐，估計台幣也有三、四千元。那個餐館有嚴格的紀律，用紀律要求自己，像我這樣的小人物，還沒有抱怨之前，他們就已用自我的紀律要求將問題做了妥善解決。這種事情在台灣幾乎絕對不可能發生。我對那次被服務的經驗，已不止是讚歎，更是感動。

另一次是廿幾年前我赴夏威夷開會，中途落地簽到南韓首爾觀光，當時的旅行還必須再確認回程機位，我們三人也做了再確認，但到機場時，劃位櫃員卻說我們三人只有兩人做了再確認，另一人因沒有再確認機位，不能搭乘該班機。就在理論之時，櫃員後面的那位督導走上前來，聽了一兩句他就知道來龍去脈，他隨即表示，貴客的這種情況，顯然是本公司再確認時出了差錯，由於本班機經濟艙已客滿，貴三位客人一律升等為商務艙。那是我生平第一次坐商務艙，我對韓航這種服務態度，讚歎兼感動。

在此舉出香港及南韓的這兩個例證，乃是在於指出，觀光產業的服務倫理乃是一種高度的紀律，它必須紀律嚴格，對任何可能只服務就此一次的客人，也絕不馬虎。但我們的觀光產業在紀律上顯然仍處於低度發展狀態。我們有許多業者都迷信陸客多貪，乃是可宰的肥羊，因而隨著陸客的增加，特別是自由行的開辦，於是種種畸形現象遂各蠢起。台灣業者為了搶生意而削價競爭，造成旅遊品質和旅遊服務的降低，最可議的乃是許多「剝皮商店」也告興起。它們哄抬價格，不肖業者也藉著導遊人員安排購物行程來坑殺陸客，殊不知這種坑殺剝皮的行徑，最後只會砸掉台灣自己旅遊業的名聲。

任何人都知道，不同地區的人民相互從事觀光旅遊活動，也是個相互影響，相互學習的重要過程。台灣開放陸客觀光，如果台灣官方及業者能嚴格以紀律自我期許，相信對我們自己的服務品質提升也有正面作用。但今天陸客增多，由於剝皮坑殺的事情太多，反而產生副作用：

中場

——有一個以陸客爲主的賣場經營者就表示，由於陸客的水準參差不齊，台灣業者又動輒搞哄抬價格剝人皮這種行徑，使得台灣的陸客賣場成了一種相當畸形的生意場合。工作人員必須大聲小叫的討價還價，必須合理化剝皮坑殺的行徑，他的店員做久了都牢騷滿腹，認爲從事這樣的工作很沒有尊嚴，也很不長進。而我們也相信被人坑殺過的陸客，他們的印象也不可能好到那裡去。

——大陸人民的旅遊經驗並不太久，因而他們對旅遊品質的要求並不高，照理講，這正是台灣提高旅遊品質，讓陸客記得並肯定台灣的最佳時機。但現在的發展跡象，卻似乎是台灣的旅遊品質已被大陸旅客的要求不高所同化。如果這種趨勢不變，開放陸客觀光，對台灣觀光產業品質的提升似乎並沒有積極的意義。

陸客曾有過順口溜：「不去台灣終生遺憾，去過台灣遺憾終生。」我們不希望這句話成爲事實！

全代會冷颼颼，國民黨出了什麼問題？

國民黨的十八全，為了決戰中台灣的考量而移師台中，詎料這場會開下來，台上的人卯足勁搏命演出，台下卻離離落落，開成了「有史以來最冷的全代會」。這證明「無感」兩個字已不僅是老百姓感受，國民黨內亦然。

「全代會」乃是國民黨大大小小各種實力級人物的大會，它在象徵意義上等於是國民黨的誓師及選戰出征大會，在常理上這種會必然也必須是情緒昂然，滿場呼聲不斷。而且這次全代會前一天，特偵組又起訴了前總統阿輝伯，在時間點上，這相當於是在誓師祭旗，如果起訴得符合民心的期待，這種祭旗加持下必然軍心大振。但由十八全的冷颼颼卻可看出這些動作全都失了效，搞到最後，國民黨黔驢技已窮，最後只剩「含淚投票」這最後的一招。一個政黨由二〇〇八山崩式的大勝，短短時間內卻搞到也要「含淚投票」，這到底是哪裡出了錯？

國民黨在短短三年內人氣散盡，這個問題在近年已被許多人討論過，有人歸因於沒有能力，有人歸因於投機媚俗，而我一直想說卻不敢說的，乃是根據近代「激進精神治療」

（Radical Psychiatry）理論所說的，這是一種自大傲慢所造成的奇怪人格特質。這種人格特質又被國民黨的體制所庇護，因此搞到最後儘管國民黨的辯士們如何吹噓，老百姓就是「無感」的整個體制遂告形成。

研究近代思想的都知道，近代西方的「疏離」問題最爲嚴重，於是一群心理學家及心理治療師遂告崛起，倡導「激進精神治療學派」，它將政治人物的心理及行爲用心理治療的方法加以分析。這個學派發現，許多政治人物因爲整個文化體制的庇護，而會產生「自我感覺良好」的心理，他們自己與現實疏離，最後是造成社會對他疏離，權力不理性的傲慢、對別人的無動於衷等弊病因此而形成。而更嚴重的，乃是事事以「自我感覺良好」爲最高目標，他們做人做事當然也欠缺信念與邏輯，隨時擺來擺去；昨天還在搞國光石化，當風向改變即國光石化喊停；昨天還在搞「尊李」，還把阿輝伯當第一個請益對象，今天說變就變，「辦李」又成了選舉的王牌。

如此的機會式善變，又怎麼可能得人們的尊敬？國民黨人氣散盡，黨氣低迷，而國民黨的名嘴們仍在那裡指東罵西的強辯。這些人如果早一點即改變角色，對他們自己內部多一些建設性批評，情況那會搞到如此模樣！由十八全被開成「有史以來最冷的全代會」，已的確顯示出，國民黨已需要用激進心理治療的方法診療一番了。

國民黨在短短三年內人氣散盡，連全代會都開得很「無感」，這種大氣氛改變，的確透露出一個深刻道理，那就是救星式政治人物，當他們被證明擔負不了這樣的任務，他的下跌速度就會空前，我因此想起晚清的一則故事。

今天的人都普遍認為清末即一蹋糊塗，殊不知晚清在慈禧太后時有一陣子頗有中興氣象，那就是所謂「同光中興」。一群翰林出身的知識分子官僚崛起，他們糾彈宦吏，檢舉腐敗，甚至慈禧太后都對這些官僚寄予厚望，張愛玲的祖父張佩綸就是這批才俊的佼佼者。根據清末的筆記小說，當時張佩綸穿什麼樣子的衣服都被士子文人模仿，足見他是當時的偶像人物。當時中法交惡，張佩綸主戰，慈禧將他調往福建任船政大臣，希望給他立功的機會，以備將來重用，誰知張佩綸真的不行，海戰一敗塗地，自己都倉皇逃命。當時全中國把他罵翻了天，甚至台灣的文士也都加入。一個救星式的偶像人物，他的崛起承載了多少人的希望，這也壯大了他的偶像地位；而一旦這個人自證不行，人們的希望落了空，對他的厭憎就會格外強烈。

張佩綸後來終身落魄酗酒，五十多歲即因肝病而亡。由他的故事顯示出，救星式的偶像人物必須多麼加倍的努力，否則恨鐵不成鋼的反撲，會是如何的巨大！

中場

沒得靠的韓國人和有得靠的台灣人

近年來，台灣流行「來賺大陸錢」這樣的獨特廉價心態。台灣既然是商業社會，當然不論誰的錢都要賺，但賺錢口號喊得太廉價，那就難免不該賺的也去賺，不是那樣賺的也去賺。

最近，圓山飯店爲了吸引陸客而將老蔣總統當年的逃生隧道向陸客開放，就讓人覺得怪怪的。早年統治者的權力不規範，老蔣總統隨便一劃，就可將山明水秀之地劃爲行館，這種事情隨著國家正常化，當然都應收歸國有，開放給人民。而老蔣總統在以前國共對峙時代，有極大的不安全感，許多地方都有緊急逃生通路，和附近的戰略碼頭及道路，及軍事直昇機起降點連結。圓山飯店下的隧道即可通七海山莊的直昇機停機坪，也可通士林官邸，再一小段即可通基隆河的快艇小碼頭。像這種隧道，它除了是冷戰遺跡外，還是很不堪的遺跡，顯示出以前的那種「逃難」情結，把這種東西拿來向陸客獻寶，真是有點失了體統與格調，想賺陸客錢想到瘋了。

圓山飯店在以前曾獨領風騷，但因缺乏專業經營，近年每下愈況。無論住宿設備，餐飲及服務品質等瞠乎於其他業者之後。圓山飯店最該做的是經營管理的大改革，而不是拿古人很難看的過去來圖利。賺錢的思維方式顯示的是賺錢的格局，圓山飯店讓人感覺到其器小哉！

再其次，目前台灣蕉價下跌，蕉農慘兮兮，一狀告到馬總統，答覆是「爲什麼不早說」，可以透過阿兵哥吃香蕉及農委會促銷來解決。而根據報導，我們官方的法寶仍是台蕉輸大陸。大陸早已必須扮演台灣農產品的搶救隊了。

其實，台灣以前有運作良好的農村情報系統。農村有自己的金融系統，它的盈餘及政府投入，已可轉移到農會的農業推廣、農情查報、運銷合作，甚至農研技術及品種改良等每個環節。這是台灣式的農村合作經濟，農產品的供需調整有其機制，重要農產品如毛豬養殖頭數，蔬果的種植面積都有逐月逐季之彙報，價格的暴起暴落這種失衡現象比較不易發生。以前所謂的「產銷一元化」，基本上都是這種農政農情系統之產物。

而今天的台灣，乃是那個農政農情系統早已廢弛，我們以前在反黑金的口號下，已使得農會的服務系統形同瓦解；我們在自由化的口號下，也使得以前那種合作經濟蕩然無存，再無產銷一元化這樣的東西，只有大盤中盤這種新體制，產銷失衡也就成了常態。聰明靈光的農民或許在這樣的變化下尚可不致受到傷害，而比較不靈光的農民即難免傷痕累累。

因此，台蕉價賤，蕉農入不敷出，政府的治本之道，乃是強化農政的服務功能和重建農情農技機制。當產銷不失調，任何X賤傷農之事即不致反覆上演。而最讓人擔心的，乃是每當發生這種情況，我們政府就想到阿兵哥，讓他們吃某種產品吃到傷；此外就是找大陸人來

救。這種動不動就找大陸人來救的做法，其實是在搞政治和搞選舉，而不是在搞經濟。經濟足以健全自身的體質，強化自主性爲條件，這是別人救不來的。

在台灣找陸客救觀光，找大陸人救蕉農的時刻，我想到的其實是南韓。南韓沒有誰可靠，也不能靠誰來救，反而是兩韓關係至今波濤未止，隨時可能再現聲浪，但南韓卻靠自己和歐盟簽署了自貿協定，美韓的自貿協定也在望。由於戰略經濟清楚，產業經濟當然欣欣向榮。在經濟上有得靠的永遠不可能去努力，反倒是一切都要靠自己的反而可以走出路來。兩岸的ＥＣＦＡ和南韓的自貿協定，將來誰的經濟實力看漲，未來兩三年即可見真章。現在南韓人已把超越日本作爲目標，要成爲亞洲的第二大，如果再談四小龍，韓國人就會很生氣的認爲這是看不起他們。沒得靠的韓國人，和有得靠，可以找人來救的台灣，將來的結果一定很不一樣！

民國百年，台灣二次寧靜革命

長期以來，我一向推崇約翰．洛克斐勒三世（John D. Rockefeller, 3rd）在一九七三年所著的《第二次美國革命》，洛克斐勒家族乃是人類史上最偉大的人道公益家之一，在政治上他屬於溫和中庸的共和黨。他在這本書名嚇人，但內容十分前瞻的著作裡，提出非常多的洞見。

人們都知道，一九六〇至七〇年代初，乃是美國驚天動地鉅變的時代，貪婪自大而不公正的美國，簡直內外交困。越戰的泥淖已使全球齊聲指責，被欺壓兩百多年的黑人已不甘再被欺壓，根本不被重視的青年輩也開始憤怒，族群、階級和性別生態的抗爭運動也告蠢起。那是個騷亂的時代，如果我們去查那個時代的媒體，美國已到了革命邊緣，的確成了當時許多人的驚慌。

洛克斐勒三世由於家族長期行善，有極強的人道關懷，於是經過廣泛的接觸而寫下該書。他完全聽得懂當時的人是在憤怒甚麼，但他沒有自己走上街頭，而是宏觀的認爲美國的確到了「第二次革命」的時候。第一次美國革命建造了自由民主的美國；第二次革命則是要走向人道主義政治，經濟與社會的新變革，結束人的貪婪腐敗麻木和矇混，而是往對人、對自然更友善的新境界。他特別主張應有人道政治新型態領導人，這種領導人的特性爲：

第一，乃是對國家所面對的各種問題有一種真正的關切，與靜心去謀求解決之道的責任心。他認爲能否針對問題提出服人的計劃及促成改革，將是未來選舉和連任的主軸，人道政治乃是核心。

第二，乃是對人們的憤怒及騷亂應有足夠的敏感心和同理心，從而制定出能有效對話及改正的政治參與新模式。

第三，乃是對社會差異的多樣性要有真切的理解，更要有能夠將分歧的觀點調配爲一種能夠協和爲整體的能力。

洛克斐勒三世寫書的那時，今天人們所謂「轉型」這種觀念尚未發生，但見多識廣，心懷善意的他，卻已敏銳體會到「大轉型」已在美國出現。美國第一次的開國革命，是民主共和國的成立，但兩百年後，由於民主的懈怠，社會的改變，人類新價值陸續形成；官僚體系的麻木，舊的那一套體制已完全裝不下新的社會內容，於是各種力量遂紛紛出來撞擊舊體制的牆壁，整個體制都變得搖搖欲墜。洛克斐勒三世不是保守派，他知道新聲音不是無理取鬧的找麻煩，而是具有正當性的人民聲音；他不希望這些聲音因爲無人理會而變得更加憤怒，他寧願整個美國由政府帶頭來率先改革，創造一種新的人道政治，讓美國出現能對這些聲音有感的政府。當政府能做改革的發動機，整個社會的改革成本就會最小。他所謂「第二次美國革命」，其實乃是一種心的革命，而不是成本極大的群眾革命。

而今天的台灣，在某種意義上，其實也到了這種二次革命的時候。台灣第一次的寧靜革命，替台灣打造出了今天的民主自由，但長期以來僵化的政府，以及單向度思考的官僚菁英，他們完全不能體會社會新價值和新力量的脈動，他們對一切新問題都用舊方法來面對。於是人民的憤怒遂告蔓延，台灣的農民，特別是青年再上凱道，台灣的白玫瑰也要再上凱道。這些聲音其實都反映出了新價值與新人心，政府與人民在權力上的不對等，政府處理司法問題的損及人民權益。這些都是沉痾，以前的人只是忍耐被欺，現在已到了人民站出來要求政府帶頭改革的時候了。處於這樣的時刻，安撫或矇混其實是沒有用的，只有誠實方能面對問題，型塑出新時代的新價值和新做法，讓整個時代向前進步，才能化解走向進步的摩擦。

洛克斐勒三世有個很感性的比喻，變動的時代通常也是「國家社會和命運約會」的時刻；現在的台灣，這場第二次革命乃是我們大命運的新約會。既然是約會，我們衷心期待政府要懂得約會的法則，要有感於人民的聲音，不可矇混應付，這種約會下來，台灣才會有更好的將來！

政企兩界，為什麼一代不如一代？

去年，知名的諾貝爾經濟學獎得主艾克羅夫（George. A. Akerlof）和他的學生，現任杜克大學教授的瑞秋・克蘭頓（Rachel E. Kranto n）合出了《認同經濟學》一書，他們認爲雖然「認同」只是一種心理狀態，但卻有攸關成敗的效用，成功的創業者會將「認同」視爲一個巨大的資本，而在管理上發揮極大的作用；而新的負責人，以公司爲例，他們只會關心市場的佔有，股價的高低等利潤動機，而不再有創業者的長程視野，經營上的許多環節即難免脫落。

艾克羅夫及克蘭頓的這種觀點，如果將其延伸，其實也很能解釋當今政企兩界「一代不如一代」這種說法。我們不妨以台塑一年七爆作爲例證。

台灣的政企兩界，在以前創業奠基的那一代，都是一個老闆率同一群既是部下，又是兄弟的子弟兵出來打天下，內部有極強的「認同資本」，當然也有極高的榮譽感和危機意識。當一個體制不論大小，有許多人都自認是「圈內人」而非「圈外人」，這個體制就會像是個有機體般的運作，整個體制由於層級分工而形成的必然死角，就會隨時都有人去填滿。用今天的話來說，那就是上面的不敢也不會馬虎，下面也每個螺絲都拴得很緊。

就以台塑一年七爆為例，如果今天王永慶還健在，甚至是在年富力壯的時候，由於螺絲緊，或者不敢發生；縱使發生了，爆一次或兩次時，他恐怕早已率同大小屬下一路殺到了現場，該改的就立刻下令改，該賠償受害老百姓的就立刻賠償。除了台塑會這樣幹以外，我也相信這種事如果是發生在蔣經國、李國鼎、孫運璿那個時代，他們由於對國家的整體表現有認同感與責任心，他們在初爆之時，可能也早已殺將過去，視察一番，督導改善。在台灣政企創業的那一代，他們劍及履及的治事能力絕對不容懷疑。

而今政企創業那一代都已走進了歷史，在位的都是兒世代，他們長於安樂，行為模式當然完全不同！

就以台塑為例，連七爆以來，他們的反應極其遲鈍緩慢，初爆之時，它們公司的核心領導層都是在被罵翻之後，才勉為其難的露面一下，虛應故事一番。而且我們也可看出，在台塑家大業大之後，台塑內部已日益官僚化，例行運作及工安這種事，在他們內部早已邊緣化，由中級幹部負責，而不自認為是生死攸關的決策大事。台塑一年連七爆，顯露出了台塑的一代不如一代，如果王永慶還在，這種事怎麼可能！

台塑連七爆，如果是蔣經國、李國鼎、孫運璿的那個時代，這些人都是威權時代的人物，但不搞政治，在治事方面那一代至少對事有認同感，台塑初爆之時，他們一定親自殺到現場視察，怎可能會讓它一爆再爆，爆到七次之多。而今政治的那一代早已凋零，兒世代上陣，這個兒世代對國家社會成敗缺乏責任心，對百姓的受苦少了同理心及認同，在過去那段

時間有誰理會此事？初爆之時甚至連個中級官員都看不到，這才逼著雲林縣政府忍無可忍的勒令其停工受檢。這次連七爆，由於到了選舉時刻，中央才表現得有個樣子，如果不是選舉的壓力，我敢保證他們一定繼續的混，反正六次都混過去了，再多一次又何妨！

在人類社會上，並不必然一代不如一代，的確有些人是二代勝過前代。但一代不如一代這種事也的確在不斷出現，對一些家大業大的體制，由於他們壟斷了極大的經濟和政治勢力版圖，由於挑戰少，不必努力就可繼續享用上一代的餘蔭。這種第二代幾乎注定了一代不如一代的結果。對於這種第二代，除非他們能痛下決心，重新撿回上一代的創業雄心，重建以認同、榮譽感、責任心爲基礎的創業精神，否則第二代必然成爲祖宗基業都會爲之動搖之一代。他們必須努力去打破「一代不如一代」的這個魔咒！

政黨分合，用正常心而非權謀看待

政黨乃是政治價值相同或近似的人所組成的團體，它的分分合合雖不常見，但也不少見。只要政黨人物有基本的格調，不要把政黨競爭搞成低俗的惡鬥，政黨的分合與重組其實是有益於一個社會政治發展的重要過程。

就以西方的政黨發展為例，它們在國家形成之初，由於政治環境變化大，政黨的分合重組也多，但正因透過這些分合重組，政治的價值遂能釐清。以美國為例，它早期分合頻繁，直到十九世紀傑克森的民主黨和林肯的共和黨形成，政治方向遂趨穩定。而以當代為例，由於英國老工黨太過教條，一批菁英脫離出走，另組自由民主黨，這個分離出的政黨對老工黨轉型為新工黨，無疑的發揮了引導作用。由此已可看出，政黨的分裂未必都是壞事，只要分得堂堂正正，它其實對政治價值的釐清有正面意義。

但台灣的政黨分合卻非如此，它和政治價值的釐清無關，反倒更像是宮廷鬥爭的現代版。

近數十年來，國民黨雖把孫中山先生掛在嘴上，但還有人記得三民主義嗎？正因為已不談價值這種「大認同」，國民黨的分分合合遂只繞著族群與人際關係這種「小認同」而打轉。李登輝當權時，一群國民黨的外省掛官僚基於他們自認的優越感，拉出一批人馬而成立新黨，但這些外省掛的舊意識不可能與台灣社會結合而產生新東西，只經過短短一段時間即快速衰退。接著國民黨因爲二〇〇〇年大選「連宋分」，於是親宋楚瑜的人馬又拉出一批而有了親民黨。這些分裂出來的黨由於和它們母體國民黨相同，都已失去了政黨該有的價值「大認同」，因而國民黨可以透過權力而維持較久，這些小黨由於權力基礎不強，遂難免「大藍吃小藍」，很快就被吞掉而告泡沫化。

泛藍陣營近年來已分分合合四次，悲哀的是它儘管一直分合，但卻沒有一次觸及最重要的價值層次這種「大認同」。國民黨仍舊和古代一樣，由於掌握權力，遂自居正統主流。它將政權挑戰者蓄意的妖魔化和仇敵化，企圖利用人們的恐懼感和對立感而繼續保持政權。它一方面抄襲民進黨，但又醜化民進黨，其實任何邏輯嚴謹的人都知道，當國民黨將「台獨選項論」列爲政綱，它即已不再有醜化台獨的資格，當它對民進黨狂轟濫打，它即不再有夸夸而談超越藍綠的資格。國民黨在價值層次，無論甚麼空話都講過，而又選擇性的找題目攻訐及醜化對手，這只在古代性格的政黨才會如此。至於它對譜系相同的親民黨，只會扣別人「叛徒」的帽子，並認爲親民黨作爲只會讓民進黨漁翁得利；這種說法其實只是一種權謀語言，它和國民黨以前動輒高唱團結及鞏固領導中心口號武器如出一轍。

因此，今天親民黨要和國民黨分道揚鑣，這對台灣的政黨發展是個重要契機。如親民黨只因爲對大藍吃小藍的作風覺得厭倦，因此而反彈，這只是玩著「小認同」的遊戲，那麼親民的戲是唱不久的。如親民黨能將不滿的層次拉高，而去談台灣的價值，國家未來的方向等「大認同」的問題，親民黨的奮力一搏才有意義，也才有可能改變台灣政治的景觀。我認爲近年來由於台灣社會的內外環境都已改變，台灣的政黨的確到了已需大重組的時候，親民黨未嘗不可能成爲這種大改變的第一槍。台灣只有透過政黨重組，才可能改變過去那種藍綠惡鬥的既定戲碼。

台灣過去由於長期被洗腦，已洗成一種習慣，只要有政黨的分合，人們就會神經緊張，並用那種誰是叛徒，誰又會漁翁得利的觀點看問題。這種政黨過度的權謀化已造成了社會跟著權謀化。這種長期的洗腦，已使人們疏忽了一種正面看問題的能力，那就是政黨的分合，如果政黨人物有格調、有視野，它其實乃是件好事，它有助於政治價值的釐清及國家共識的形成。政黨的分合確實有可能會使某些政治人物的利益受損，但對國家而言，釐清政治價值與國家方向，那才是比某些人的利益更重要的課題！

東方專制主義下的永遠內鬥

今年是辛亥百年，當權者在那裡大搞百年秀，但做爲老百姓的我輩，當有不同的感觸與認知。

辛亥百年，在孫中山先生逝世後不久，中國的天下是國民黨的，中國的軍隊也由國民黨獨占，有八十四個軍、三百多個師，二二〇萬人。但從那時起國民黨冗長的內鬥也告開始。後來我們說的軍閥，多半也是國民黨的人馬。國民黨愈是要把權力壟斷到少數人及其黨羽親信之手，它的內鬥就愈激烈。最後是權力愈集中，版圖剩下的就愈少，終局是一九四九年被掃出了大陸。今天談辛亥百年，國民黨絕對不能迴避一九四九的失敗，以及當時的生靈塗炭。

國民黨有著根深蒂固的內鬥基因。對於這個問題，前代德裔美籍思想家魏特夫（Karl A. Wittfogel）在《東方專制主義》這部經典著作裡就有過深刻的觀察分析。他指出中國由於長期的專制和專制運作，已形成獨特的專制文化：

一、對統治者而言，他們由以前的歷史，知道百姓痛恨他們，隨時可能造反；而權臣勇將又有可能篡位謀反，因此當權者的內心多半恐懼虛無，不是平庸的親信家奴，他們根本不敢用。中國古代只要換老闆，一定要把重臣驅逐，換上一批親信，其道理就在此。當權者身邊沒有一堆親信，他們簡直就不會做事。這種朝廷文化，只在出了很有自信的統治者才會被打破，多半的時代則是庸碌當道。

二、對官吏而言，他們在這種環境下生存，自然要拉幫結派，互相照顧幫忙，各種幫派間則做著爭取關愛的眼神之競爭。而統治者也樂得天天搞這種拉一派打一派的遊戲，當老闆決定要打哪一派，絕對會有一堆人搶著效忠。在中國專制官場裡，官吏們產生不出和衷共濟的公共倫理，只有爾虞我詐的惡鬥文化。早期的自由主義者蔣勻田先生一直在爲官場的協商合作呼號，但他的主張全都付諸流水，根本無人理會。可見中國專制官場上，不搞惡鬥的困難。

三、以前的專制文化裡，統治者對國家的基本方向從無論述，一切問題全都看情況而定，統治者的隨心所欲扮演了最大角色，意見的分歧遂成了權力鬥爭的淵藪。這種鬥爭既無底線，也缺乏邏輯，它無助於國家方向的釐清，更不能促成長遠的進步。這乃是中國長期停滯落伍的主因。

因此，今年辛亥百年，雖然宣傳的活動極多，我最關心的其實是百年的政治內鬥。辛亥百年雖時代已變，但那種東方專制主義仍在，當權者仍在那裡要搞清一色的親信政治，不是親信的老臣被驅逐，同輩的人則被鬥垮鬥臭。這種拉幫結派，特別是上意授命的惡鬥，乃是昔日民國政治不堪聞問的關鍵，最可怕的乃是民國時國民黨內部惡鬥，曾經有好多次出現國

中 中場

民黨全會開出雙胞案甚至四胞案，也等於國民黨出了好幾個黨中央。一個政黨沒有大論述，缺乏了方向感，當然國家只好變得支離破碎，內鬥也更加一直持續。

而今天的台灣，國民黨大惡鬥的時代又告到來，特別是上意一旦授意發動，這種惡鬥就格外擴大。今天的台灣雖然號稱已到了民主時代，但政治實然的運作仍然是東方專制主義的那種深層邏輯，有權者仍然要以忠貞爲唯一的指標，建構出忠於一人一姓的親信結構。國民黨昔日搞東方專制主義，把版圖愈搞愈小，最後是一九四九江山變色，誰又知道現在擴大的內鬥再起。看著那些鬥得十分帶勁的蝦兵蟹將，我不知道是不是又要再演一九四九的舊戲？

因此，我最近重新翻出魏特夫的《東方專制主義》，也把國民黨的黨史找了出來參照。魏特夫所謂的東方專制主義乃是一種獨特的心靈構造，它也是人治的最極端形式。民主法治的最基本前提乃是肯定別人的聰明才智，和平協商一切的問題，進而造成法治的傳統。東方專制主義的前提則是猜忌懷疑所有的人，它是以異化爲一切的前提，而人們已知道這種前提下是長不出任何好東西的！

北京對台政策的新務實趨向

最近，大陸的央視在最後關頭撤掉了兩個預先錄製好的節目，一個是新黨黨主席郁慕明重砲抨擊宋楚瑜，當晚央視以顯著新聞加以報導，第二日原擬繼續大做，也錄好了影，但最後上級認爲不妥，禁止播出。另一次是蔡英文宣布「十年政綱」，不承認「九二共識」，宣布當天國台辦發言人曾厲聲警告，第二天央視要繼續大做，並已錄好影，但在上面反對下，也被制止播出。

中共的上級制止播出該兩節目，乃是非常值得玩味的舉動，央視的立場以前反映了中共的官方立場，以「挺馬貶宋」爲基調，但據了解，北京目前對馬陣營做了深入理解，已決定不再挺這個貶那個。北京的這種變化，其後效值得注意。另外，有關「九二共識」問題，北京以前均隨著國民黨的指揮棒起舞，但中共高層思考嚴格的人早已警覺到，兩岸最早的互動仍有憲法層級的「國統綱領」爲依憑。但二〇〇八年兩會復談後，由於北京主事者的無知，不能堅持「國統會」的恢復及「國統綱領」，遂被低層次的「九二共識」取代了高層次的「國統綱領」，由於「九二共識」毫無法律上的嚴格性與規範性，「九二共識」談到現

在，國民黨的「九二共識」早已成了「一中被表成了兩國」，北京已多次對「九二共識」重新定義，但這些部份台北根本不予理會。這也就是說國共都在談「九二共識」，但大家都知道，他們用的名詞雖然一樣，但指的卻是不一樣的東西。一個只剩名詞，而內容完全漂散的東西，人們又怎麼可以視它爲存在呢？在這個意義上，「九二共識」只不過是北京的國王的新衣。蔡英文只不過是說了實話的小孩而已。

因此，蔡英文不承認「九二共識」後，北京國台辦發言人基於過去的習慣反應而不得不表態，但央視想大做新聞，卻被高層喊卡，這當然不是沒有意義的：

一、北京已理解到台灣政治變化極快，政權會往哪邊轉有時極難掌握，因此北京不能排除再度變天的可能，因此他已不能視民進黨爲「敵人」，而應視之爲「對手」。

二、蔡英文最早說出「和而不同」「和而求同」時，北京和國民黨都在「內容空洞」上做文章，這些人不知道，絕大多數政治大論述和大計劃都是從一兩個核心概念而展開的。人們已知道「和而不同、和而求同」這個看似空洞的口號，在「十年政綱」的舖陳下，現在已不是那麼空洞，而且我們也不能懷疑它對北京其實仍有相當的善意。

三、據了解，北京隨著台灣選舉情勢發展，已開始在建構萬一民進黨執政，兩岸策略將如何因應的課題，屆時兩岸就會進入「不必共識的兩岸關係階段」。在「九二共識」的兩岸關係階段裡，北京當事者由於自大愚蠢，不懂得台灣式語言遊戲奧妙，一中已被表成了兩國，北京現正研究修補之中，而在不必共識的兩岸階段，現實的利害交換與懲罰合作，則將成爲兩岸互動的主軸，而我不認爲北京會對理性化的民進黨多麼惡意；當兩岸關係進入現實化，理性化的階段，一切就事論事，不必在不相干的語言上玩著虛情假意的遊戲，兩岸在緊張中反而更易獲得穩定。

爲了「九二共識」，台灣內部吵成一團，這純粹是語言攻防的茶壺風暴，可以不必理會。國台辦發言人的制式反應，也無須高估。相反的，倒是北京央視取消了兩個新聞節目，倒是發出了微妙的訊息，北京在挺馬打宋上起了微妙的變化，這是不是意謂著北京對所謂的泛藍已有了更深理解，要開始調整它與泛藍的關係；而央視撤掉「九二共識」抨擊民進黨的節目，則似乎顯示出北京已對「九二共識」的真相與虛像多了反省。所有這些跡向似乎顯示出，北京在對台政策上已開始進入新的調整期，據我所知，更務實也更現實的兩岸政策將是下階段的走向。

兩岸關係受到島內藍綠、島外國共太多無聊因素的影響，有太多語言的捉迷藏，和語言的攻防虛耗，兩岸關係的確該變了。

中 中場

沒有領導人時代，美日的殷鑑

日本五年換了六個首相，現在是野田佳彥當家。新人上台，但卻沒有一個人興奮，許多人已開始在談他的下台了。人們認爲野田佳彥的政府是個「沒有金魚的泥鰍鍋」，野田佳彥會和幾個前任一樣，什麼事也做不出來。貧乏的上台，貧乏的下台。日本已進入「沒有領導人的時代」，當領導人做不出事情，得不到尊敬，領導人身分就變成了易碎品，很快就會被折舊、淘汰。

更有趣的是美國總統歐巴馬，施政滿意度已跌破四成，在關鍵的中間選民方面則滿意度更低到只剩三四%。最近美國失業率又升到九．一%，而且很難改善，而在近代政治上，一個總統任內，若失業率高於七．二%，還沒有人連任過。因此這意謂著歐巴馬連任已出現危機。爲了連任，歐巴馬已於九月二日撤回「環境空氣品質標準」的法案草案，不要去得罪相關業者。二〇〇八年歐巴馬以五二．七，四六大勝共和黨的馬侃參議員，他把「改變」、「希望」這種高調口號唱得震天價響；而今民調不佳，國家問題並未改善，他的連任之戰已決定用負面競選術咬緊共和黨去死纏爛打，希望僥倖連任。

因此，由日本新首相野田佳彥被人看衰，美國歐巴馬被人看破手腳，就想到英國《經濟學人》七月底那一期論「癱瘓政治」專號。該期指出，西方現在已出現一種「新的癱瘓政治」（New politics of paralysis），應該領導國家的人反而沉淪到成了問題之一，他們這個不得罪，那個要討好，於是甚麼該做的事也做不出來，反而事事追隨極端民意。該封面故事指出，「領導的缺席」這種症狀可以日本爲代表。一九八〇年代泡沫經濟破裂後，日本當政者即選擇最懶惰的舉債救市方式，於是這種本質上是拖的政治風格，就一直繼續到現在。日本經濟每下愈況，日本債務佔國民生產毛額之比例爲世界之冠，日本已不是「失去十年」、「失去廿年」，說不定是「失去永遠」，直到現在仍無領導人認真去面對這個問題。

而美國的「領導的缺席」就更複雜了。美國領導學權威學者龐斯（James Mcgregor Burns）早已指出過，美國自甘迺迪、羅伯甘迺迪、金恩博士等之後，即已不再有領袖人物。由於媒體發達，政治人物只想去討好各方，在媒體上多多做秀，而不要去做那種「有擔當，一定會得罪某些人」的人物。而人們也知道當領導人不能堅守住中道，意見市場一向往極端的方向移動。美國重要的政經評論家菲利普士（Kevin Phillips）在《劣幣》一書中即指出，近年來美國政經方向日益右翼化，中間的自由民主派和溫和共和黨已告消失，整個政經政策走錯方向也無人理會；當「不計後果」的政治已告形成，不管那一黨當家，它都不可能去面對問題，改善問題。

歐巴馬上台後，對債務問題的解決毫無誠意，他一方面罵富人逃漏稅但又在富人減稅上放水。當他不能堅持立場，突顯民主黨與共和黨的不同，在大選時最後他只有用負面競選術

來表現他的不同。第一次大選時，歐巴馬還能用一些不錯的口號贏得選舉，第二次大選由於他缺乏政績，現已決定改採負面競選術，歐巴馬走到這樣下場，難怪美國政治圈也要爲之慨歎了。

因此，現在是「領袖缺席」的時代，以前的領袖要明辨深思、堅持正義，現在的政治領導人物則成了被領導者或被拖著走的人。歐債及美債危機，使西方人理解到「領袖缺席」所造成「癱瘓政治」的可怕。至於歐巴馬缺乏政績而要連任，決定把共和黨當做箭靶，展開負面攻擊，則使人體會到，當領導人物不能自我勉勵成爲亮眼的金魚，他就會像個爛泥鰍一樣，把選舉搞成泥鰍大戰。最近台灣的選舉，充滿不怎麼漂亮的「勾勾纏」打迷糊仗及扣帽子，我們說在這個「領袖缺席」的時代，政治人物都成了大大小小泥鰍，語雖不敬，但卻屬實。我們不妨由泥鰍大戰的本質，去觀察大選的許多亂象！

不靠親信也能治國——華盛頓的啟示

西方俗語說：「有了這樣的同志，你還需要敵人嗎？」這句話的意思是在說，人的最可怕敵人其實是同志，因為這種人看起來是同志，但每天在做的卻是比敵人更可怕的事，防之不勝其防。有了這樣的同志，已真的不再需要敵人！

最近「維基解密」洩漏出一堆美國在台協會台北辦事處的機密文件，它顯示出美國官員在台廣泛的與我們達官顯要來往。我們的達官顯要一碰到這些美國官員，就好像遇到天王老子一樣，拚命在這些美國人面前打小報告，這些小報告的內容絕大多數都是對自己同志的不滿。在外人前面打自己同志的小報告，這是甚麼人品已可想而知。台灣的上層官場一向在分誰是嫡系，誰不是嫡系，嫡系與非嫡系之間雖嘴上說是同志，但實質上永遠在搞著爾虞我詐，相互中傷算計的伎倆。這是中國古代官場的老傳統，這次由「維基解密」事件已讓人看到這種老傳統在台灣已被格外的發揚光大。在這種老傳統裡，甚麼同志情同志愛都是假的，同志只不過是敵人的另一個代號而已。八月廿三日本專欄裡我曾指出，在東方專制主義的官場裡，只有內鬥的傳統，只有親信或非親信的劃分，只要不是親信同一掛的，會被視為敵

人。這種官場文化已被「維基解密」所證明。

因此，「維基解密」事件其實是極爲嚴重的事件，它顯露出台灣高層政治的道德崩潰。如果台灣是個對價值及格調仍知道珍惜的社會，「維基解密」事件一定會引發社會對官場惡習的深入反省，可惜的是台灣早已成了政治價值虛無的社會，我們也只關心誰有權力、誰沒有權力。因此「維基解密」所顯露出的問題，我們是把它視爲政治的八卦而已，台灣已失去深沉反省價值的一次機會。

台灣上層官場沒有同志情同志愛，只有親信非親信間的惡鬥，這時候我就想到了美國的國父華盛頓。人們都知道華盛頓乃是人類史上少有的政治人品極高的人物。前幾年當代權威艾利斯教授（Joseph. J. Ellis）著作了典藏本的《華盛頓傳》，在該書裡，艾利斯教授特別指出，華盛頓最不朽的，乃是他秉持了天下爲公的信念，在他總統任內廣集精英。美國第二任總統亞當斯是他的副手，第三任總統傑佛森就是他的國務卿，第四任總統考迪森幫他設計文官制度，漢密爾頓當他的財長，美國開國元勛那一代許多重要人物如傑約翰當他的外長，美國獨立戰爭英雄亨利．諾克斯是他的戰爭部長，美國早期的司法泰斗愛德蒙藍道夫當過他的首席大法官和司法部長。

華盛頓自己沒有班底親信，他卻能找那個時代有能力及企圖心的人物進入他的政府，他手下人才濟濟，每個人都是一時之雄，他們有好幾個還是一見面就吵架的難纏人物，例如傑佛森就出名的才氣縱橫及難搞。但華盛頓卻以他的人格與能力，讓這個人才太多、太難搞的政府發揮了它優秀的能力。艾利斯教授在書裡因而推崇說，華盛頓善於徵召人才，找到人才後就放心的讓他們去發揮理想，而他自己則不該管時就發揮「沉默的天才」，讓手下去辦事，而該管時他則很精明的適當介入。從古到今，有些政府容不得人才，有些能力不足的領導人嫉妒人才，害怕太厲害的人會搶掉領袖的光采。搞政治的人雖嘴上常說「得天下的人才而用之」，但古今中外能達到這個境界卻極少，華盛頓乃是佼佼者。一個領袖自己沒有班底，沒有親信甚至自己也沒搞過甚麼政治，卻能替一個國家打造出那麼了不起的「人才治國」的傳統，華盛頓乃是歷史上的第一人！

政治有許多型態，中國文化的猜忌內鬥傳統太深，有權的用人只用親信，非親信就一定要把他們鬥垮鬥臭，因爲在他們的權力觀裡，非我親信其心必異。對這種人，我勸他們多讀一下《華盛頓傳》，因爲華盛頓證明了天下爲公，不必靠親信黨羽，用了一堆難搞的人才，還是可以治好一個國家的，不必親信治國，同志之間不必天天搞中傷算計，那才是真正有品的政治！

國民黨應打一場有氣度的選戰

古代諺語有「殺敵若干，自損若干」這種句型，這是種俗民的打仗算數學。如果一場仗打得值得，那就會「殺敵三千，自損八百」，對方代價較大；如一場仗打成「殺敵八百，自損三千」，自己反而付出較爲慘重的代價，那就是一場愚蠢無必要的仗。這種愚蠢的仗打多了，最後必會失敗。

這種打仗的道理，《孫子．謀攻篇第三》就講得有學問多。它說：「國之輔者，輔周則國必強，輔隙則國必弱。故君之所以愚于軍者三：不知軍之不可以進，而謂之進；不知軍之不可以退，而謂之退，是謂縻軍。不知三軍之事，而同三軍之政者，則軍士惑矣。」它的意思是說幫皇帝出主意的人要出對主意，一場仗不該打就不要亂打，不該退就不要亂退，仗如果打得莫名其妙，大家就會被他搞迷糊。我在此引諺語和孫子兵法爲證，主要是想說當今的馬辦，由於對這場選舉的仗一陣亂打，已出了一堆問題，最近《遠見》民調，馬吳已首度落後蔡蘇配〇點二個百分點，馬吳的仗打得離離落落，已出現嚴重的警號。

當今媒體裡，《財訊》最早指出金小刀那種「勾勾纏」的選舉是一種拙劣戰術。民進黨搞甚麼題目它就追甚麼題目，民進黨前腳去了哪裡，它後腳就追到哪裡，這是種歪纏爛打的打仗方法。如果說他們是個弱小的在野黨，這種死纏爛打的打法或許還情有可原，可是它現在是個堂堂的執政黨，理應有自己的選戰論述，有自己的打仗節奏，但它這些全都沒有，這種窮纏爛打的黨又和在野何異？

因此，任何人都心裡有數，金小刀追著一路纏打蔡英文，實在是個超級賤招與濫招，馬英九追著民進黨的黨慶也到中南部拚場，這也不是多麼好看的招。由馬辦這種好戰式的纏鬥作風，我就想到近幾年來國民黨的質變，以前的國民黨有自己的組織和城鄉力量，這種實力使它的選戰可以有自己的節奏，不會一到選舉就慌了手腳。但近年來國民黨由於向心力渙散，於是它內部的好戰好鬥人馬遂告抬頭。當年新黨那一批人在台北拚市長，就是好戰勢力的第一次浮上檯面。

國民黨內那一小群好戰人士，他們的作風完全違反了台灣多數中間人士的價值，他們愈好戰，自己鬥得很高興，但台灣中道人士卻大搖其頭。據我所知，今天馬辦內部，這種好纏好鬥之士即佔了主導地位，如果馬總統不自我警覺，他的連任之役，就會栽在這些好戰之士手上。金小刀纏打蔡英文纏到美國，現在還準備打到日本，這種好戰之士，真的是幫蔡英文打出了氣勢。《遠見》民調蔡蘇首度後來居上，對國民黨那些好戰之士，已等於甩了一個大巴掌。以前台灣南部，大家都很輕視「竹雞仔」的好戰好鬥打群架風格，馬辦可千萬別成了政治上的「竹雞仔」！

國民黨內部一群好戰好鬥之士已使得國民黨在對蔡英文上，打了不該打的仗，反而「殺

敵八百，自損三千」，同樣的道理也顯露在他們對待宋楚瑜上。國民黨的那群好戰好鬥之士，他們喜歡扣同志善惡忠奸大帽子，在內鬥時更不手軟。宋楚瑜的問題搞到今天局面，這些好戰好鬥之士的提調擔綱，肯定扮演極關鍵角色。任何政黨都很容易因爲形勢的變化而出現一種以愛黨爲名，以亂鬥亂打爲實的極端勢力，這種勢力只會分化這個政黨的內聚力，也會使這個黨的週邊群眾對它失望。馬總統的連任絕不容易、連任的仗也極難打，但再難打的仗也不能去窮扯濫打，馬總統真該自己多費點心，去擬訂這場仗的節奏與調性了！而一路緊追，死纏濫打的打法絕對要避免。打一場有氣度、有格調的仗，才是馬總統應努力的目標。

近年來，國民黨的生態已變，它不再重思想，只搞文宣；不重組織，只懂得搞活動。普通時候它缺乏自己的問題意識，到了選舉時候，它就找不出自己的策略與節奏，仗打得亂七八糟，好戰者遂搶到舞台。這才是國民黨的選舉危機啊！

走出子彈陰影下的民主

上星期，「子彈門」突然成了主要話題，接著又由「子彈門」扯到「暗殺宋楚瑜」。台灣喜歡吹噓台灣民主如何優秀，但到了今天，重要選舉已有兩次子彈事件，以後還會不會跑出選舉子彈，還真的沒人敢打包票。台灣的民主是一種稀世罕有的「子彈陰影下的民主」！

由台灣的子彈陰影，就讓人想到世界的暗殺冠軍美國。在近代史裡，美國總統及總統候選人被刺得遂及未遂者多達十人，州長被刺八人，聯邦參議員八人，聯邦眾議員則爲九人。一九六八年由於暗殺頻繁，詹森總統下令組成「暴力原因及防止全國委員會」，展開人類史上最大規模的動員研究，研究報告厚達十六冊，暗殺即佔了整整兩冊。其中最有意義的乃是暗殺先決條件的部分：

一、在專制時代，暗殺迫害及反迫害必然出現。

二、在國家嚴重撕裂的時代，不僅易有暗殺陰謀，甚至精神不正常的人也易出現，成爲情境下的狂熱暗殺者。

三、美國學者克羅斯（Feliks Cross）的研究指出，在某種國家內鬥激烈，當某人被塑造

成國人皆曰可殺的公敵，這時候就會出現一種人，認爲暗殺該公敵乃是愛國的英勇行爲。這種愛國的暗殺，如果人們不是那麼健忘，當還記得當年的刺殺江南案，主事者及參與者真的相信他自己是在做一件偉大的愛國行動，「愛國」已蒙蔽了他們最根本的人性與是非。幸而他們是去美國撒野，被逮到了把柄，如果該案不是發生在美國，保證真相永遠沉淪。

美國學者克羅斯的研究發現，提醒了一個最基本的新聞準則，那就是新聞工作者在分析評論政治時，一定要有清楚的是非準則，絕對不能把一小群統治者個人利益得失混淆爲國家的損失；更不能站在統治者的立場發言，隨便讓別人幫統治者揹黑鍋，而使別人被醜化爲國人皆曰可殺的叛徒。如果新聞界不能堅守住政治報導及評論的是非，如果他們這種扭曲是非的報導及評論真的影響到精神異常的瘋子，而成爲自認暗殺有理的愛國者，那麼這種媒體即難免成了暗殺共犯。

這個世界上有太多瘋子狂徒，他們對政治很邊緣，生活也過得亂七八糟，他們只是靠著一點點政治印象，就把特定政治人物拿來發洩不滿。「暴力原因及防止委員會」的專家學者們特別針對那些暗殺者，尤其是大案子的暗殺者做了研究，發覺到這些暗殺者，有的是嚴重的瘋子，像意圖暗殺傑克遜總統的勞倫斯（Richard Lawrance）、意圖暗殺大羅斯福的席南克（John Schrank），就都精神嚴重失常；至於刺殺林肯的布斯（John W. Booth）、刺殺麥金萊總統的佐克茲（Leo n F. Czolgosz）。他們雖然好像有政治立場，但對政治的認知及參與都極淺薄，就根據那一點點人云亦云的認知，失常的人格特質，就像著魔一樣，去做了任何人都想不到的暗殺之事。

由於這種人都是根據那一點印象做決定，這也給了我們一點警示，那就是製造人們粗淺政治印象的新聞工作者，當他們在討論政治時，格外要有是非之心，不容有印象的簡化，某人是叛徒，某些人是叛徒，這種態度尤應避免。但這種黨同伐異的談問題方式，最近恰好正淹沒了台灣的媒體，某些人已被特定媒體刻意渲染成黨員皆曰可殺的叛徒、某些人已成了心有二志的老奸臣。忠奸善惡這種奇怪的價值已被無限放大，這乃是最近我愈看報，心中愈覺得恐懼難安的原因。

耶魯大學著名的法學教授史蒂芬・卡特（Stephen G. Carter）曾主張，人若走過，必留下痕跡，因此人必須謙虛的去面對自己的一切，但有次大選後他和某黨主要策士面談，該策士告訴他，策士所幹的事就是要挑起矛盾以圖利。於是他氣得甚爲失望。而這種把自己美化，把別人醜化的戲碼正天天在台灣上演。某些人儼然已成了公敵，這種把別人公敵化的搞法，他們想把台灣帶到哪裡？

中 中場

華爾街已成世界經濟動亂中心

一九二〇年九月十六日，那時還沒有汽車炸彈，只有馬車炸彈。當天的午餐時間，一輛停在華爾街廿三號摩根銀行總部窗子下方的馬車突然驚天動地的大爆炸。那次大爆炸造成卅餘人死亡，數百人受傷，乃是一七九二年華爾街成立以來最嚴重的「反華爾街事件」。

那次大爆炸，雖然官方宣稱是義大利激進反商分子所爲，但該案從未破案，也無人被捕。廿世紀初期，所有的激進運動都以地下化方式爲之，那次大爆炸，究係何方神聖所爲，遂成了華爾街史的永遠懸案。

不過，華爾街雖然長期以來均爲貪婪的象徵，受到許多人的痛恨及譴責，但在人人想要發財致富的美國，華爾街仍是多數人夢想的財富聖殿。一九八七年的熱門賣座電影《華爾街》裡，那個反英雄蓋可（Gordon Gekko）就以這段話爲貪婪辯護：「貪婪，缺少了更好的形容詞來說，其實是好事。貪婪是對的。貪婪有用。貪婪澄清並掌握了進化精神的本質。貪婪有很多形式：貪婪生活、貪婪金錢、貪婪愛情、貪婪知識，它標示了人類向上提升的動力。」

因此，一九九六年哈里斯民調，有六一%美國人認爲華爾街都「貪婪而自私」，但仍有七〇%的人認爲「華爾街對美國是好的」。意思是說華爾街以前儘管出了那麼多投機炒作和金融詐欺的弊案，但人們仍傾向於認爲那些都是個案，個案不影響整體的評價。

但自從金融海嘯以迄後來的紓困，美國人對華爾街貪婪的那種曖昧評價終於徹底改變。正因觀點徹底改變，才有如火如荼的「佔領華爾街」運動及全球各地一致聲援。

關切當今全球新興群眾運動的，都一定知道加拿大群眾運動家拉森（Kalle Lasn），拉森爲後現代式的新社會運動理論家及實踐者，他辦了一分刊物「廣告破壞者」（Adbusters），他認爲現代社會已全部都被大公司、大商品的廣告所洗腦，人的自由已成了一種新的不自由。因此以前他發起「一天不買東西」、「一個禮拜不開電視」的全球運動。而自從次貸風暴，全球金融海嘯後以迄現在的全球衰退，他已有了新的激進覺悟，那就是全球資本主義體系已出了嚴重的問號。不久前他出了一本全球暢銷書《文化堵車》（Culture Jam），他認爲美國擺脫英國的統治，那是美國的第一次革命。但第一次革命的成果卻被華爾街的財團及有關的富人所獨享，大多數美國人則愈來愈窮，這意味著美國已到了第二次革命的前夕。他和他的「廣告破壞者」雜誌這次發起「佔領華爾街」運動，其實是要扮演美國第二次革命的點火者角色。

這次「佔領華爾街」運動在美國及全球獲致很大的迴響，這就讓我想到美國金融評論家瑞索爾茲（Barry Ritholtz）剛出的重要著作《紓困國家：貪婪和便宜錢如何腐化了華爾街及動搖了世界經濟》，瑞索爾茲回顧了整個美國的紓困史。他指出，大蕭條的紓困本質上仍是

在救國，但從一九七一洛克希德飛機公司，一九八〇克萊斯勒汽車公司事件起，聯準會開始介入失敗的公司，於是聯準會、失敗的公司經理人、以及政治勢力遂介入國家及市場角色。經理人不必害怕會搞垮公司，反正有聯準會來紓困。美國聯準會、財政部不計後果的鬆綁，公司特別是銀行金融公司的胡作非為，財政部及聯準會喜歡用動輒舉債的便宜錢來幫無能且不負責的經營者紓困的惡劣制度因而形成。

美國這個「紓困國家」已形同綁架美國人及世界經濟。瑞索爾茲稱這種結果為「有錢人的社會主義」，以前是國家在幫窮人，現在是國家在幫富人。美國舉債幫不負責任的富人，造成全球通漲，它已搞垮了許多阿拉伯國家，也讓美國好幾個州出現騷動，現在這個騷動的動能已在美國本身蔓延。美國人會去佔領華爾街，乃是人們已覺悟到當今世界的動源不在別的地方，就在華爾街、財政部及聯準會。他們集體在掠奪世界及美國中產階級，幫助的是那些肥貓們！

美歐「戰略經濟」重整，台灣加速邊緣化

無論做人或治國，選定了對的方向，付出該付出的代價勇往直前，一定會得到人們尊敬，並享受到成功果實；怕的是方向不明，這邊的好處要沾，那邊的好處也要得，這種取巧可能會有一時的好處，但很快就會失去兩邊的信賴，最後是甚麼好處也得不到，取巧得到報應。而人民則共同受害。

這就是當今馬政府愈來愈清楚的困境。馬政府以「不統不獨」爲口號來閃避選擇，暗中則希望北京承認「中華民國已存在的現實」，易言之，希望北京承認「中華民國的獨立」，而任何人都知道這是不可能的事，因爲若中華民國可以獨立，憑甚麼台灣不能獨立？西藏和新疆不能獨立？今年辛亥百年，北京籌辦了盛大的百年辛亥百年紀念會，中國國家主席胡錦濤絕口未提「中華民國」這四個字，而是引用孫中山先生的另一句話：「統一是中國全體國民的希望，能夠統一，全體人民便享福，不能統一，便要受害。」希望中國「正視中華民國存在的事實」，先決條件是自己要有被正視的籌碼，而這個籌碼在馬政府任內已輸光光。

另外，我們再來談最近的人民幣風波及美韓自由貿易區的即將啓動。根據當代貿易問題

權威學者，達特茅斯大學教授艾文（Douglas A. Trwin）在近著《受責難的自由貿易》所述，雖然在古典時代亞當斯密即有自由貿易之說，但近代爲何反對自由貿易之聲日漲？主張貿易保護主義的人愈多？主因即是自由貿易這種意識形態太過簡單。正因自由貿易的概念太過簡單，各國及區域自貿協定遂告興起，各國選擇自貿夥伴，也更符合各國的利益，爲了國家對某些國家實施貿易保護主義也就變得很正常，一九八〇年代日本經濟如日中天，美國將日本經濟列爲「危及國家安全」的對象，最中透過美歐聯手，在「廣場協議」迫使日圓大幅升值，日本因而一蹶不振。在自貿對象的選擇，貿易保護主義對象的設定上，都有更基本的「戰略經濟」考慮。而我們已看到目前已到了美國調整其亞洲「戰略經濟」的時候。

在亞洲，中國的崛起使美國如芒刺在背，因此長期而言，縱使美中貿易大戰不一定發生，但美國對中國的貿易保護措施必逐漸增多，中國成長的勢頭必逐漸減弱，這時候對美國始終不渝的南韓李明博政權遂成了美國最佳的夥伴國人選，南韓金大中及盧武鉉的民主黨乃是中間偏左政黨。他們任內堅決主張兩韓和解，與美國立場相違背，金盧任內也是美韓關係惡化的時刻，而李明博的大國黨（ＧＮＰ）則是中間偏右親美政黨，面對中國的崛起，台灣靠著ＥＣＦＡ去賺大陸的便宜錢，南韓則是向歐美等國努力開發，去賺努力錢。目前在國際高端社會，南韓已成了一個新的國家品牌，因此美韓、歐韓形成自貿區，等於歐美透過韓國而在亞洲有了一個重要的支點，尤其是美國更可以透過支持李明博而取回已對朝鮮半島及東北亞的主導力量。美韓自貿的形成，乃是美國在亞洲的重要「戰略經濟」突破。也是李明博努力的得到肯定。

因此，歐韓及美韓自貿區的形成，乃是亞洲經濟重大的勢力重整，韓國透過歐美自貿區，不但GDP可望有八名以上的增長率，更重要的乃是由於韓國更接近高端生產及消費市場，它在國際社會垂直分工及產業鏈上將升級更快。而從「戰略經濟」的角度而言，這當然等於台灣在美歐主流經濟社會被加速邊緣化。台灣反正凡事靠ECFA，歐美在它們的「戰略經濟」思維中，已將台灣排除在外。

我對馬政府的ECFA從來就不以爲然，甚至還被他們發動過圍剿。我的理由就是ECFA有太強的依賴性，太缺乏主體性。而今美歐已重建它們的「戰略經濟」，台灣當然被排除在外。台灣目前爲美韓自貿區而擔心，這其實乃是ECFA的自然結果，ECFA不是沒有代價的，台灣現在已到了付代價的時候，它的代價就是已被亞洲新的「戰略經濟」所排除！

老農津貼與權力傲慢

人的行爲反應，就他自己而言，絕對有他「合理性」（Rationality），但「合理性」在更大範圍裡卻可能荒誕至極，不合理到了不可思議程度。人們都知道「何不食肉糜」的故事，晉惠帝絕對是個好人，老百姓窮得沒飯吃，他好心的說沒飯吃就去吃肉臊啊！這個好心的皇帝長在深宮，不想吃飯就吃魚肉，他那知道老百姓連飯都沒得吃哪還有魚肉的真正現實。「何不食肉糜」這句好心的話，當然等於好心但殘忍的在吃窮苦老百姓的豆腐，晉惠帝已不是善良的無知，而是深宮生活的自閉造成的人格扭曲與自閉，用近代理論來說，這已是一種權力造成的精神病！

一九七〇年代，人道與人文思想大盛，心理治療也大幅進步，甚至形成了一個重要的「激進精神治療學派」（Radical Psychiatry）。這個學派奠基者之一的紐約大學教授沙茲（Thomas Szasz）在名著《意識形態與瘋狂》裡指出，近代精神治療發現，權力的中毒已使政治人物出現一種「權力傲慢症候群」，他們會根據自己的權力意志來認知世界並將許多弱勢者非人化，然後根據他們的自我扭曲來制定扭曲的政策。於是表面看來很合理性，實質上卻是絕對不合理性的事遂層出不窮。

近代史學大師芭芭拉・塔克曼（Barbara Tuchman）因而說道：「我們比較不常注意到權力會孕育愚昧，發號司令的權力常阻礙正常思考能力。合理的統治要遵守的義務，就是掌握周全訊息，心智與判斷要保持開放，以免中了陰險魔咒，腦袋逐漸僵化和制訂出有害的政策。」她的意思是，有權者一定要防止權力的傲慢，以免精神病上身，制定出看起來合理，但實質上卻是不合理至極的政策。

在此引證近代心理治療對政治心理病毒的診斷，目的是要據以分析台灣最近的老農津貼問題。民進黨提出老農津貼加發台幣千元，國民黨要如何回應或不回應，可以有很多選擇，但全台灣一定不會有人想到，它居然自鳴得意的做出現在這種回應，一本正經的去做算術，什麼CPI也搬出來，結果算出來的是加發台幣三一六元，還要排富。大動工程搞算術遊戲，居然算出這麼有學問的三一六元。這簡直是開了老農一個有學問的殘酷玩笑。我無意危言聳聽，這三一六元至少揮發掉國黨三一六萬票。而更不可思議的，乃是這個有學問的算術遊戲，參與的大官小官一定好幾個人，這些人怎麼全都麻木無感了。最可怕的非合理性乃是集體的麻木無感，老農津貼這個荒誕至極的案例，其實已值得去做全盤的精神病理分析，權力傲慢的自以爲是，還用很有學問的算術來唬弄，而集體都對此麻木無感，單單這個案例，已可由小看大，看出它全部的病徵。

有權的人會形成獨特認知與行爲機制。前陣子讀哈佛領導學教授芭芭拉・凱勒曼（Barbara Kellerman）的《壞領導》一書。她在「剛愎自用」這一節談到「網路天后」瑪莉．米克的興衰，就很可做爲權力傲慢的典型案例，米克爲摩根史坦利主管，負責科技類股的研究操作，一九九〇年代網路泡沫時代，她聲名鵲起，成了天后。但在當了天后後，剛愎自用，和所有有權的人相同，都出現自以爲是「上帝症候群」，不管怎麼做都一定對，公司其他人所做的研判只要不符她的心意，一定會隨便找個理由即拒絕掉。而她們公司對網路股所發給客戶的新聞信到後來全都堂皇但都錯誤。當網路泡沫破裂，客戶受害，她的「網路天后」名聲也破。她的權力傲慢造成片面的自以爲是，以及對訊息的選擇性接受，最後當然累積成一連串錯誤。

因此，有權者一定要抗拒權力傲慢，因它是病態心理的淵藪。激進精神治療學派告訴了我們，有權者很容易罹患「權力傲慢症候群」這種另類心理病，它和瘋子不一樣，它不會吵鬧，但會搞壞有權者自己的心靈與認知。瘋子只害到自己，權力心理病毒所造成錯誤決策，則可能害到大家。老農津貼案真是個大警訊！

亂燒錢沒藝術，文化大承包商可休矣

近年來，台灣出現了一個夭壽（妖獸）的文化概念，那就是「文化創業產業」。這個不清不楚的概念，對喜歡搞做秀、進行壯觀或表演宣傳的政治人物乃是一大啓發，於是各種壯觀、奢華有如現代版大型雜技表演的文宣活動遂告不斷，一些新型態的文化表演承包商遂靠著政治關係而崛起。一個表演燒掉兩個億，開次會就每人發兩萬元。現在已不是「台灣錢淹腳目」，而是台灣錢已多得淹到某些承包商的腦袋了。

如此不把納稅人錢當錢花的大手筆，真的讓台灣更有文化嗎？答案當然是否定的。文化藝術活動必須是人文啓蒙價值的體現，而台灣只談一個表演的鋼絲掛多高，空中噴水及煙火如何，舞台搭得如何壯觀等，這種表演已和早年的雜技團並無兩樣。如果我厚起臉皮也去承包，我一定出動直昇機拉起一千公尺鋼絲，在空中搞出個立體大舞台，加上聲光化電和千人自天而降跳蹌滾，這是百年所僅見，就這一招就足可要價十個億，台灣更可透過宣傳而揚名國際。問題是搞文化藝術爲名的表演，錢可以這樣胡天胡地的亂燒嗎？這樣的燒錢對得起台灣的老百姓嗎？

世界上可沒有一個國家是這樣搞文化宣傳表演的，唯一的例外乃是中國大陸。大陸過去蹉跎了幾十年，它的國家缺乏了新的國家神話，也缺乏新的節慶傳統，在這個百廢待舉的時刻，它現在大國崛起，人民幣多到用不完，於是燒錢搞文化表演活動遂應運而生。別國辦奧運就是個運動會，但中國的奧運卻負有國家表演，宣揚大國崛起和盛世到來的責任。由於它的表演活動具有這些責任，於是像張藝謀這種具有「表演活動總管」身分的文化承包商遂告出現。一場奧運開幕式的表演，被搞成超級雜技團及燒錢不計其數的舞台科技秀。打著「表演活動總管」的身分，張藝謀又到大陸每個名勝地區搞甚麼「西湖印象」、「武夷山印象」這種千篇一律的表演秀，它是一種燒錢堆出來的科技和人海雜技表演，壯觀有餘，就是少了藝術。如果這代表盛世，所謂的盛世也不過爾爾。這種燒錢的表演活動可以燒出超豪華歌劇，可以燒出佈景道具皆金光閃閃的電影，但除了金錢味之外，它卻沒有了藝術味！

大陸的那種文化承包商亂燒大陸錢，燒出一些爛表演和爛電影。有次習近平被記者訪問，他就說「我看不懂《滿城盡帶黃金甲》，反而是像《溫馨接送情》這種低成本電影讓我感動。」但搞文化表演活動的人，搞了一輩子苦哈哈，他們衷心都羨慕張藝謀們那種成爲文化承包商的燒錢特權。於是在兩岸互動，相互學習的過程，台灣遂出現了「台灣的張藝謀們」那個正版的張藝謀，動輒可燒幾億或幾十億人民幣，小號的台灣分身也如法炮製，但才燒到台幣兩億多，那種官藝勾結，浪費人民納稅錢的非法本質即已遮蓋不住。由大小張藝謀們不同的命運，顯示出台灣在抵擋腐敗上，畢竟還是比大陸好了太多。

藝文人也是人，也愛錢，這不是罪，但愛錢就請規規矩矩去賺，絕對不能以黑箱方式從

中場

沒有志氣的人，坐不穩權力的位子

希臘的總理巴本德里奧、義大利總理貝魯斯柯尼已相繼被趕下台來，縱使最強的美國，歐巴馬總統的位子也坐得搖搖晃晃。根據《經濟學人》最新的報導，有一家大型民調網站的調查，二〇一二大選有四四．八%表示會投共和黨，只有四一．八%會再投給歐巴馬。《經濟學人》說，上次期中選舉民主黨丟了眾議院控制權，二〇一二可能連參院也丟掉！

現在全世界的統治者都坐不穩他們的位子，這實在是個值得探討的課題。就以希臘爲例，它只知舉債度日，最後搞到債務已達GDP的一五〇%，歐洲其他國家希望它撙節支出，它仍不知檢點。希臘總理及希臘人民儼然把救希臘看成是別國的義務。至於義大利的貝魯斯柯尼，他只會把下流當風流，除了不斷的在國內外鬧下流花邊秀外，他當政近九年，正經事沒做幾件，從二〇〇一到二〇一〇，義大利經濟成長可列爲最差幾國之一。只比更差的海地及辛巴威略好而已。至於歐巴馬，他在二〇〇八年大選獲五三%選票，但囊括了大多數選舉人票，與對手多出一九二張選舉人票，在美國已可算壓倒性勝利。但他如此天命所歸，上任後卻猶疑瞻顧，顯示出他搞選舉的本領大於治國的本領。二〇〇九年一月，他的施政不滿意度才只二〇%，但十月已急增到超過五一%，而且再也沒有回去過。美國人已有七五%認爲國家走錯了方向，上次他以「改變」爲口號贏得選舉，現在「改變」已成了笑話，人們要他「改變」。

看著那麼多領導人坐不穩他們的位子，遂不禁讓人油然生感。廿世紀後半期乃是政治學及政治墮落的時代，他們已不再關心最重要的領導問題，而只談多元文化、多元民主等，而在談論的過程中，如何凸顯個人，營造形象等與媒體效應相應的關係。領導人的遠見、睿智與決斷突然之間好像變得不再重要，領導人的公共表演則成了他們「新的天職」。表演政治當道，貝魯斯柯尼的下流當風流是一種表演，歐巴馬的講漂亮話也是一種表演。但領導人表演得好或壞是一時的，人民的生活和國家的願景才是久遠的。而表演得太用力者，治事必差。領導人如歐巴馬、貝魯斯柯尼等坐不穩他們的位子，並非他們表演的不好，而是他們治事太差。

因此政治學和現實政治一定要回到它的領導源頭，要如何增進人民福祉，要創造美好願景。我最近閱讀愈來愈反省到志氣這個元素的重要。

上周末讀到當代神經科學家艾默利大學心理診斷及經濟學教授柏恩斯（Gregory Berns）所著的《打倒偶像者》（Iconoclast）新作，該書譯爲《不信邪的人》可能才更切實。書中指出無論發明家、大藝術家及企業家、政治家，有一種人他們的腦神經就是不一樣，會造成他們「不信邪」的人格特質，他們會去做別人認爲不可能的事，這就是「志氣」。一個國家要有「志氣」，領導人更要有志氣。

志氣這個因素太重要了。韓國在亞洲金融風暴時受到重創，慘遭國際貨幣基金紓困。南韓將它定爲國恥，從總統、總統夫人起舉國上下翻箱倒櫃，把家中黃金捐出救國。韓國是個有志氣的國家，三年即告脫困。這個有志氣的國家，才產生得了三星及現代這種有志氣的新興企業。

今天全球都很崇拜瑞士這個小國，在宗教改革時代，殘酷的喀爾文教派當道，欺壓別的教派，於是他們進入阿爾卑斯山區，因爲生存艱難，於是他們決心「用最少的鋼鐵生產出最貴的東西」。這個早年的志氣乃是瑞士鐘錶的起源，也是後來中歐精密工藝之始。

公司要有志氣，國家及領導人更要有志氣，許多國家的領導人坐不穩他們的位子，稍加注意當可發現，乃是他們都少了志氣。無志氣者不會替未來畫願景。沒有夢想的人，他們的位子當然坐不穩。

負面選舉正加速台灣的渺小化

以前的人相信媒體可以創造出一個「知的社會」，但現在的人對媒體的這種正面功能已愈來愈懷疑。最近，美國菲爾萊狄金森大學做了一項調查，發現收看福斯新聞電視頻道的觀眾，比完全不看電視新聞的人還消息不靈通。這顯示出媒體有時候反而造成人們的無知。去年馬里蘭大學的研究也得出類似的結論。

人們都知道，福斯新聞頻道乃是最大的保守電視頻道，它對新聞會選擇過濾，給予特定的解釋，它有一堆電視名嘴，簡直就是電視洗腦員。福斯最有名的戰績有二：

一是布希政府捏造假證據入侵伊拉克，後來全世界都知道這是捏造，但福斯卻硬是不報導和硬拗，到了二〇〇四年仍有七成以上美國人真的相信伊拉克擁有大規模殺傷性武器。媒體的說謊使得政府的造假得以完成。

另一則是二〇〇四年大選，民主黨的柯瑞參議員向布希挑戰，柯瑞是快艇事件的戰爭英雄，但共和黨卻硬有本領將它抹黑成是假英雄。福斯排山倒海的負面報導可謂立了大功，後來法院裁定禁播，但對柯瑞造成的傷害已成。

古代媒體不發達，它的稀少性使它成了公共知識分子的公共領域，造成時代的進步。但到了近年，媒體日益發達，已使它退化成既有體制內的一種商業機構。嚴重的如福斯已成了政媒勾串，次嚴重的是則是媒體已成了一種庸俗的體制。它不再關心國計民生等公共議題，只淪爲名人們表演的一個舞台。前幾年，紐約大學教授戴蒙（Edwin Diamond），及作家希佛曼（Robert A. Silverman）在合著的《從白宮到你家：虛像美國的媒體與政治》中，即指出媒體已嚴重的扭曲了選舉文化。他們在書中有這麼一段：

「太多的經常，已造成一種醜陋、極端化、苦澀的結果。對人的個性謀殺已成脫口秀的例行內容，恨的訊息散布在電腦的目錄看板上。電子的謊言商人則在這樣的氣氛下活蹦亂跳，從辦公室傳真到駕車時間的廣播節目，再到深夜新聞的綜合報導。公開的謊言則在商業縫隙間隨機的散布，現代科技已甦醒了一種一無所知的民粹主義，如同對屍體注以電流，使其機械式的活動。現在，眾生只是永不停止的走著和說著。」

今天的台灣，從社會發展的角度而言，可謂已進入一個極危險的階段，在政治上，我們是個「五〇%對五〇%」的社會，這種型態的社會到了選舉的時候，負面競選術就會空前的高漲。在歷次大選裡，這次選舉的惡質程度可謂空前，人格謀殺、造謠說謊、大張旗鼓的罵人與互相對罵，如此惡劣的氣氛以前從未看見。社會的整體感不會在相罵中形成，相罵也只會讓怨憎更深。而可能更嚴重的，人們在相罵中只會把自己渺小化。台灣有或輸或贏的政黨及政治人物，但已不會有大氣思考的領導人，如果深入反省，這都是爛媒體造成的爛選舉文化之所賜。

今天台灣的媒體已造成了一種一無所知的民粹主義選舉文化，它不只使人民變成無知，也使政治人物自己變得無知。在嘴巴上佔到便宜已成了政治的最高標準，是否透過作爲把台灣帶到更好的未來，這種問題已不再有人關心。近年來我始終關心南韓的發展。從二〇〇〇年起南韓銳意改革與挑戰未來，現在三星集團已成新興經濟體最大的科技品牌，南韓的現代起亞汽車，也由全球第十一進到全球第五。原本落後台灣一大截的南韓，自二〇〇〇年起已日益領先台灣一大截，這差距猶在擴大。

民主化並未造成韓國的相罵惡鬥，而是使它的政企更加欣欣向榮和國運日益興隆，但怎麼只有台灣反而在民主化的過程中日益故步自封，有了民主反而是整體社會更趨倒退。最近媒體上都是選舉對罵和政治人物人格謀殺的新聞，完全看不到任何一絲正面的訊息。在這種新聞稀里糊塗的惡質選舉文化和政治文化下，台灣的前途更黯淡了。

美國媒體民調覆轍，台灣應警惕

在美國新聞史上，過去報紙的黃金時代，由於報老闆多爲共和黨，報紙在大選時挺共和黨的當然比較多。一九三二年小羅斯福首次大選，挺他的報紙只占三八%，挺共和黨胡佛的則有五五%。一九三六年他競選連任時挺他的更減少爲三四%。一九六〇年甘迺迪競選那一次，在一二五〇家報紙裡挺他的只有廿二家，由報紙的這種比例，民主黨要取得勝選，其困難可知。

正因爲報紙有立場及期望的偏好，一九四八年杜魯門對杜威的那一役，挺杜威的《芝加哥論壇報》遂鬧出天大的烏龍，人家還在開票，它已搶先登出「杜威打敗杜魯門」的頭條，那一役是杜魯門贏，得票二四一〇五八一二。杜威則得到二一九七〇〇六五票。《芝加哥論壇報》之所以會出大烏龍，當然和「開票」的拉鋸有關，而更根本的，當是該報的主觀意願太強，已強到扭曲的新聞專業判斷所致。開票後，杜魯門手持那份烏龍報紙的經典畫面，已值得全球新聞從業者警惕。特別是值得台灣媒體界警惕。

今天台灣的政治及社會發展，由於缺乏了核心人文價值，其實已分眾化到了一個極危險的程度。就以三個總統候選人辯論會爲例，誰的氣度好，誰在火砲四射，看過電視轉播的應該都心中有尺。可自行判斷，但我們的電視即時民調和平面媒體事後民調，其結果卻使人不安至極：

——就以電視所作的立即民調爲例，親民進黨的三立電視台，蔡英文得到十一萬一千票，馬英九只有一萬五千票，宋楚瑜也是一萬五千票。至於年代電視，它是這次大選挺宋的所謂中間選民媒體，它的調查是宋楚瑜居冠，有四萬兩千票，蔡英文也有三萬五千多票，馬卻只有兩萬兩千多票。至於親國民黨的中天，馬有三萬八千票，蔡只有一萬七百多票，宋則少到只有九千多票。我們排除造假及灌票的可能性，就單純這些數據，即顯示出媒體分眾的可怕，特定立場的電視公司，凝聚了特定立場的觀眾，對同一件事情即可做出完全南轅北轍的評價。那麼台灣還有什麼民調是可信的？一場辯論會如果只是各取所需的用來合理化人們原有的立場，要藉著辯論來溝通意見，比較優劣得失的用意，豈非完全落了空。

——再以平面媒體而論，由於台灣並無挺宋的報紙，而挺綠的報紙並沒有做辯後民調，因此人們只看到挺藍報紙的事後民調。一家報紙稱馬的辯論會表現最佳，馬是三九%，蔡只有二五%，宋則爲一五%，馬既然表現最佳，馬在辯論後應氣勢大增才是，怎麼馬蔡宋的支持率反而本來的四一：三五：一〇，變爲三九：三二：一〇，不表態選民方面由一四%增爲一七%，這兩個相互矛盾的數字，其實很值得玩味。至於另一家報紙，認爲辯論表現好的，依序爲馬蔡宋分別爲三一．七：二九．八：一三．八。而辯論會後三人的支持率是三九．九：三二．六：八．九。未表態者高達一八．六%。

由平面媒體所做的事後民調，顯示出原來就已表態者幾乎沒什麼改變，比較值得注意的是那一七%到一九%之間未表態者。二〇一二大選的結果將由這些人決定。

任何一個社會，如果有自在人心的人文價值與判斷標準，那個社會就不容易隨著少數人的操弄而擺來擺去。但今天的台灣則不是有自主價值判斷標準的社會，由於社會缺乏了標準，政黨、政治人物和媒體就容易成爲操弄的中心。大家都在玩著操弄民意的遊戲，一場明明就孰優孰劣非常清楚的總統候選人辯論會，但在我們的社會卻變成了各爲其主的民調大戰。由這次辯論會，其實已使人懷疑，台灣還有信得過的民調嗎？台灣除了立場的差異外，我們到底還有沒有比立場更高一層的價值標準來凝結這個社會？

當年的美國媒體經常在操弄著民意，甚至鬧出過亂報選舉結果的烏龍事件。今天台灣胡亂在操弄民調，誰知道選舉結果不會讓民調專家都跌破眼鏡呢？

日益惡化的風土，反天才的社會

多年前，當讀到英國作家布強（James Buchan）所寫的《天才雲集的愛丁堡》時，感觸至深。十八世紀的愛丁堡只不過是個人口百萬，骯髒落後的城鎮，但不到幾十年，這個城市徹底改頭換面，這個城市天才雲集，成了近代啓蒙運動發動機；它自己改善了德性與行爲，建立起思辯和知識的傳統，也樹立了現代經驗主義的心靈模式和法治政府，啓蒙運動和工業革命全都由此開始。今天我們所知道的許多偉大名字，如亞當斯密，如大哲學家休姆（David Hume）全在這裡。這些天才們創造了現代。後來的歷史家遂說愛丁堡是大英帝國冠冕上最閃亮的那顆珍珠。

愛丁堡的天才們，常使我想到天才們和風土的關係。十八世紀的英格蘭人銳意求新求變，創造認同，他們把認同推往最大化的方向，以世界人自居，他們遂關切人類的普遍問題。如果換了一種風土，這些天才們就難免會你攻我防，大家打成了一團。如果他們打成一團，後來怎麼可能成爲創造時代的天才們，頂多成了一堆打成一團的狗熊們。天才們是要有風土條件的。

由愛丁堡的天才們，我就想到天才們的風土條件。當風土條件良好，天才們可各盡所長，合唱出促使時代進步的進行曲。如風土壞了，天才們抱著扭打成一團，內耗之不遐，大家才情的發揮必然有限。風土是會斲喪天才的。

而談到這裡，我就難免對此刻的台灣風土覺得感傷。台灣這個地方，無論在每個領域，其實從不缺乏奇才異能的個別人才，也有許多努力治學的書生，但爲什麼這些人就是譜不出時代進步的進行曲呢？反而是整個社會都把活力變成了喧鬧。人們的各分氣類，相互攻訐抹黑已告氾濫。清代台灣，人群盛行分類械鬥，現在比起以前已不再那麼暴力，但分類謾罵，分類造謠中傷的本質卻變得很少。在這種風土下，台灣縱使有天才，也會被內耗成狗熊。台灣是個反天才們的社會！

而講到社會的內耗，就不得不提到在台灣獨樹一幟的名嘴文化。名嘴有它獨特的問題意識與思考方式。它不會正面宏觀探討問題，因爲這樣的談問題就沒有觀眾。於是凡事負面思考，鑽縫隙、翻舊帳、搞鬥爭、猜動機遂成了常態。而這種名嘴文化又反饋政黨及政治人物，於是政黨的好戰之士當道，政治人物也負面人格盡現。就以這次大選爲例，選到今天，可以說已是有史以來最負面的一次選舉，造謠中傷，陰謀算計，人格謀殺，已到了無以復加的程度。名嘴文化的那種黑暗鄙吝世界已成了真實世界。這次大選其實一點都不大，它已降級到了縣市議員級。正因爲這次選舉應大而不大，選民對這次選舉才會缺乏熱情。根據《新新聞》調查，一定會去投票的只有六九．七％，它無法使人們有熱情，乃是對三組候選人的重大警訊。

政治領導人級的選舉，應當有它的格局與高度，靠著這種格局和高度，讓平凡眾生對人生有希望，也讓天才們感到他們的聰明才智可以發揮。一個負面選舉太多的社會，它只會造成自我的卑瑣化，連帶的也使得整個社會卑瑣化與內耗化。最近《天下》雜誌刊登了一篇金像獎影帝李察·德瑞福斯所寫的〈看政論節目成不了好公民〉，他在文中指出，名嘴的政論節目是一種粗魯反智的論政方式，它傷害到思辯、推理、有禮的基本道理。將名嘴文化那種世界活生生搬到現實政治中上演，是不會產生好政治，它只會摧毀掉整個社會的團結基礎。

由愛丁堡的天才雲集，由這些天才們沒有淪落爲狗熊們，也想到台灣日益惡化的風土。這種風土已需扭轉，第一步請從負面競選術開始。在大選投票只剩一個月的此刻，三組人馬請嚴飭自己和所屬，停止攻訐算計，要堂堂正正的走大路，勿搞偏鋒。不怎麼正派的選舉已經夠了。我們不希望將來有人寫一本書，書名是《台灣的狗熊們》！

誰也無法預判的詭譎選情

國民黨大老，已故的宋時選先生是著名的好好先生，他在當國民黨省黨部主任委員時，我有次巡迴全省採訪，那時台灣每次選舉，國民黨都是受到猛烈攻擊的一方，我曾問他，碰到這種情況他怎麼辦？宋時選答說：對罵不是我們的專長，我們有地方關係。他還帶我去好幾個鄉鎮的民眾服務社參觀，民眾服務社就是最基層的組織，這些組織平時排難解紛，幫忙地方解決困難，儼然成了地方上的中心；靠著這些組織，國民黨建立了它的地方認同與參與。他所謂的「我們有地方關係」，指的就是這個。那個時代每到選舉，國民黨還可以好整以暇的按自己的節奏進行，好戰分子在國民黨內毫無地位。

但那種好好先生搞黨務的時代已成了過去。馬主席說「他改變了國民黨」，就是二〇〇八年他把黨定義爲「選舉機器」，而不再是經營地方的媒介。這也就是說國民黨開始文宣化和脫地方化，於是一到選舉，那些好鬥的黨內好戰之士就告抬頭。問題是用文宣方式搞選舉要看時機，二〇〇八年大勢在國民黨這邊，搞起文宣自然無往不利，但到了二〇一二大勢已不在國民黨這邊，國民黨缺少了地方組織的支撐，遂難免選得艱苦萬分。

當國民黨愈來愈脫地方化，民進黨反而在地方化這一點佔了上風。從二〇〇八大選，到前年的三合一選舉，再到去年的五都選舉，有心人應當已可敏銳的體會到，台灣以前那種「藍大綠小」的基本格局，已靜悄悄的往「綠大藍小」的方向移動。馬主席說他「改變了國民黨」，這究竟是福是禍，這次大選即可見真章。

這次大選，由今天起算已不到三個星期，這次選舉的各家民調，領先與落後的差距只在零點幾或最高到五個百分點間拉鋸，而拒絕表態的選民則高達一五%至二〇%之間。拒絕表態者已成了這次大選的最後裁判，如果再加上宋楚瑜的因素，馬吳配這次的選情，真的只能用岌岌可危來形容。

由於選情詭譎難測，最近這幾天兩個陣營遂都在用最傳統的方向算票估票。馬總統在二〇〇八年單單北北桃即大贏一百廿萬票，國民黨黃復興黨部主委金恩慶評估，馬吳配想要勝選，北北桃至少要贏過六十萬票；但由三合一及五都選舉的經驗，加上蔡英文客家妹的加分，國民黨贏四十萬票已算僥倖，如果馬吳配在南部每個縣市都輸一、二十萬票，中部只勉強小贏幾萬，這樣加加減減，馬吳配當會以二〇至四〇萬票的差距落敗。如果根據媒體民調，馬吳似乎還相當有希望，但只要一落實到區域估票，馬吳陣營應當就高興不起來。

國民黨好戰派當道，這些好戰好鬥之士一定要謹記高雄市長之役，他們在陳菊高雄淹水時的行蹤問題上窮追濫打，又利用楊秋興意圖分化綠營，結果票開出來，陳菊一人獨得八十二萬票，大過黃昭順的卅萬票和楊秋興的四十一萬票，楊黃兩人相加都還輸陳菊十萬票。由高雄的經驗也證明了窮追濫打的無效。

中場

馬總統在二〇〇八年大選，以五八．四五%對四一．五五%大勝兩百多萬票的絕對優勢，演變成今天這種艱困局面，縱使幸而能夠連任，也連任得很勉強，這裡面有太多值得將來學者們好好研究的課題。一個類似於台灣這種「五十對五十」的社會，統治者坐不穩他們的位子，這種困境不止馬總統如此，這次蔡英文如果幸而當選，她的挑戰也絕不會更少。這顯示出台灣如此分裂的社會，無論是誰當政，一定要把揉合社會，追求整體的自主發展列爲首要目標。太注重兩岸關係而犧牲了台灣的自主性，這乃是馬政府的致命傷。將來無論誰當選，都必然各種問題千絲萬縷，迎面而來，這次選舉選民丟出了求變這個訊息，馬總統如果幸而連任，蔡英文如果幸而當選，都一定要摸索出台灣求變的新路徑！

情治特務系統才是最該被監控

先說一段至今想起仍不寒而慄的往事。

早年我很會唸書，在學校裡也算活動分子，但有一次被後來證明爲職業學生的一個台大醫科同學相邀，參加了一個學生聚會，談了一些莫名其妙的問題，就開了這一次的會，從此改變了我的人生。那次會後不久，調查局開始約談，說那次集會是陰謀顛覆政府的非法集會，觸犯了《懲治叛亂條例》二條一，至少無期徒刑的罪名，姑念你年少無知，政府寬大爲懷，不予追究。要體會政府的德政，今後多多與政府合作。

從此以後我就有了案底，調查局人員不時表示關切，我的案底還被送到我服務單位的安全室，再也無法升級。

從此以後我開始自閉，害怕陌生人、害怕參加活動，我的案底還被它們保密防諜的宣傳小冊所收錄，後來我讀到美國近代最傑出的特務問題專家大衛懷斯（David Wise）所著的《警察國家》，才知道我所遇到的乃是「設局陷害」（Trapping）它乃是特務政治「寓壓迫於預防」一種慣技。

特務政治乃是近代政治之癌。它以國家安全爲名，自己嚇自己，因而形成一個或多個龐大的體制，並擁有自我再生產的無限權力。它會自己找事情來做，特務權力之大，通常都會大到國家領導人都拿它沒有辦法的程度。例如尼克森當年就怕透了聯邦調查局長胡佛，他曾和幕僚說過：「這傢伙幹了幾十年，早該下台了，但誰敢呢？」卡特總統恨透了中央情報局的胡作非爲，他有一年在耶誕節前夕即對中情局大裁員，人稱「耶誕節大屠殺」；但中情局人員立即展開報復，在搶救伊朗人質上失敗，於是卡特聲望慘跌，總統大位都保不住。當年毛澤東權勢薰天，但他對特務頭子康生還是一點辦法都沒有，康生的竊聽器甚至裝到了毛澤東的家裡。

因此，特務是可惡又可怕的，它會用它享有的至大權力來壓迫同胞，整肅政敵，甚至綁架統治者。它是個可怕的黑暗帝國。正因爲它假借了國家安全之名，它遂有「必要之惡」的灰色空間存在，並且一直在黑暗中成長，它是個噬菌體，在噬掉壞細胞的同時，好細胞也一併被消滅。正因爲它的這種灰色特性，統治者對特務力量遂必須永遠保持警戒，稍微一點鬆弛，這種籠中虎就會奪門而出，對百姓和國家造成巨大的傷害。

最近，媒體報導情治系統對民進黨總統候選人展開祕密的情資蒐集，對於這項報導我不懷疑它的確實性，而且這種事也符合情治系統一貫的作風。

但馬總統表示，他自上任以來即已三番五次告誡情治單位要杜絕非法監聽與監控。他的這種說法我也相信他並沒有說謊，意思就是說，我並不相信這是台灣的水門案，將它說成是台灣的水門案，的確有過度推論之嫌。

對於這起監控疑案，我們相信它是事實，我們也相信馬總統的說詞，但就事論事，事情演變到此，反而突顯了它的灰色特性。這種事沒有來自上面的交代，而做出超過維安範圍的工作，這種「越權」的灰色地帶，其實正是人們最應關心之處，也是政府應嚴加查處的地方。情治特務機構由於它的機構特性，它們總是會自己再生產出許多法外工作，這種工作通常都躲在細節處，特務人員還必須去估票，就是一種可怕的細節。近代人已經知道邪惡通常都躲在細節處，這種細節一定要追究查處！

選舉活動現在已快到尾聲，各陣營的宣傳及口水多得有如排山倒海，但各種口水可不必理會，但任何事涉及到情治特務機構就不容它變成口水。原因就是情治特務的祕密黑暗權力太可怕了。它們整人害人不必皺眉頭，它們以預防爲名而進行迫害。它們會綁架民主，會綁架國家，它們經常是穿了西裝的黑道。將來無論誰當政，都必須嚴密監控它的權力，它才是最應被監控的！

由美國經驗，看大聯合轉型政府

研究美國政治的已知道有個「一八九六年大選之謎」，美國後來的許多不同，都從這次選舉開始。

十九世紀末期，美國打完南北內戰，由於國家統一，市場擴大，商機因而無限，於是鐵路鉅子和金融富豪興起，他們擅於搞官商勾結這一套，史稱他們是「強盜公侯」。他們創造的那種畸形繁榮被稱爲「鍍金年代」，因此當時社會風氣敗壞，貧富嚴重不均。可是當時美國的民主政治已趨成熟，大選投票率都可高達八成，於是有識者遂努力於政治改革，希望透過政治改革而經濟改革與社會改革。

在那樣的時代背景下，一個以中產階級爲主力的第三黨人民黨遂告興起，它在一八九二年大選已可推出自己的候選人，得票八五%，它拿下五十二席眾議員，三席參議員，三個州長，在七個州議會成爲多數。於是一八九六年大選，人民黨遂和民主黨結盟，支持民主黨的進步候選人布萊安（William J. Bryan），如果那一仗他們打贏，美國一定會成爲重視中小企業，重視社會公平的國家。

但不幸的是，那一仗布萊安還是敗給了共和黨的麥金萊。麥金萊得票七一〇二二四六，布萊安則獲六四九二五五九票。根據紐約州立大學教授畢文（Frances F. Piven）及哥倫比亞大學教授克勞德（Ric hard A.Claward）在合著的《美國人爲何不投票》中所述，那一次大選，美國的富人們已警覺到政治在變，社會在變，他們的利益可能受損，他們必須阻擋這波變化；於是那次大選有錢的大亨們遂大舉動員捐錢給麥金萊陣營，那一仗麥金萊陣營收到政治獻金三五〇萬美元，這是當時的天價，而布萊安陣營只有卅萬美元。那一仗布萊安之敗是敗在金權上。一八九六年的大選，使得美國的民主走向了金權政治的不歸路。

除了金權政治外，一八九六年的大選也使得美國政治的既得利益者警覺到民主政治可怕的另一面。中下階級可以用選票來造成他們不願意的改變，於是度過那次大選危機後，美國遂開始對中下階級進行消音。在那個時代消音的手法直接而粗暴，它就是以限制選舉權的行使爲主要手段，如用嚴苛的選民登記，選民考試及少設投開票所等招數來限制人民的選舉權。於是美國的投票率開始急速下降，在一八九六年至一九二四年間，美國大選的投票率在南方由六四%降至一九%，北方則由八六%降至五五%，全國平均則由八一%降至四九%，這表示北方的下層中產階級和南方的黑人已被徹底的政治消音。透過制度的設計和意識形態的操作，於是美國成爲全球投票率最低的國家。因此「一八九六年大選之謎」乃是十九世紀末美國因應轉型但未轉成反而走到反方向的特殊例證。同一時間，歐洲國家在選民的壓力上發展成福利國家，美國卻成了金權政治國家。

我在此特別舉出美國的「一八九六大選之謎」，主要是在表示，每個國家在某個特定時

刻都會面臨轉型的壓力，轉型成功是國家人民的福氣，轉型不成功並不表示國家一定完蛋，但國家人民卻會因此而錯過更好的可能性。自從一九八八年「美國政治學年會」正式提出「政治轉型」這個預見了廿一世紀上半期全球政治發展方向的核心價值後，全球多數國家莫不努力於政治的轉型偉業。

但轉型需要轉型的「意向性」（Intentionality），那是一種高度知識整合與企圖的意識，在今天的亞洲、新加坡已在向頂級城市國家之路邁進，南韓則已成中型的科技大國，甚至連香港亦被動的轉型成中國的金融商業中心，只有台灣落到了轉型不動的最後一名。

台灣在二〇〇八年後，政治上有山崩式勝利的政府，有絕對多數的立法院，那是轉型的最佳時機，而錯過了那樣的時刻後，二〇一二大選，無論誰當選，都只能是微幅或極微幅領先。而國會則可能三黨不過半。轉型的工作將更趨困難，甚至不可能。因此此次大選，似乎不必有太高期待。唯一方法，就是像蔡宋宣示的，無論誰當選，都去組成大聯合政府，否則台灣的轉型改革更無希望。

傷害台灣的兩種政治文化

台灣有兩種文化最讓人無法忍受，它傷害到社會的團結，也給了政客們操弄的空間。這兩種文化一種是「煽動文化」（Demagoguery），一種是「恐懼販子文化」（Fear Monger）。

「煽動文化」可以陳水扁為代表，他以愛台灣為名，亟力鼓動人們的台獨情緒，並不惜衝撞兩岸和平，來製造自己是被迫害英雄的形象。阿扁將煽動文化搞到了極致，這也使他自己招來「麻煩製造者」的惡名。

「恐懼販子文化」是「煽動文化」的反面，國民黨乃是老吃老做的行家。從早期炒作《小市民的心聲》，炒作《南海血書》開始，都在散布恐懼改變的訊息，只有它是主張安定的，別的政治人物和政黨都會帶來危險。國民黨散布恐懼的結果是嚇到別人之前就先嚇到自己，目前的亞洲，每個國家都在快速轉型改變，只有台灣不動如山，這不能說不是「恐懼販子文化」內化後造成的最大後遺症。

人們都承認，這次大選最後致勝的關鍵是「九二共識」，媒體和大老闆們一面倒的力挺

中場

「九二共識」，好像沒有了「九二共識」台灣就會完蛋，有了「九二共識」一切就沒問題。但值得玩味的是選舉時媒體把「九二共識」神話化及偉大化，但選舉之後所有媒體幾乎毫無例外的都表示「兩岸的荊棘之路才正要展開」，我們不是有個偉大的「九二共識」嗎？現在怎麼又有了荊棘呢？今天說荊棘，不正表示前一陣子把「九二共識」偉大化的那種說法是某種不誠實的政治操作嗎！

因此，台灣政治上長期存在著「煽動文化」和「恐懼販子文化」這兩個致命的缺點，這乃是政治無法正常化的關鍵，政客們因此有了操縱人們情緒，左右人們政治判斷的空間。要打破這個缺陷，唯一方法就是把統獨，台灣的處境與未來這種相關的問題納入大學教程，任何社會與國家的公民主幹階層一定要對國家的現狀及未來的種種選擇的可能性有基本的認知。當他們有了認知，政客們根據他們壟斷的信息而操弄民意的可怕情況就會被杜絕。民主政治最終極前提乃是有知的公民，當公民對國家的歷史和社會的命運有知，他們才能去做選擇並爲自己的選擇負責。

前陣子「時報文教基金會」舉辦了一場公與義的實用學術討論會，在那個會上，前教育部長黃榮村先生和我都主張把統獨國家命運等嚴肅的問題列入大學的公民教程。黃榮村以曾任教育部長的經驗，認爲教育體系以價值中立這種似是而非的理由不碰國家命運及選擇大問題，乃是一種虛無的逃避心態。我則主張只有這類問題列入大學教程，肯思考，不會被蒙蔽、被操弄的公民始有可能產生，而且當進入大學教程，以大學師生的素質，各類極端或不切實際的主張一定會被他們看穿。當時我講完我的觀點，中研院翁院長還趨前替我打氣。使

全球經濟緊縮，黃金十年面臨考驗

春節期間，我把《時代雜誌》政治專欄作者，當今美國最優秀媒體人之一的喬．克萊恩（Joe Klein）所著的《失去的政治：從甘迺迪到布希，爲何美國政客愈來愈缺乏勇氣去爲國家做對的事情而只是戀棧權位？》重讀一次，和初讀時相同，都心情起伏，不能自已。

喬．克萊恩指出，近代美國政治變化，可以兩本書代表。一是一九六八年喬．麥克基尼斯（Joe McGinniss）的《行銷總統》，二是一九八〇年布魯門撒（Sidney Blumenthal）所著《永遠在搞選舉》。這兩本著作的前一本代表政治即廣告的時代來臨，政治人物已不是人，而是個行銷物，是個男男女女的廣告品牌，被包裝得無懈可擊。用美國國會圖書館館長布爾斯汀（Daniel Boorstin）說法，當政治人物已被完美形象所充塡，政治人物其實已成了一個虛空的類型。用這種廣告行銷的方式來看歷史中的偉大人物，許多人簡直完全不及格，就以林肯爲例，他長得體型怪異，其貌不揚，他講話的聲音也粗嘎刺耳，林肯如果再生，他可能連個市議員都選不上，別說總統了。

喬．克萊恩指出，由於政治人物已成了廣告品牌，這也使得政治人物愈來愈傾向於說各種「香蕉皮語言」（Banana-peal words），所謂「香蕉皮語言」，乃是指這種語言滑溜，無論怎麼拗都可以拗出道理，不做事也好像做了很多事。

至於第二本《永遠在搞選舉》，則是表示搞政治恒常處於一種打選戰的狀態。喬·克萊恩根據近年來政治的實況即指出「找題目做文章已成了政治惡棍最後的庇護所」，永遠的黨同伐異，已成了永遠在搞選舉裡的重要環節。

因此，喬·克萊恩指出，現在的政治人物其實是很忙碌的，他們忙著從事各種政治表演，忙著爲各種特殊利益團體服務，也忙著豢養一大群徒眾。甘迺迪時代，政治形象和徒眾政治已開始出現，但主角仍是甘迺迪自己，他總是要站到第一線爲自己的價值信念去做呼號，但到了現在則已完全改觀，政治人物有一大批策士幕僚，但美國卻沒有了統籌的方向。喬·克萊恩即指出，歐巴馬的「改變」美則美矣，但卻是標準的香蕉皮語言。美國如何改變，往那個方向改變，他一個任期已快完了，方向仍沒搞定。而台灣亦近似之，第一個任期已完了，沒有轉型改革，現在第二個任期已將開始，又說「沒有連任的壓力，可以做大刀闊斧的改革」這種香蕉皮語言。在政治上，爲了要拚政績，那是改革最有動力的時刻，錯過了二〇〇八，二〇一二的改革動力又怎麼可能出現？不但我不相信，很多人也不相信。

今天新內閣第一批改組名單已經出現。這是在論戰功行賞，或是真正大有爲的格局，人們心裡應該都自有判斷。台灣經濟如果要轉型，就必須有對科技產業極有理解的產業、經濟、財政內閣，這絕對不是一個只專長金融管理的內閣所能承擔的。新春期間，我剛好也讀了美國長期趨勢預測專家哈利·鄧特二世（Harry S. Dent Jr.）所著的《二〇一二大蕭條》，

中 中場

該書乃是當代後泡沫經濟的重要著作。該書指出，談論歐債危機或美國金融危機，都是後泡沫經濟的結果，目前歐洲已實質進入溫和衰退的階段，其惡化仍在發展中；至於美國從二〇一二到二〇一四年，亦可能出現經濟緊縮爲核心的大衰退，衰退大了即成蕭條。台灣目前一些前沿部門已體會到衰退的壓力。二〇一二年台灣經濟增長率，已鐵定無法保四，甚至還會進一步下修。當山雨欲來，我們這個金融管理內閣恐怕是無能爲力的。當全球緊縮的風暴掃到中國大陸，未來的馬吳政府去大陸找政績的機會也將大大縮小。

因此，台灣錯過了二〇〇八年，南韓政府卻在同一時間進行了轉型改革，兩者在全球化時代的產業位階及國際秩序位階上的高下已分。馬吳政府的這個任期，可能不會太順利的。黃金十年會不會又跳票？

馬連任的殷鑒，第二任總統切記

當代美國總統學權威，也是「美國人文基金」（NEH）傑佛遜講座的麥唐納教授（Forrest McDonald），他曾寫了一本總統學的重要著作《美國的總統——一本知性史》，在該書的最後一章，他以極多篇幅討論了第二任總統的問題，也等於答覆了獲得連任的總統為什麼政績反而更差的這個問題。

在該書裡特別以第廿八屆總統威爾遜為鑑。威爾遜從政前幹過普林斯頓大學校長，因為學術地位高，聲望強，他的第一任政通人和，表現極佳；但他的第二任卻使美國捲入了第一次世界大戰及後來的巴黎和會。而人們都知道從梵爾賽和約到後來的國聯，那是一連串的幼稚與失敗，於是他的聲望跌至谷底，甚至他的民主黨也離他而去。他的第二任是一連串的失敗，最後他精神恍惚，像個夢遊症患者，任期最末腦中風，半身癱瘓，他夜晚也不能入睡，只是在祈禱。他任滿離職後身心都已崩潰，三年後即在睡夢中與世長辭。美國有幸能連任的第二任總統，多數在第二任時都會搞得焦頭爛額，威爾遜是身心俱疲到極點的悲劇人物，它是怎麼造成的？

中場

麥唐納教授根據長期的歷史研究，發現到：一、當總統第一任時，由於人們預期他在位的時間尚久，因此同黨的國會議員樂於靠攏，相互得利，這叫做「攀龍附鳳效應」（Coattail effect）。但到了第二任，他任期的黃金已過，在位時間已指日可數，國會議員已必須自謀出路，或者找別人投靠卡位；或者就自行拉幫結派，形成山頭，這意謂第二任總統的內聚力會大幅縮小，「跛腳鴨症候」（Lame-duck syndrone）會取代「攀龍附鳳效應」，這種現象自華盛頓時代就毫無例外的一直反覆出現。

二、第二任總統的行爲都明顯的更加傲慢自大，躊躇滿志，任用親信，這種傲慢自大在一兩次事件就會引爆「跛腳鴨症候」，一發不可收拾。

三、第二任總統通常都會從事外交的冒險，但一個總統可以掌控內政，但涉及對外事務，縱使以美國之強大，其複雜度也超過第二任總統的能力範圍。美國的第二任總統只要是涉及外務的，幾乎沒有一個不是焦頭爛額，甚至留下罵名的。前述的威爾遜總統是個例子，近代的詹森總統亦然，詹森是甘迺迪總統的副手，甘迺迪遇刺死亡後補位。他遞補及自己陪著當選的那一個半任期裡，靠著甘迺迪的餘蔭，內部政績斐然可觀，但介入越戰的惡化，卻使他飽受人民的反對，使他聲名狼藉，他身心俱疲，每天晚上無法入睡，每天甚至連報紙都不敢看。最後一九六八年他自己的任期屆滿，由於精神崩潰，當年三月遂當著全國記者面公開宣布放棄連任的機會，他記者會的那篇講話，乃是一個職務失敗，精神已瓦解的總統最痛苦的自白。

麥唐納教授在書內指出，美國有幸能連任的總統，沒有一個是愉快的，華盛頓的第二個任期，他的聯邦黨黨內外鬥爭激烈；第三屆總統傑佛遜也政爭不絕，他在任內最後的日子公開表示：「還有五個多星期我就任滿，離開這個我已無法再忍受的職位。」林肯因爲打贏內戰，維持住了國家統一而功績不朽。但當時他的第二個任期卻國家亂成一團，他幹得體力及心力交瘁，有個朋友勸他多休息，他說：「休息對我的身體疲勞或許有用，但對我的精神疲憊卻完全沒用！」

因此，對美國的第二任總統，幸而能夠連任，這當然是好事，但幸而連任而有了第二任期，這到底是賜福？或者反而是另外一種咀咒，後者的可能性反而大些。第二任總統未必一定會有政績，愈想在第二個任期內歷史留名的，反而留下惡名或罵名。因此第二個任期的總統一定切實記取威爾遜總統的悲慘命運。誠誠懇懇的聽取人民的心聲，不要搞權謀伎倆，這乃是官場的第一準則，第二任總統最有可能去違背這種準則。切記！切記！

第二部（2012.2～2012.11）

永不認錯的政權

正在形成的中美共管亞洲論

二〇〇五年加州大學出版社出了一本由著名智庫學者沈大衛（David Shambaugh）所主編的論文集《權力移動：中國及亞洲的新動力學》（Power Shift）。

在這本論文集裡，許多智庫人員都談到中國崛起的不可逆，因爲將來的亞洲秩序必然已非美國所能主宰，那麼將來的新亞洲會是如何？是混亂的多元、是中美交鋒的對立衝突，或是讓各個次級強權在這裡權力爭逐，合縱連橫？在各種未來秩序模式的可能性裡，有一種是「中美共管模式」（Condominium），但這種模式卻有幾個障礙，最大的障礙就是台灣問題，台灣問題是中國不相信美國的關鍵，除非這個障礙被排除，否則「共管模式」即無可能。該論文集所謂的「共管模式」與大陸學者王湘穗所謂的「中美分治」，其實是同樣的概念，將來的亞洲新秩序最容易的秩序模式，即是中美合作，合而管之，分而治之。

沈大衛教授主編的該論文集，由於涉及美國的國家區域方略，該論文集一出版，我即買來鑽研，並警覺到這種「共管模式」似乎就是美國亞洲布局的走向，也是北京布局的走向。就美國而言，它由不支持積極性的A型台獨開始，將來勢必連B型台獨（即獨台）也不支

中場

持；而北京則以和平發展爲籌碼，做爲解決台灣問題時不致讓美國有道德壓力的理由，如果台灣問題能和平而非武力解決，美國在道德上就不會有罪惡感，內部也不會有人反對。胡錦濤任內的「和平發展」策略，已使美國放棄了支持台獨的立場。將來習近平任內，他的使命就是要讓美國連B型台獨也一併放棄。

近年來，台灣已經在「九二共識」下自我催眠；真的以爲可以永遠保持一邊一國的這種偏安的現狀。由於自我催眠，這次習近平訪美，事實上已發出了十分重要的訊息，但台灣也自我催眠，假裝視而未見。其實這次習近平訪美，其意義至爲重大！

一、最近半年來，英美對習近平都極力在吹捧拉抬，而習本人也不斷強化他和平理性及英美親善的特性。英美極力吹捧拉抬習近平，一方面是要拉攏習，但換個角度言，今後習的意見主張美英也更爲注意，視之爲合理的主張，這也就是說美英在吹捧拉攏習近平的氣氛裡已在爲一些問題的改變布下了伏線。

二、習近平這次訪美，在國家的基本立場上並沒有放鬆，但說到泛太平洋形勢時，他也表示出不希望中美對立，希望中美和平合作，共同營造亞太和平的願景。他這部分的談話其實是在呼應著「中美共管論」的論述邏輯。他的談話美國媒體都在大作特作，足見中美合作似乎已真的成了雙邊在形成中的共識。

三、這次習近平有多次機會談及台灣問題，認爲台灣問題是雙方戰略互信中猜忌之源，希望美國「以實際行動反台獨」。而歐巴馬也回應以「拒絕任何台獨主張」這樣的態度。他們的這些談話我們當然可以認爲是在各說各話，但其實更應該視爲雙方在反對各種型態的台獨這個課題上已開始在逐漸聚焦，這似乎顯示出，在習近平擔任國家領導人的期間，北京已可能由「和平反獨」這個方向，擴大爲和平反A獨及B獨，亦即等於往「和平促統」這個方向演變。人們都知道「九二共識」乃是一種階段性的手段，習近平當然不會改變「和平發展」的基本方向，但以和平爲名的拖延，在習近平任內已無法避免的將會改變。

因此，沈大衛教授主編的論文集提出「中美共管模式」這個概念實在值得注意。目前中美雖然你來我往，好像敵對在增強，但這是雙方在布局過程爭取籌碼，事實上真正在形成中的則是中美合作，以最少的代價來形成亞洲的新秩序。美國智庫的說法是「中美共管模式」，中國智庫人員的說法則是「中美分治」，大陸官方的說法則是「新型態的中美大國關係」。亞洲正要改變，習近平將會加快改變的速度。

中 中場

操弄民意從操弄專家開始！

台大獸醫專業學院院長周晉澄，受邀參加美牛技術諮詢小組會議，他要求會議公開，並逐字公布大家的發言，他的意見未能被採納。其他與會專家也不願意，農委會甚至要求與會學者專家不得對外發言，周晉澄院長對這樣的閉門會議不能接受，他拒絕爲不公開的會議決議背書，因而在會議開始十分鐘即憤而退席。對周晉澄的勇敢、正直、堅持讀書人風骨的表現，我由衷的表示敬佩。

像周晉澄這樣堅守會議正義原則的專家學者，在台灣真的已經很少了，因此周晉澄的此種表現，我真的爲他的前途擔心，以後政府若有相關的問題，一定不會找他當諮詢委員或評審委員，他在學術政治上必然前途有限；說不定將來在申請國科會及教育部研究補助時也會多生波折。因爲他的行爲已違犯了當今學術界的習慣價値，一定會受到體制性的懲罰。因周晉澄的案例，其實已碰觸到了當代政治上最重要的兩個課題：一是政府如何透過民意和專家意見的操弄來爲他們服務，一是專家的控制及懲罰機制是如何在運作的。

在將近一百年前，美國近代最傑出的評論家李普曼（Walter Lippmann）就已指出過：現代政治最大危機之一，就是政府已會用欺騙、宣傳、新聞的選擇性報導等各種伎倆來從事民意的操弄，李普曼將這種機制稱為「政府在加工製造人民的同意」，李普曼並表示這種操弄民意的手法其實是在與日俱進之中，手段也愈來愈細膩。

就以現在的馬政府為例，它對操弄民意早已爐火純青，當一個問題發生了，它就懂得利用媒體及名嘴展開排山倒海有利於它的宣傳，並透過自我審查將不利於它的訊息自動抹除，或將焦點模糊掉，然後人民就會在迷迷糊糊中讓某件事按照他們預期的方向發展。這種利用排山倒海的宣傳來製造民意的手法，這次大選的「九二共識牌」就是個操作得最純熟的例證。

而在民意的操弄裡，用專家學者來背書乃是最常見的手法，並已形成了一個龐大的體制。當一個問題出現了，當官的知道自己權威不足，就會找一堆專家學者來背書，用專家學者的專業權威來掩護不正當的政策。當代美國學者雅可比（Russell Jacoby）即指出過，由於學術研究工作枯燥而寂寞，如果能和有權者利益掛勾，即有可能成為專家名人，如果背書工作表現得很好，一定會有很多獎勵，甚至撈個局長或部長幹，這乃是有權者找專家來背書的合作機制為甚麼那麼容易形成的原因。

當今的馬政府，早已有龐大的「官學勾串體制」，每個部會處局署都有一個專家學者的同路人名單，必要時即以顧問、諮詢或評審的身分用來背書。他們的背書會議永遠是黑箱作業，而且為了防止出意外，一定是官員代表過半，萬一會議失控要表決時，他們也可穩操勝券。這次美牛諮詢會議的會議不公開，官方代表過半，其實乃是常態，專家學者本來就是用

來護航背書的。

這次美牛談判重開，整個論述邏輯顛顛倒倒，它最先把美牛談判和「美台貿易暨投資協定」（ＴＩＦＡ）掛在一起，不重開美牛談判，ＴＩＦＡ就沒有希望，損失會很大，這是在嚇老百姓，現在陳揆已表示美牛談判要和ＴＩＦＡ脫鉤，可見美國對台灣的談判已打了回票，縱使重開談判，美國亦不會簽ＴＩＦＡ。ＴＩＦＡ的問題鬧過後，最近已在東拉西扯瘦肉精無害的問題，急急忙忙要找專家來爲荒唐的政策背書，操弄民意簡直已到了非常粗暴的程度。周晉澄拒絕背書，乃是正當的選擇。要打破「政學勾串」、操弄民意，除了會議透明空間外，其實並沒有別的方法。

因此，我對與周晉澄一同出席會議的其他專家學者不得不表示遺憾，他們堅持會議必須不公開，因爲只有不公開，他們的良知才可避免受到公開檢驗。近代的會議控制方式之一，乃是秘密的多數決，秘密的多數決這種會議方式，可以讓出席會議的人很容易推卸良心責任，一個不正當的決定是別人大家做的，不是我做的。他們不知道，當他們從欣然當背書工具那一刻開始，他們就已進入了那個共犯結構！

近代有權者早已習慣於操弄民意，整個美牛問題就會是操弄民意的斧鑿痕跡，周晉澄的退席顯示要避免被操弄，專家學者一定要有道德勇氣。當專家拒絕當背書工具，老百姓才不會被唬弄，真正的公義才有可能！

中場

說如果一個政府擁有機密的特權，它的權力運作都不讓人知道，一切都祕密爲之，那麼它就會像蓋吉斯一樣，祕密的做盡不公不義之事。現代政府在祕密中進行欺騙，在祕密中壟斷訊息以操控民意，這些弊端人們都已深惡痛絕，上星期美牛諮詢小組開會，又要玩這種祕密的慣技，結果引起台大獸醫專業學院院長周晉澄的不滿，他拒絕爲不公開的會議決議背書，並當場退席抗議。周晉澄院長這種有風骨的表現有許多點值得申論。

首先，這次美牛開放的問題，人們真是領教到了當權者操弄問題的技巧。上位者不斷放話，他都在講些冠冕堂皇的漂亮空話，好像很重視國民健康一樣，但事實上則是在指示所屬要千方百計去炮製理由俾達到開放美牛的目的。他們一方面宣稱反對美牛是因溝通不良，其實是在暗指他們是對的，反對美牛是錯誤的一方，應可以在良好的溝通下軟化立場；他們又大打專家牌，企圖靠著一些御用專家的說法來混淆問題。操弄民意從操弄專家意開始，而操弄專家則又以祕密會議方式爲之，這是在利用人性弱點，因如果會議公開，人就必須講真話，祕密的會議才可迫使別人屈服配合官方的立場。整個美牛問題，簡直就是一場操弄問題的荒謬劇。

其實近代政治理論早已警覺到政府利用祕密的權力胡作非爲的本質，當政府做事不透明不公開，它爲惡別人看不見，就會像蓋吉斯一樣的恣意而爲。哈佛大學政治哲學教授湯普遜（Dennis F. Thompson）在他的論文集《恢復責任感》裡就明言政府的祕密權力乃是侵害民主的最大敵人。一個現代政府就應該光明磊落的去行使職權爲人民謀福利，不能有在祕密中操弄問題利用專家的非分之想。湯普遜教授提到近年來美國政府的一個悲慘失敗教訓，一九九三年柯林頓要搞健保改革，他知道此事難度極大，他希望能先祕密操作，讓自己人先團結，於是柯林頓夫婦徵召了五百個顧問，祕密開會四個月。但他正式推案，祕密開會這部分反而成了負債而非資產，反對的人對他們祕密開會這一段完全不能接受，認爲是在搞權謀，對反對者無溝通誠意，甚至媒體也不支持，認爲不夠光明磊落，最後此議遂告慘敗收場。湯普遜教授指出，愈複雜困難愈需要光明正大的公開，自以爲聰明的祕密運作只會有反效果！

現代有些半調子的政府，仍懷念以前操弄民意的舊時代，當有了問題就連唬帶騙，用盡技巧去「製造人民的同意」。當代理論大師杭士基（Noam Chomsky）在他的名著《製造同意》中即表示人民的同意必須光明正大的自然形成，不可能玩手段製造出來，美牛問題應如是觀。

信任危機，台灣政府的警訊

前幾年，柏克萊加州大學教授大衛．賽門（David R. Simon）寫了一本暢銷的半學術著作《菁英的偏差行爲》，他指出近年來許多國家的統治菁英愈來愈「高度的不道德」，這不是指他們的私德，而是指他們對公共事務欠缺了「公德上的敏感」，每當問題發生，他們就會去製造一個「虛假的陣線」（False Front），好像他和人民站在一邊，但事實則是透過扭曲、遮蓋、欺瞞等種種方式，將問題往他意圖的方向牽動。這乃是現代極普遍的「政治操縱模式」。

對於這種政治操縱，十九世紀美國學者及評論家亨利亞當斯（Henry Adams）有最透澈的觀察。亨利乃是美國第二任總統約翰亞當斯的曾孫，第六任總統的約翰昆西亞當斯的孫子，由於見多識廣，家學淵源，他後來拒絕從政，寧願教書。他表示：「權力及享有大名，對所有的人乃是自我的惡化，它是種腫瘤，會殺掉人的公共事務同理心；它是病態的胃口，人的自我主義會因此走到極端。」

賽門教授指出這種上位者的道德麻痺及凡事自我中心主義，乃是個人的權力偏差行爲，但上位者的道德偏差，當它落實到整個官僚體系，就是官員們集體舞弊，報喜不報憂，暗嵌各種資訊的官吏腐敗現象遂告出現。一個喜歡操控的政府，必也是個不喜歡看到問題的政府，意謂著整個官僚體系都懂得不要給老闆惹麻煩，自己就不會有麻煩的道理。而不給老闆添麻煩之道無它，那就是「吃案」和「吃掉老闆不想看到的訊息」，如果全台灣都是國泰民安，沒有不同意見的訊息，當老闆幹得輕鬆，大家也都輕鬆。而這種現象搞大了，就會整個社會再也沒有可信任的基礎，整個社會即出現深沈的信任危機。

而最近一連串的事件，從美牛事件到禽流感事件，都顯示出台灣社會對政府的信任程度已告失去，這兩起事件乃是政府極大的危機。

就以美牛事件而論，不管上面的人如何在放話，全台灣的人其實都心知肚明的知道他不管人民如何反對，早已立定主意要開放美牛進口，否則也不會諮詢小組的會一開再開了。他們的目的是想一直拖下去，拖到大家都疲憊不堪，他們就找個理由把原則問題轉化為技術及管理問題，然後稀里糊塗的矇混過關。但就在他們意圖拖延的這個時刻，更多新現象卻告出現。最近台灣進口了幾萬公斤的美國牛肉，早已被人吃下肚，這顯示出在現況下，政府對美牛的把關工作形同廢弛。這已顯示出，將來政府如果要用加強管理做為開放的理由，人們已不會再相信。因此，當事情發展到這個程度，政府已不能再歹戲拖棚還存有任何僥倖的念頭，美牛開放這個問題就讓它自動消失結束。如果政府還要一意孤行，更嚴重的反彈及信任危機不知道會在甚麼時候爆發！

剛才我已指出，近年來台灣官僚體系不想給老闆添麻煩，老闆沒麻煩他們自己也就沒有

麻煩，可以好官我自爲之。這種官僚體系的腐化無能，現在其實已到了相當嚴重的程度。台灣警政官員吃案，吃出一片國泰民安的假象，去年校園霸凌事件一度鬧得極爲嚴重，但各級教育人員及專家即指出，差不多的霸淩案件全都被各學校及官員吃案吃掉了。而根據這兩天的新聞發展，人們才知道政府官僚系統吃案，甚麼案子都敢吃，居然吃到了禽流感頭上。根據導演李惠仁的調查紀錄，這種禽流感吃案已歷時多年，它不是今天才開始。台灣的老百姓生存在食品的美牛檢驗不及格，禽流感也吃案的現況下，衛生健康還有甚麼保障？台灣的政府已成了人民生活安全的最大風險，這樣的政府當然已失去了人民的信任。

整個馬政府才當選連任，即百孔千瘡，失盡人民的信任，這真令人懷疑他是怎麼當選的。未來四年不要講甚麼歷史地位的大話，能重新恢復人民對政府的信任，就已是大功一件。

夜市是一種鄉愁，台灣正在往後走

人是記憶的動物，而記憶是個選擇性遺忘和選擇性記得的過程。我們會忘記許多不好的事，而另外的一些事則會在記憶裡被格外美化而記得，記憶是心靈的自我防衛機制，透過記憶，過去才不會是漆黑一片，我們活過來才覺得還值得安慰。被美化的記憶就是鄉愁。

鄉愁很美，許多美好的散文及小說都從鄉愁中發生。例如夜市大概就是我們社會裡最大的鄉愁。以前的貧窮時代我們早已忘記。但某個夜市的某個小吃，在記憶裡欲像人間美味般被永遠記住，夜市巷弄的髒亂嘈雜在記憶裡也變成了溫暖親切的人情味。我每個人生階段有不同的故鄉，我永遠記得兒時台南西門及東門圓環的夜市小吃，也永遠記得大學求學時師大龍泉街的牛肉麵和公館的麵線。這種夜市的鄉愁每個人可能都有一大把，回想起來真是美麗。

但儘管夜市的鄉愁很美，但那畢竟是記憶中的世界。在真實的世界裡，我們知道它畢竟是古代的小型消費模式，它應隨著社會的演變而被轉型掉；夜市的嘈雜髒亂在記憶裡可能覺得溫暖，但如果重來，它就成了難以忍受的夢魘。在近代思想上，人們早已知道鄉愁政治是

一種反動的走回頭路的政治，都市的夜市政治也不可能是美好的政治。當一個社會或都市被美化的鄉愁所制約，它就會狹窄化了人們對未來發展的選擇及想像。鄉愁美則美矣，但它的核心價值卻是有害的。

因此，台北師大夜市引起的風波，其實是個很值得深入探討的問題。近代人已注意到一個社會及都市的發展其實取決於人們的意向，而這種意向又有兩類：一種是根據美化的鄉愁爲方向，要將鄉愁的美好重現；另一種則是以對未來的願景爲方向，加速走向未來。台韓就是這種鄉愁與未來願景最好的對比。

近年來，台灣上上下下都鄉愁掛帥，在政治上蔣經國時代那種軟性威權但有效率的模式已被奉爲圭臬。而在經濟上觀光產業及文化產業也突然之間成了我們主要的發展方向，於是夜市的地位突然被美化及神化，儼然成了台灣都市最大的特色。在這種鄉愁風潮下，小吃及小點心已成了重點，媒體上不斷宣揚什麼地方的小吃點心如何，政府也有意向聯合國申請「小吃之都」的名號。而文化人的夜市懷舊作品也有了地位。正是這種鄉愁風帶動出了夜市熱。鄉愁懷舊終於師大夜市上踢到大鐵板，因此師大夜市風波其實是一起新舊文化價值的衝突事件。

但韓國則不然。韓國基本上是以未來的願景爲主軸推動發展的。因此其視野較爲開闊，目前韓國遂能成爲全球新興科技產業大國。首爾當然也在搞都市行銷，但它不是在行銷什麼鄉愁，而是根據未來的願景，行銷清溪川整治，親水公園及都松都市森林等。韓國也搞美食，但不是在搞什麼夜市小吃，而是搞整體的韓式料理，要把韓式料理的地位提高到世界五大飲食之列。前陣子有個電視韓劇《食客》，我才知道韓式料理的醬料與食材學問之大，一點也不輸中式料理及日式料理。而這些都是透過轉型及開發而形成的。台灣和韓國對比，台北和首爾對比，真予人其氣小哉之感。

近年來的台灣，無論政治、經濟和社會，都讓人有走回頭路的感覺，台灣已沒有了願景，只剩下得過且過，因陋就簡的心態，這是典型的偏安格局。當經濟無法改善，高品質就業無法增加，低所得人口就只能回到早年的夜市時代，因此台灣夜市的重新繁榮，從社會經濟的角度來看，實在一點都不讓人欣喜和覺得有什麼驕傲。夜市這種被美化的鄉愁，代表的是台灣正在加速往後走。一個有為的政府居然會在夜市上做文章，這其實已代表了一種麻木的殘忍。真正的有為政府是去改善民生，讓人們有錢去餐廳，幫助大家脫離那個貧窮的夜市時代！

中場

民主政治，從不相信政府開始

前幾年美國重大弊案不斷，主要的有「聯邦調查局」總部隱匿了許多基層組織對「九一一」將會發生的事前警告情報，美國政府無能使得企業犯罪如恩隆案等接連發生。於是美國出現了所謂的對政府的「信任危機」，媒體上許多人都主張政府要努力恢復人民對政府的信任。

但當代美國主要政治哲學家，哈佛大學教授湯普遜（Dennis F. Thompson）在他的論文集裡卻獨排眾議，他說現代的民主法治就是以「政府不值得信任」爲前提而發展起來的。既然「政府不值得信任」，又怎能要求它「重建信任」呢？因此美國弊案連連？要如何去重建防止說謊欺騙和無能的體制？

由於民主法治不是我們社會自己發展出來的，因此在我們的社會，人們都相信「人民有權，政府有能」這一套說詞。但現在的政府日益無能，當政府無能，所謂的人民有權豈不成了空話？但西方則不然，它自十八世紀民主法治發展之初的啓蒙時代，即已形成了「政府不值得信任」的基本認知。十八世紀最主要的啓蒙思想家休姆（David Hume）就已說過：「視政府的每個人為惡棍，這乃是正當的政治公理，雖然這個假設在事實上可能是錯的。」他的意思是，我們並不是真的看不起政府，但卻可以很正當的懷疑政府的邪惡與無能，只有如此，始可督促使其不作惡事及有能。

正是有這樣認知，在美國獨立立憲時，開國元勛那一代，在討論憲政原則時，都把「政府不值得信任」當做前提之一。「獨立宣言」起草人，後來當第三任總統的傑佛遜就明言政府的不可信。他說：「一個選舉專制的政府，不是我們應奮鬥的目標。」因而政府由人民及媒體直接監督是他的主張，他甚至認為人民監督得太過分也比政府專制惡搞好。而立憲最大的功臣，後來當第四任總統的麥迪遜更認為權勢有擴大惡搞的本性，它根本不值得信任，因此有權力分工相互制衡監督以及政府內控機制的設計。這也就是說民主憲政的基本前提就是權力不可信，政府不可信，透過監督內控使它不敢為惡，因而變成可以信任。

但前述湯普遜教授指出，近代以來，行政權獨大，且政府的操弄技巧日益發達，它會透過說謊、造假、隱匿資訊、轉移焦點、收買媒體等方式來任性而為，另外則是政府的外控及內控監督功能日益不彰。政府說謊造假無人揭發，出了問題也唬弄推卸及包庇而過，遂造成弊案不斷。湯普遜教授遂主張強化政府的透明公開，強化政府的內控機制，以及立法鼓勵檢舉揭弊已日益迫切。他指出美國政府都有內控監督，但這種內控監督多半只是聊備一格，淪為機關老闆的走狗。就好像台灣的「人二」理應強化內控，但卻淪為效忠工具一樣。如果內控機制能由熟悉業務的主管擔任，則機構的欺騙及隱匿資訊的弊端必會減少。

而今天的台灣其實已進入新的危機期，我們社會迷信「政府有能」，對政府的胡作非為

早就掉以輕心；而且台灣民眾黨派認同大於公共利益認同，凡有任何弊案，統治者一往藍綠對立上扯，問題焦點立刻就被模糊掉。由於統治者太容易操控卸責，因此我們政府的退化已告加速。最近由美牛風暴擴大到牛豬雞鴨鵝的大混亂，我們看到了政府炮製可疑的民調，在老闆的指示或授意下隱匿禽流感疫情，去年八月做的鵝鴨場瘦肉精檢驗，也暗槓起來到了現在不知爲了什麼目的才公佈。那麼他們到底隱匿了多少其他訊息？至於把義美的檢驗報告拿出來炒作，則使人更加疑惑了。難道我們政府都沒有做相關的檢驗嗎？政府不盡責任簡直已到了可怕的程度。

因此，由最近的牛豬雞鴨鵝大濫仗，台灣人民已應徹底的覺悟了。政府是不值得信任的。整個台灣已必須從「政府不值得信任」開始，把政治重來一遍，重建政治的態度及制度，因爲只有不相信政府，政府才會被逼迫成有能力啊！

當政府變成茶杯，就只剩下茶杯風暴

西方諺語有「茶杯裡的風暴」（Storm in a teacup）之說。這句話可以做很多解釋，它可以指小題大做，吵一陣子就無影無蹤；也可以指一個政府有其格局的限制，許多問題吵翻了天，但吵得再大聲，還是沒用，只是一場徒勞。當一個政府已變成了一個茶杯，一切的問題就注定是「茶杯裡的風暴」。

台灣這種「茶杯裡的風暴」多矣。過去長期以來每隔一陣子，一定會有蚵仔被汙染，魚類被汙染或某種食物出問題的消息；每隔一陣子也一定會有香蕉、柑橘過剩，農民慘兮兮的新聞。這種事情的發生，如果政府有能，有關食物汙染、檢驗管制、農產運銷早已建立起一套體系，但在我們社會這種事情每次都是一場茶杯風暴，民間和媒體吵成一團，政府官員則一場場做秀。蚵仔被汙染就來次吃蚵仔秀，水果過剩大官就來幾次買水果秀，以示照顧農民，接下來就是部隊猛買、阿兵哥猛吃，吃到大家冒胃酸。於是問題就稀里糊塗成為過去。但問題的癥結解決了嗎？當然沒有，一切只不過是場茶杯風暴！當政府已變成茶杯，台灣的所有問題自然都成了茶杯風暴。

最近台灣重大爭議不斷，它都是至關重要的大問題，但在我們社會，這些問題卻注定以茶杯風暴收場。

就以牛豬鴨鵝問題而論，這次乃是台灣徹底重建食品檢驗管控，食品衛生研究，以及飼養管理等制度的重大契機，但我們政府會在這些問題上做徹底的改革嗎？肯定不會。等拖過美牛問題，一切就恢復原樣，這陣子的吵鬧也就成了過眼雲煙的茶杯風暴。

再以這兩天的「一國兩區」和林毅夫返台爭論而言，這兩個問題都涉及台灣的身分及狀態。國民黨政府自從一九四九年以來，就是個內戰下的偏安政府，任何人都知道這種偏安不可能永遠。而馬政府在玩弄的就是企圖永遠偏安，但實質則仍是內戰心態的遊戲。他既要討大陸歡心，又要討台灣人民歡心，這種操弄的空間其實已日益狹窄。林毅夫不能回台，所曝露的就是馬政府的內戰心態，而「一國兩區」就是唬弄各方的遊戲。中國古代，偏安政權已沒有了實力，只想玩弄權謀遊戲，這種權謀很快就黔驢技窮。中國南京偏安仍在搞權謀，元朝大將伯顏到後來即公開斥責曰「宋人無信」。這大概也是國民黨政府今日的處境。「一國兩區」和林毅夫返台的風暴，已暴露出馬政府表面唬弄各方，實質上仍是在搞內戰的黔驢技窮，馬政府會誠實的面對兩岸問題嗎？當然不會，因此，無論「一國兩區」或林毅夫返台的風波，注定吵一陣子，就被繼續混過去，只是「茶杯風暴」一場。

再以陳水扁保外就醫及特赦風波爲例。打從扁案發生起，它就應是個嚴肅課題。曾擔任過國家領導人的人物，他們的羈押、審判及服刑，應當如何處理？對這種人特別處理不是特權，而是對國家領導人的這種身分的尊敬。

但自從扁案發生以來，台灣藍綠對立急遽升高，國民黨的道德法西斯立即抬頭，如果有人敢主張不同處理，一定被罵到臭頭；而且國民黨的統治者也一直把扁案當提款機，它們聯合炒作下，國家元首犯罪如何處理的嚴肅問題已沒有了合理討論的空間。扁案及扁家人完全被道德法西斯的氣氛所籠罩。扁案正發生時，我曾批扁不遺餘力，但連我都覺得對阿扁的羈押及服刑處理有欠妥當，相信一定有更多人氣憤不平。但這有什麼用，這次阿扁由於身心出狀況，有人主張保外就醫，有人認爲應移監和恢復若干禮遇，甚至特赦，但這種可以合理討論的問題立即被道德法西斯冷嘲熱諷或攻擊，很值得合理討論的問題，最後只淪爲茶杯風暴一場。

人類的許多進步都是由合理討論而來，最悲哀的是，如果一個政府及社會自己變成了茶杯，所有的問題就會成爲茶杯裡的風暴。講也白講，吵也白吵，台灣就是個茶杯！

不正義的政策，公務員要有抗拒勇氣

亞里斯多德在他的經典著作《政治學》第四書裡有句千古名言。他說：「深思熟慮的慎重乃是統治者特需的美德，而人民特需的美德不能爲慎重，必須是正義感。人民等於是笛子製造者，統治者則是吹笛人，把人民造的正義之笛，吹得悅耳動聽。」

今天台灣的人民，尤其是新一代的人民，確實已有高度發達的正義感，三百多個市民及大學師生在正義感的驅使下，關切與他們無關的政府違背公平正義的問題，在文林苑強制拆除案上以肉身抵抗警察官僚的暴力。如果北市府、內政部或行政院，甚至總統府，有任何一個人還有慎重的美德，都可在三月廿八日下午之前爲強制拆除喊停，讓人民的正義得到回應，則人民所製造的正義之笛就可被吹出悅耳的笛聲。可惜的是人民的正義感完全得不到統治者們任何的回應，還是硬幹蠻幹到底。官員和警察，把人民的正義之笛，吹出了一片離譜的噪音。由於政府的強制拆除已動了民憤，拆除之後，行政院長陳（沖）和內政部長李鴻源才會出來講一些《都更條例》要檢討修正的馬後砲，這些話爲什麼在房子未拆之前不會講？政府的大官們對政府所做的不公不義之事，爲什麼會麻木無感到如此程度！

第二次大戰前，由於人權正義觀念尚不發達，政府的不公不義及惡法亦法這一套反動的標準尚有存在的空間；但自二戰之後，由於人權正義的觀念漸興，人民對政府的不公不義已提高了警覺。面對這種新情勢，統治者「深思熟慮的慎重」遂日益重要，他們在與人民權益有關的政策與立法上必須有嚴格的邏輯一致性，發現問題就要劍及履及立即更正，公務員要有抗拒執行不公義法律命令的道德勇氣。但台灣在都更問題上卻上述原則全都違背，文林苑都更案遂成了政府以惡法欺壓人民的政府犯罪事件。

台灣的都更立法是少見的爛立法，它漠視人民權益，偏向建商的心態已具體可見。由於立法不公不義，法律的陷阱在坑害了人民時，地方政府掉進了陷阱中。

因此，文林苑都更案，儘管台北市政府被全體國人罵到臭頭，但我還是要替懦弱愚蠢的市政府講句公道話。市政府爲都更的執行者，市政府執行的經驗早已知道都更條例有問題，四度行文內政部要求修法，但內政部完全置之不理；二〇〇九年由於都更條例第卅六條有爭議，建商也行文營建署詢問是否違憲，營建署回文答「與憲法並無抵觸」；去年九月市政府顯然對文林苑代拆之事覺得不安，又向營建署請示，營建署回文不拆除即是「行政怠惰」。台北市既然知道都更及文林苑有這麼多不妥的問題，如果是我當市府官員，我一定拚著這頂烏紗帽，也要拒絕執行不正義的法律，正式與行政院和內政部對幹。可惜的是台北市政府的官員明知文林苑都更強制拆除不妥，卻少了最後的道德勇氣。如果市政府能在最後關頭停止拆除，市政府一定會贏得全體國人的尊敬，而不會變成今天人人喊打的狗熊了。

今天，文林苑拆除案仍餘波未了。此案若被解釋爲違憲，市府還得賠地賠屋，而且由於

中場

它證據確鑿，被裁定爲違憲的可能性極高，設若違憲，市政府仍然要賠地賠屋，文林苑將王家劃入的都更範圍也要作廢重來。因此在這個全案仍未了的時刻，政府不宜再用「於法無據」爲理由，拖延賠地賠屋的時間；政府用有違正義的法律侵害到人民的權益，就要主動的負起賠償還原的責任。台灣的都更在行政院及內政部麻木不仁，市政府顢頇又缺乏道德勇氣下，搞出個文林苑拆除的大濫攤子，這個濫攤子不能再拖了。以前就是因爲拖而出了大問題，現在如果再拖，誰知道還會拖出成多大的紕漏。

政府做了不公道不正義的事，就應立即更正；如果上級麻木不仁，下級就要有勇氣敢於抗拒而不去執行，台灣的官員們應從文林苑都更拆除案學到很多教訓。

誰來查政府的帳？

二〇〇一年美國發生恩隆公司弊案，引發全球熱烈討論，人們發現當時企業界盛行以「創造性會計」之名大做假帳，例如製造假交易來虛報業績，故意漏列成本使盈利灌水，藉以拉抬股價。公司「做假帳」（Book-cooking）是當時的焦點話題。

而今年三月，「國際貨幣基金」（IMF）公布了一份內部討論的報告「會計花招和財政假象」，該報告指出，當今各國政府做假帳的弊病一點也不輸像恩隆這種壞公司。該報告提出了一個嚴肅的課題，當政府在查老百姓的帳時，誰來查政府的帳？

政府做假帳的花招多矣。有些政府把現在的支出改列在未來，這種「延期支付」的招數可以使政府的損益表好看，但國家的財政卻被嚴重扭曲，例如一九八七年美國赤字嚴重惡化，當時即把軍事支付和醫療保健支付改列，使當年帳面上看起來赤字不那麼嚴重。

再例如，二〇一〇年希臘政府赤字已極惡化，希臘政府即拚命做假帳，將許多政府支出減列，歐洲統計局察覺後加以重算，才發現當年的希臘赤字已高達GDP的七．八%；再例如，二〇一〇及二〇一一年葡萄牙政府做假帳，增列資產、減列債務，使國家的債務問題被

中場

掩蓋，這些做假帳的手法，扭曲了國家財政及金融狀況，均後患無窮。

該報告裡指出，當今各國裡有一種會計花招相當普遍，那就是把非政府的公部門支出列爲另一個帳本。台灣的政府長期在玩弄的，即是這種做帳手法，例如財政部表示，台灣中央政府截至二〇一〇年底，一年以上債務未償餘額爲四兆五千餘億，占GDP的三十三．三九％，但依立法院預算中心的統計，台灣同一時間尚有隱藏性債務九兆五千多億，如果全部加總，台灣整個公部門的債務已達GDP的一〇〇％，台灣的債務問題並不會比歐豬五國好多少。

台灣有隱藏性的龐大債務，靠的就是政府做帳，它把軍公教退休年金和社會安全給付義務的軍公勞農國民年金與全民健保，全都另列一本帳，應該長期分年攤提的道路徵收補償，這種成本全都不列在政府債務內。我們政府透過做帳技巧，把很嚴重的債務問題變得不嚴重。這也是今天的政府敢於大手筆亂花錢的原因。這種做帳的手法，它的最大後遺症是台灣後代子孫不知將扛起多大的債務包袱。

政府除了透過做帳來隱藏債務外，我們也知道政府本質上就有稅官心態，他們很會查老百姓的帳，幾乎到了錙銖必較的程度，而他們該給老百姓的，則故意裝傻、百般拖延。最近交通部超收二一八萬車主汽車燃料費長達廿九年，總計逾十一億，即很值得深入追究。

人們都知道政府從人民身上徵稅及收取各種公共使用的費率，政府爲了要證明收費的正當性，一定會把稅務計算和費率問題故意搞得很複雜，好像很有學問的樣子。這是權力的本質，有權力的人一定會把問題複雜化，以創造出有權力者的優越感，老百姓裡也只有特別有本領的人，才可以在那個複雜的稅率及費率環境裡找到有利於自己的選擇機會。

由於公用費率乃是政府的主要收入項目，將費率問題複雜化，它其實也等於讓退費問題成爲不可能，就我印象所及，台灣就發生過收費道路早已收取超過建設成本卻仍照收不誤之事；中油也發生過超收空污費之情事。就以這次超收汽車燃料費之事來說，它把公式搞得那麼複雜，有那個老百姓會去核算？反正那筆錢已成了交通部的固定收入，它早已習慣而不會去詳查。這次超收之事會被抓出來，純屬偶然。

「國際會計標準委員會」（ＩＡＳＢ）主席胡格沃斯特（Hans Hoogervorst）表示，當今各國政府的帳本簡直一場糊塗，彷彿「是個無法無天的世界」，各國拚命做假帳來隱藏赤字與債務，除了大的假帳外，小的像台灣超收汽車燃料費，則是習焉不察做錯帳，而且一錯就錯了廿九年，這都顯示出政府的那本帳，其問題之多，超過了我們的想像。台灣每年最大的帳本中央總預決算報告，立法院已需盯緊，特別是隱藏性債務部份，更要儘快透明化。而每個部會單位的小帳本也不能馬虎。公家的帳本充滿了瑕疵，已需要有專門組織來幫助人們去查政府的帳！國民對政府的信任從帳本開始！

不只政府查帳，人民也應查政府的帳

一九八〇年代，台灣那時對政府的剝削功能尚不明瞭，當時哈佛企管學院教授艾姆斯頓（Alice H. Amsden）在當代主要學者史柯希波（Theda Skocpol）所主編的論文集裡就明言，台灣主要是透過國公營企業對內做著壟斷剝削。艾姆斯頓教授並指出，在一九六〇、七〇年代主要是透過台肥公司剝削農民，台灣那時的肥料換穀政策，肥料價格就比荷蘭、比利時、美國、印度貴了四〇%，易言之，它對農民及稻米消費者的剝削率高達四〇%。

因此，前個星期交通部超收二一八萬車主汽車燃料費長達廿九年，統計逾十一億元的消息被踢爆，使我頓感怵然而驚。現在時代變了，各種公用費率已儼然成了新的剝削手段，汽車燃料費問題如果沒有被踢爆，一定無限期的繼續超收下去。繼汽車燃料費的問題，上個星期消基會也察覺，台灣手機通話費率，除了比日本便宜外，比鄰近的香港、大陸及新加坡都要貴。公用費率的確已成了新的剝削手段。

而就在現在這個時刻，今年三月，「國際貨幣基金」公佈了一份內部討論的報告《會計花招和財政假象》，這份報告四月七日的「經濟學人」雜誌做了扼要報導。該報告指出，政府最大的好處，乃是只有它去查老百姓的帳的份，而政府自己的帳則根本沒有人去查它。因此當今世界各國，政府的帳簡直如同一個無法無天的世界。政府「做假帳」（Book-cooking）已成了當代很大的新興問題。舉例而言，歐豬五國即是做帳行家，它們懂得虛報收入及資產漏報支出及債券，使整個國家的損益表很好看。但這種不誠實的做帳，卻扭曲了國家財政及金融秩序，惡化了赤字及債券，和通貨膨脹問題；今天當人們在談歐債危機時，都不能忽略了它和政府做帳掩飾問題的密切相關。

在了解了「國際貨幣基金」在報告中對世人所提的警告後，在台灣的我們，今後對政府策本已不能掉以輕心。

舉例而言，台灣的中央政府截至二〇一〇年底，一年以上債務未償餘額為台幣四兆五千餘億，佔GDP的三三．三九％；但同一時間尚有隱藏性債務九兆五千多億，兩者相加，台灣整個公部門的債務已達GDP的一〇〇％。意思是說台灣乃是透過政府的做帳技術，將更大支出的軍公教退休年金和社會安全給付義務的軍公勞農國民年金和全民健保全都另列一本帳，應長期分年攤提的道路徵收補償這種政府成本也不列入政府債務內。開公司都知道一個公司有兩本帳，就可以掩蓋掉許多問題，政府有兩個帳本，而且隱藏的那本更大，它可以掩飾更多問題。台灣債務很嚴重但看起來不嚴重；另外那本帳每年不知釋出多少足以造成通膨的現金，這本隱藏的帳已成了台灣永續發展和世代正義最大的阻力，它已必須公開透明，甚至整個政府記帳的方式都要根據國際標準重來。

由汽車燃料費超收廿九年及台灣電信資費超高，已顯示出公用資費，隨著時代的改變，

它儼然已成了新的壟斷剝削源頭。這已表示人民對公用資費這本帳，已不能再政府愛怎麼徵，人民即被動的概括承受。公用費率牽涉到公用事業本身的改革，但公用事業均爲壟斷性或寡佔性，它最容易本身不做任何改革，任意的將它的成本外部化，要求人民承擔。公用費率這本帳已需有特別的人民團體來加以監督，而公用事業有沒有持續的進行效率改革，應當是人民查政府這部分的帳本時最主要的參考指標。最重要的，乃是國民應認知到，政府的帳本應是政府出售服務及安全所得到的報酬及成本，而不能再像以前威權時代那樣掌握了國家機器即可任意而爲。

以前只有政府查人民的帳的份，現在應到了人民也來查政府帳本的時候。「國際會計聯盟」（ＩＦＡＣ）的波爾（Ian Ball）表示，政府的帳本誠實透明乃是信任的先決條件，旨哉斯言。

「五二〇」馬應發表向國民道歉書

早年我在讀中國古籍時，即對唐代宰相陸贄極爲敬佩，他所寫的《翰苑集》還一度是我的案頭書，每日吟誦。

因爲在我的標準裡，陸贄已不是一個賢相，而是境界更高的實踐型偉大政治思想家。在古老的唐代，他就希望建立一套以羞恥感爲核心的統治哲學，讓統治者深刻的理解到治國不良，使百姓受苦，乃是統治者最大的恥辱；當有了這種羞恥心，統治者在看待問題時，才會把自我反省和自我檢討放在第一位，從而產生最深層的責任意識。中國古代的政治哲學都是在空談仁義道德；陸贄是第一個將它拉到統治者的恥感行爲上。只是陸贄的這套政治哲學是把統治者當改革的對象，已形同是一種思想革命，因而後來無法發揚光大，陸贄是個早生了一千年的政治哲學家。

陸贄的思想雖然後來不彰，但在他當宰相的那幾年卻做了極成功的實驗。例如，當時唐朝中衰，政治的人禍不斷，又逢久旱，蝗災四起，物價騰貴，人民已快活不下去了。於是在陸贄起草下，皇帝發表了這樣的告同胞書。

中場

它的主要內容是說，因爲我當皇帝的無能，而有這樣的災荒，因此這是上天對我的警告，所以在災荒期間，我無顏去皇宮正殿上朝，只去偏殿辦公，作爲自惕；我每天的飲食也減少，與民共苦，除了部隊士兵外，其他官吏的開支也減少；人民的稅賦也暫停，等到豐收時再說；爲了鼓勵生產，因爲輕罪而坐牢的人全都放免；政府的不急之務也全都暫停。這篇告同胞書，真正的意思是說當統治者的要把人民的受苦看成是自己的事，而不是臣子或人民的事，只有統治者與民共苦，整個國家才會有希望。

今天的台灣，人民有六至七成已收入不增反減，這次物價上漲，許多人已到了日子快過不下去的程度。因此我在想，如果陸贄活在今天的台灣，他會要台灣的統治者發表什麼樣的告同胞書？

首先，我相信他一定會要求台灣的統治者承認自己治國無方的責任，並深刻檢討無能的原因究竟是無知或是根本就不在乎所致。只有透過這樣的反省，他才可能有新的責任感覺悟。

他一定會和以前一樣，要求統治者改正行爲。當老百姓日子難過，自己卻依然每天大張旗鼓的上朝退朝，應該覺得不好意思，不敢再上大殿，只敢上偏殿辦公。基於同理，他一定會要台灣的統治者在老百姓生活沒有變好之前，也一定停止出國作秀或在台灣作秀的所有行爲。當老百姓日子難過，自己卻仍忙著趕行程，應該會覺得不好意思吧。

其次，他一定會要求統治者做出與民共苦的事，統治者和他的大官朋友應該減薪自我懲罰，政府所有的不急之務全都停止，政府能省多少就省多少。老百姓日子難過是「民難」，統治者們要有決心去共赴「民難」。

而最重要的是，統治者一定經過徹底的反省和檢討，知道老百姓生活難過的真正原因是有百分之七十的人民，他們的家戶所得已到了勉強過日子的邊緣，而且這種情況還在惡化中。因此改善國民收入才是正本清源之道，因此統治者們一定要展開知識大動員，儘快制訂改善國民收入的具體計畫。這包括經濟發展計畫的重新訂定，高品質就業機會的創造，公營事業的改革，新產業的加速形成，稅賦的公平等。國民收入的增加乃是抵抗物價上漲的唯一有效方法，講再多空話也是沒有意義的。

而最後也是最重要的一點，乃是陸贄如果重生於今日的台灣，他一定會要求台灣的統治者，把這次物價上漲的危機，當做是統治者無能的恥辱紀念標誌，爲了謹記這個教訓，他會要求統治者停止一切「五二〇」就職的活動。在這個人民日子難過的時候，「五二〇」早已不再是光采的日子，既然不再光采，就讓這一天黯淡度過。讓這一天成爲自己和以後的統治者永遠不敢忘記的警告！

政府不能利用學者來推諉責任

最近三個星期《中國時報》和《蘋果日報》的大戰，已成了台灣重要的話題。對於這場媒體大戰，我沒有任何偏好，只是痛心。我除了對兩報的表現痛心外，對NCC的拖延不作爲更是痛心疾首。兩報大戰，如果要追根溯源，NCC要負最大的責任。

這次兩報大戰，由於雙方的對立已極端化，所以另外一個更重要的問題反而大家都視而不見。那就是NCC怎麼可以對一個民間的案子，准或不准不作決定，一拖就是一年半。NCC的如此尸位素餐，已絕對符合瀆職的要件。NCC既然代表國家執行准或不准的公權力，就應該本其知識及良心的判斷，儘早做出准或不准的裁定。而今卻是NCC一拖再拖，該案所有的利害關係人的矛盾愈拖愈大，各方最後都被拖得抓狂，於是大戰遂告爆發，因此NCC的無能瀆職當然要負最大的責任。

因此由NCC的拖延，我就想到近代政治學已發現的一種無能現象。多年前，美國加州大學聖地牙哥分校的偉斯特教授（Robert J. Waste）編著了一本《社區權力》論文集，該書指出，現代政府由於無膽無能，已出現一種「決策癱瘓」和「民意極端化和對立化」的亂象。當政府機關碰到一個棘手問題，做了任何決定不是得罪這個就是得罪那個，於是它就拖延不決，並鼓動利害關係的各造自己去對打，等你們打出了勝負，它才趁機撿便宜。因此偉斯特教授遂指出，政府的無能拖延和社會的對立分化乃是互為因果的，無能的政府只會破壞社會的團結。台灣NCC的無能造成了兩報惡形惡狀的大戰，已證明了偉斯特教授的論點。

台灣NCC的無能拖延，除了破壞社會的團結這部分外，其實還牽涉到另一個政府利用學者專家的更大問題。

理論上，政府透過選舉而產生，那是無論政務官或事務官行使國家公權力的法源，他們都是公務員，他們行使公權力的成敗，政府及它代表的政黨都要為此負責。這乃是政府公務員有權但也有責的整個政治哲學基礎。

但近年來的台灣，這種政府有權也有責的邏輯卻已被嚴重扭曲。政府經常為了統治上的便利，將所謂的學者專家納入它的公權力執行體系，它有許多類型：

一、最常見的乃是當有大事發生，政府即成立特定的任務編組，並在該任務編組中以委員或諮詢委員的名義找幾個學術界人士來掛名，以表示政府尊重專家的態度。這是一種利用專家學者的伎倆，由於整個任務編組還是官僚佔了絕大多數，學者專家只是形象和橡皮圖章，並不能發揮作用。近期的美牛問題及證所稅問題都有用專家學者當橡皮圖章的這種伎倆。

二、政府在許多採購招標時會用學者專家當評審。這種評審都是官僚系統的自己人，容易掌控，標案要給誰通常也不會改變。但利用學者當評審，執行公權力才可以做的利益分配

之事，是否適宜卻大可商榷。

三、而最可懷疑的乃是ＮＣＣ委員這種學者了。ＮＣＣ委員乃是學者並非公務員，而它所做的卻是政府公權力，而且涉及的人民利益都是動輒六、七百億，這些委員學者憑什麼享有如此大的權力？他們要負什麼樣的責任？如果他們做錯了決定，當事人要求損害賠償，國家願意賠償嗎？他們自己賠得起連帶的賠償責任嗎？ＮＣＣ是個執行公權力的機構，而且涉及的標的動輒數百億，這已是部會首長這一級政務官才擔得起的責任，找幾個學者，他們擔得起嗎？或許正因擔不起，他們才迴避的迴避，能拖的就拖，一拖就拖了一年半，由此也顯示出ＮＣＣ目前這種制度已完全錯了。政府首長當委員，確實負起責任，學者只適合當技術諮詢這種角色，他們沒有身分負那麼大的責任。

政府官僚及學者各有角色分工，政府不要想利用學者來推卸自己的公權力責任，這是ＮＣＣ的教訓！

連任總統不是祝福而是詛咒！

美國的總統學專家阿拉巴馬大學教授及「國家人文基金」講座教授麥唐納（Forrest McDonald）在其著作《美國的總統：一部知性史》裡提到，連任的第二任總統，通常都會自然而然的傲慢自大，特別會喜歡在外交事務上冒險，但縱使以美國之強大，美國的外交也不能隨心所欲。因此第二任總統幾乎內政外交都沒有好下場。第二任總統對一個國家通常不是祝福，反而更可能是詛咒。

而今天的台灣，這種「第二任總統的詛咒」已開始出現。馬總統在第一任還拚命的扮好人，但一當選連任，就臉色大變。

他開始揚言要「追求歷史地位」，而任何人都知道歷史是很難測的，英國廿世紀的思想家陶尼（R. H. Tawny）就說過：「今天確定的事，明天就會成爲問題。」因此西方再怎麼偉大的政治人物，也沒有人敢說「追求歷史地位」這種偉大的漂亮空話，「追求歷史地位」這句話的真正意思是，他要根據個人的主觀意志一意孤行到底。因此一聽到「追求歷史地位」這句話，真正的有識者應該會覺得非常恐怖，政治人物該做的乃是民主民權民生的問題，這些問題搞好，自然會有歷史地位，不可能有另一個單獨的「歷史地位問題」存在！

馬總統當選連任後，揚言「沒有連任的選票壓力」，於是開始肆無忌憚的胡作非爲起來，從開放美牛、瘦肉精，隱匿中南部禽流感疫情，再到油電價格雙漲，以及證所稅的閉門造車，簡直已搞得民不聊生、天怒人怨。但儘管人民罵翻天，學者專家也都強力反對，但在鹿港鎮長補選投票之前，馬政府對這些事毫無轉圜之意，他那種鐵了心腸，擇惡固執的可怕心態已表現無遺。國民黨內雖然有許多人對這些事不以爲然，但敢站出來反對的寥寥可數，這也顯示出國民黨的威權習性。

因此，台灣的百姓真該好好感謝鹿港的選民。因爲今天的馬政府及國民黨已到了甚麼都不怕不理的程度，最近民怨震天他們不理會，媒體罵成一片他們也不理會，甚至馬英九的民調支持度大幅下滑，他們也假裝看不見。

但他們卻怕一個東西，那就是選票，鹿港選民以七十一％對二十九％的山崩式比數讓國民黨大敗，真正嚇到了國民黨，你馬英九可以再狠，你沒有選票的壓力，但國民黨的立委、縣市長，他們已開始感受到壓力。你馬英九可以胡作非爲，但他們可不願意陪著一起死。正因爲鹿港的選票給了國民黨教訓，國民黨大老王金平、蕭萬長以及立委的反對聲音才開始取得了正當性。馬政府才在電價問題上改變，據說證所稅的態度也會改變。

由馬總統當選連任後一意孤行，到鹿港補選大敗，馬政府才開始態度改變，這個過程對台灣選民已等於上了寶貴的一課。

（一）馬總統在第一個任期內拚命扮好人、騙選票，而且的確騙到了許多選票，但由他連任後的固執和胡作非爲，台灣老百姓應該已看透了這個人的可怕。

英國前代評論家亨利．泰勒爵士（Sir Henry Taylor）曾說過：「一個不敢打死蒼蠅的人，有時候會嚴重的傷害到整個國家。」

泰勒爵士的意思是：人們判斷政治人物不要只看表面的好人形象，而要從政治的大處著眼，才可避免整個國家受害。

由過去三個月的表現，馬總統的專斷本質已很清楚的表露無遺，今後他想要再得到民心的支持已很困難。經過這一波獨斷獨行，台灣上漲的物價已回不去了，股民對台灣股市的信心已受到傷害。我們已可肯定知道他未來四年的任期，不但失去人民的信任，甚至國民黨內對他的死忠支持也會降低，國民黨將會進入新的混亂期。

（二）今天的台灣，由於馬政府蹉跎了四年，經濟已告惡化，人民生活水準已告降低，而我不認爲馬政府有本領來進行台灣的重建。因此台灣的民間社會，特別是反對黨更應加強努力，發揮主導功能。當執政黨專斷無能，台灣總應該有自主的力量準備取而代之吧！

（三）台灣的政治在馬政府四年內，已養成一種「務虛不務實」的習慣，馬政府缺乏去做對的事情之能力，只會做表面的宣傳，台灣的老百姓因而養成「看虛不看實」的習慣，今天的台灣就是「虛」久了，「實」已開始崩壞。往後台灣的人必須更重視實質的問題，不要只看表面的宣傳作秀，只有老百姓重視實質問題，馬政府的那種虛功始無法奏效。

在馬政府已失去人民信任的此刻，人民從鹿港選舉之後，在五二〇就職時採取行動來再一次表示不信任，該是個應予支持的行動！

領導人大話空話，只會誤國誤民！

長期以來，我對偉人的演講集有特別的偏好，並收集了許多版本的歷史著名演講，我非常驚訝的注意到，許多偉大的政治人物幾乎都沒有談過自己「歷史地位」之類的大問題。像華盛頓、傑佛遜、林肯等偉人，甚至不斷的公開表示，由於自己能力不足，如果犯錯，要請同胞原諒寬恕。他們這種謙卑的特質是怎麼產生的？

後來我讀了南加州大學英語系著名學者布勞迪（Leo Braudy）鉅作《留名狂：聲名的歷史》後才恍然有體悟。布勞迪教授指出，在希臘羅馬時代，重要的大人物在想的都是荷馬史詩裡傳奇英雄或像亞歷山大大帝這種人物，當年凱撒就爲自己比不上亞歷山大大帝而遺憾終身。

但這種要和英雄比高低的價值觀，在基督教興起後有了改變。耶穌〈登山寶訓〉裡爲人類行爲首次設定謙卑虔誠負責的準則。後來的神學之父聖奧古斯丁在《上帝之城》裡即明言：「祂的面容在山上發亮，祂的聲名散布全世界。」意思是，只有奉行〈登山寶訓〉的人，他的靈魂才會被照亮，而那真正的永恒聲名只有祂才擁有。

因此，基督教形成後，對虔誠的傑出政治人物已使他們產生了一種新的道德認知，永恆的歷史聲名只有祂才擁有，凡夫俗子的人們只有努力的去做行善，彰顯祂的道理，看能不能得到祂的肯定。人不能奢求歷史的聲名。

正是因爲對這種謙卑的道理有很深刻的理解，十七世紀偉大的聖劇詩人及政治評論家米爾頓（John Milton）在他的《樂園的失而復得》裡，遂這樣寫道：

> **人的聲名被寫在天上，塵世無法知道**
> **世間的光榮是假光榮，它須給**
> **那些不是光榮的事，也不值得光榮的人。**

因此，一個政治領導人只有一個選擇，那就是愛國家愛人民，奉守上帝公義，而不要去奢想自己的歷史地位等虛誇的問題，因爲那是對上帝公義最大的僭越，一個平凡的人根本決定不了自己短促一生的歷史評價。如果以自己短暫的生命企圖決定長久以後的歷史評價，那是何等的傲慢自大啊！一個政治人物只有把握現在去愛國愛人，替國家人民建立永續發展的基礎，如果國家人民連今天和明天都沒有了，他個人怎麼還會有更渺茫的歷史評價呢？

因此，台灣的統治者請不要再講諸如「歷史地位」和「歷史評價」之類的大話與空話。歷史是長遠的事，它不是短暫而愚蠢的人所能決定的，講這種大話與空話，其實是一種心態上的專制和對人民的欺騙。統治者應做的乃是盡心負責，好好去把握現在，去深化民主，促

進人權，改善民生以及鞏固社會的團結，並在人民面前不要再傲慢自大和自以爲是。前陣子我曾引用美國總統學權威，「國家人文基金會」講座教授麥唐納（Forrest McDanald）的論點，麥唐納教授指出，一個連任的總統經常不是對國家的祝福，反而是咀咒，主因即是連任總統會傲慢自大，封閉專制，最後會禍延國家人民。最近三個月，台灣百姓已領教了這種第二任總統自大和一意孤行的咀咒滋味，我們對政治領導人講大話和漂亮的空話，可謂已不陌生，他那種不好好治理現在，卻去空談「歷史地位」和「歷史評價」，不知道還會替台灣帶來多大的禍害！

最近三個月，台灣的領導人說過他要追求「歷史地位」；又說「因爲已沒有選舉壓力而可以大刀闊斧進行改革」，這是近年來台灣最恐怖的大話。這兩句大話已開啓了政治蠻幹亂幹的新階段。搞政治的必須知道，沒有今天明天，就不會有歷史；一切的改革都要以現實和理想爲基礎，尤其須有改革的能力，講大話空話是沒有用的，只會講大話空話，只會造成一人的獨裁專制。近代中國人特別會講甚麼「爭千秋」之類的空話大話，國家人民的問題反而搞得一場糊塗。因此我對只會講大話的人物特別警惕，治國需要的是謙卑的人格，優秀的能力，而非漂亮的空話！

假專家的假改革，讓人民噩夢成真

許多人一定看過宮崎駿的《天空之城》，而且知道《天空之城》的概念是受到十八世紀英國諷刺作家史威夫特（Joanthan swift）的《格列佛遊記》很大的啓發。我最近花了四七〇英鎊買了該書的限量典藏版，又重讀了一次，並在「天下雜誌」的專欄裡寫了重讀的感想。

《格列佛遊記》裡寫到：有次他飄流到一個「天空之國」，以前譯爲「浮島國」（Laputa）。這個國家有兩部分，一部分飄浮在天上，另一部分則在地面。高高在上的部分住了國王、王后及貴族統治階段，他們迷信純粹的形式數學，甚至國王的食物都被切成方形、菱形、橢圓形或各種樂器的形狀。由於迷信數學，他們做件衣服都要用四分儀等器具來量身高體形，做出來的衣服簡直不能穿，蓋出來的房子也歪歪扭扭，不成形狀。這個高高在上之國有許多科學專家，他們在地面的首都有個發明設計學院，要把他們的價值推展到全國，這些專家好像很有學問，很有創意，但都古怪至極，例如河邊有個磨坊，他們把它拆掉，在山坡上重蓋一個，至於水的來源則要在山上另建一條運河；另外有專家致力於要從南瓜裡提煉出陽光；有的專家則要將糞便還原爲食物，有的專家則希望用蜘蛛絲取代蠶絲。這

些都是偉大的荒唐創意，當然把整個國家搞得一蹋糊塗；格列佛有個朋友按常識做事，房屋整齊漂亮，田地也蔥綠繁茂，卻被專家及人們所指責。史威夫特對這個國家的描寫，它諷刺的重點有三：

一、當一個國家，有一個高高在上的統治及專家階級，他們由於擁有做錯事而硬拗到底的權力，因而他們的偏執會無限大。

二、專家和權力結合，他們縱使偏執，但也有本領把這種偏執講得似乎很有道理，很有學問。「天空之國」（浮島國）就是在諷刺專家偏執所造成的「專家暴政」。

三、研究思想史的都知道，十八世紀乃是啓蒙時代，但歐洲各國的啓蒙多少都有點過分的意識形態化，只有蘇格蘭的啓蒙著重不離開常識的知識，不離開現實人生的道德理想，而史威夫特就是蘇格蘭啓蒙運動的一員，他的《格列佛遊記》基本上就是在諷刺人性的惡劣成分，「天空之國」（浮島國）就是在於指出當高高在上的權力與專家結合，它會因爲整個系統化的偏執，造成反常識的假知識，而使整個國家被這種假知識所誤導，而成爲荒蕪之國。

我最近在許多場合談到史威夫特的《格列佛遊記》，並認爲他所諷刺的「天空之國」（浮島國），簡直就是今日台灣的寫照。今天的台灣有個高高在上的王國，它有一堆所謂的似是而非的專家，這些專家官僚完全沒有常識，而根據他們自以爲是的偏執假知識而治國，甚至還自我美化說是「改革」，當做錯了一堆事情受到人們的強烈反對及反彈，仍拒絕承認改過，只用「溝通不良」意圖來閃避重點。前年台灣翻譯了當代心理學塔芙瑞斯（Larol Tavris）及亞隆森（Elliot Aronson）合著的《錯不在我》，該書指出人們在犯錯後通常都不會面對問題而坦然認錯調整，而是透過各種心理防衛機制，將犯錯的責任推給別人，而「立意良善、溝通不良」即是最常用的一招。今天台灣所見到的就是這一招。當一個政府鬧出那麼多問題，而仍不去思考問題的關鍵，仍彎彎曲曲在說自己的錯是對，它的自我改革將永不可能！

去年年底，余紀忠文教基金會辦了「面對公與義、邁向永續」研討會，我在會上發言即指出，由於國民黨缺乏了自主意識，它已把台灣帶到了依賴而不發展的方向，台灣依賴ＥＣＦＡ更多，經濟的崩壞只會加速。在現在這個時代，一個有爲的政府更要有自主的發展策略，台灣由於欠缺了自主策略，未來四年普通老百姓的生活必將更加艱苦。當台灣經濟持續惡化，馬政府的假改革也將更加黔驢技窮，自主發展策略才是台灣唯一的出路，官僚的假知識是沒有用的！

演出來的政治好人，不是真好人

前兩年，台灣翻譯了當代政治學者波耶特（Joseph H. Boyett）所著的《選民進化論》，該書的許多論點之一，就是要人們謹慎防範那種表演出來的政治假好人。他們演出來的樣子像是個好人，那只是要騙你選票的招數。選民要和這種人保持情感距離，才可免予受愚。

人們都知道，現代由於媒體廣告術日益發達，「表演政治」當道，政治人物已和演藝名人一樣，一切動作和語言都要設計包裝，使他們看起來能被人喜歡。政治人物向演藝名人看齊的趨勢，已使得政治上不再有領袖，而只有偶像與粉絲。這種政治人物已不講究見識與能力，只著重表演作秀，而最後爲這種政治付代價仍是人民自己。

波耶特在書中指出，二〇〇〇年美國大選的小布希就是個例子。那次大選，小布希花了極大精力在記者身上，他會叫記者的小名，以顯示他的親切沒架子，他也會拍拍記者的肩膀，摸摸記者的頭，好像兄弟一般；甚至還會打電話去記者家裡，讓記者及其家人產生與有榮焉的驕傲感。就靠著這些招數，小布希收編了當時絕大多數媒體，大家都說他是熱情、誠懇、出身好家庭好學校的好人，而他的對手高爾則被說成是硬梆梆，喜歡計較的無趣之人。

小布希透過加工製造及宣傳，使自己頭上貼了「好人」的標籤，而高爾則成了「不是那麼好的人」。只有老練的資深記者，像《巴的摩爾太陽報》的威特科佛（Jul es Witcover）能看透這種人，事先就提出警告，對這種演出來的假好人要特別小心，但他的警告卻是像所有的孤獨先知一樣，根本無人理會，於是演出來「好人」小布希遂打敗了「不是那麼好」的高爾，僥倖當選總統。

但人們都知道演出來的好人並非真好人，演出來的好人本質上是一種假貌，要來掩飾他的人格本質，而那種人格本質通常都是好人的反面。中國的王莽，即是演出來的好人的祖師爺，當他無權力時，拚命演好人，藉以沽名釣譽，而一旦有了權力，遂原形畢露、濫權篡位。就以小布希而論，當他以好人形象當選總統後，一碰到「九一一」事件，他立即露出真性格，原來他竟是個窮兵黷武的極端好戰分子，他使美國發動了兩場戰爭，使得美國軍費大增，國債飆高，民主也嚴重倒退。小布希不但不是好人，反而更是個誤國的壞蛋！他那種一意孤行的風格才是本質，演出來的好人形象只是手段和幌子。當演出來的好人形象破滅，那種被騙感所造成的反彈就會大過一切。

這次馬總統所引起的民怨會如此高漲，許多境外記者都看不懂。馬英九長期以來不是你們媒體上所宣揚的好人嗎？許多人不是他的粉絲嗎？爲什麼現在人民的支持信任度竟會跌到一五%至二〇%左右？台灣到底發生了什麼事？對這些境外記者，我的說明是，馬總統長期以來是個演出來的好人，台灣的人也信之不疑。但在連任後，自信滿滿轉爲自大，遂原形畢露，台灣的老百姓遂驀然發現，這個他們以爲的好人原來並不是真好人。這種集體的被騙

感，遂使得大家在後悔、憤怒、自責的混合情緒下強烈的反彈。當人們發現演出來的好人不是真好人時，人們就會跟恨壞人恨得一樣多！

前面所提到的當代政治學者波耶特在他的書裡早已指出，在這個表演宣傳當道的時代，選民對演出來的政治好人一定要特別謹慎，我們對影歌星偶像可以很投入，但對政治好人則一定要保持情感上的距離，並且要時時自問：我們喜歡他是因爲長相、形象、或是他真的在公共事務上有什麼傑出的想法與做法？我們是否因爲對那個人有偏愛而出現雙重標準，不再質疑他的能力？我們喜歡一個影歌星，頂多只是浪費一點門票錢，但演出來的政治好人，卻可能使人浪費掉子孫的幸福。因此對演出來的政治好人，我們要謹記前代英國評論家泰勒爵士（Sir Menry Taylor）的這句話：「一個不敢打死蒼蠅的好人，有時會傷害整個國家。」

當心，道德治國變成苛政治國！

人們讀古代中國的歷史，讀到隋朝隋文帝楊堅這一段，一定都會很有感觸。因爲楊堅本質上應該算是好人，他非常痛恨大官行爲不當，在都城裡派了許多親信當特務，一知道那個大官做了不好的事，立即加以重刑；他極端痛惡官員貪汙，派了許多手下去假裝賄賂，誰如果收了，一定死路一條。除此以外，他也痛恨治安不好，只要有人偷別人一錢或三人合偷一瓜，一律判死刑，如果檢舉別人偷盜，則把那個人的財產沒收，分給檢舉人。楊堅以爲自己是以道德治國，實質上卻是最不道德的治國。整個國家給他搞得烏煙瘴氣，很快就國家崩潰，整個隋王朝只混了卅九年即壽終正寢。如果用今天的概念來解釋，楊堅所搞的那一套，即是典型的道德法西斯主義。那是一種以道德爲名的胡作非爲。因爲他可以用道德來自我合理化與自我偉大化，他的一切胡作非爲也就有了理由，而可以亂搞到底。

隋代楊堅式的那種道德法西斯亂搞，現在已不可能存在；但與它有近親相似性的亂搞方式卻仍然繼續。最近，檢調單位放話，宣稱要嚴懲大學教授以不實單據核銷國科會研究補助經費弊案，並要依貪汙罪論處，可以說即是一種道德法西斯。

對台灣學術研究狀況有理解的都知道，我們的學術研究最主要的贊助機構乃是國科會，而得到國科會補助的，卻要按規定核銷；但主持計畫者多半不會也不耐煩來處理這種報銷瑣事，多半交給助理來處理，而助理則相互介紹，而委交給幾家做帳公司來幫忙，於是做假帳，以假發票核銷之事遂告出現。這乃是歷有年所，相沿成習的陋規，它是報銷制度這種政策所形成的對策，大家都知道，因而以前都睜隻眼閉隻眼不太追究。這種事就和以前的國務機要費和特別費相同，都是報銷制度所催生出來的，要說是陋規或違法，它的確是違法；要說它不是違法，它也不是違法。它是報銷制度殘留下來而未清理掉的尾巴。因此它是教育研究界的歷史共業。

對於這種必須用轉型觀念解決的問題，就需要當權者本於歷史的認知，將以前的研究報銷制度做出新的調整。我們以前那種把每個人當賊看的報銷制度是否還有存在下去的理由？學術教育界乃是個特別需要尊重和自由的領域，是否可以本於信賴原則，將研究經費的核銷大幅減化？先進國家是怎麼做的？只有新的報銷制度能夠形成，舊時代留下的尾巴才有清理掉的理論基礎。

但今天的台灣卻不是以這種方式解決問題，而是檢察總長召集台灣高檢署，以及若干檢察官員，草草的開個會，就將此案定了調，這是以不實單據浮報經費的重大弊案，必須依貪汙罪論處。由檢察總長處理此案的態度，我們已活脫脫的看到了司法道德法西斯面貌。他們不是在解決問題，而是在製造更大的問題。本文一開始時提到的隋代法律暴君楊堅已在台灣復活。

中場

國民黨要靠民進黨來救命！

台灣新聞界經常會故意或無知的去製造很多假問題來替統治者服務，最近許多媒體在「馬蘇會」上做文章，即是製造假問題的代表。

在政黨民主的時代，各個政黨無論執政或在野，根據自己的政綱，做自己認爲對的事，然後交給人民去表決，這乃是政黨政治的ＡＢＣ。因此政黨首腦的會不會面，根本就不重要，也從不是個問題。無論歐美或日本，它們從來就不會在政黨首腦會面的問題上炒作。

但台灣卻是個例外，台灣媒體不是不知道「馬蘇會」毫無意義，馬蘇如果見面，蘇一定會對美牛案、油電雙漲及證所稅提出反對意見，馬一定做出一堆解釋，不可能改變原有的決定；馬也不會因爲有了「馬蘇會」，今後做任何決定就事先照會民進黨或對民進黨客氣一點。大家明知「馬蘇會」毫無意義，但爲什麼馬英九這邊，在最近動作頻頻，已對蘇貞昌送了三次祝賀花籃，國民黨秘書長還不請自到的硬要參加蘇的就職禮？而媒體也在「馬蘇會」上大肆炒作呢？大選之前，宋楚瑜在家裡等「馬宋會」的電話，但馬就是不要「馬宋會」，現在爲什麼對蘇貞昌又那麼殷勤呢？馬硬是不要「馬宋會」，現在卻硬要搞「馬蘇會」，到底是為了什麼？

要回答這個問題，我們就可能要追溯到近代政治上所謂的「統一戰線」（United Front）這個問題。這個觀念及做法，在台灣被翻譯為「統戰」，「統一戰線」乃是一九二〇年代第三國際的策略。當時新興國家的共黨都是小黨，因此「統一戰線」的策略遂告出現，第三國際鼓勵共黨與主流政黨在大方向上合作，但仍保留共黨的組織與信仰，這也就是說，它是一種藉著合作以壯大自己的策略。一九二四至二七年間，國共第一次合作北伐，即是統戰的產物，但北伐後國民黨發現共產黨已坐大，這是它不能忍受的，於是國民黨遂於一九二七年四月清黨，大舉屠殺共產黨員，第一次國共合作的統戰結束。

第二次國共合作的統戰，則是起於一九三七年的抗日戰爭到戰後國共決裂及內戰。共產黨在抗日的前提下，與國民黨合作。問題在於國民黨是個專制型政黨，它主張「黨外無黨，黨內無派」，它怎麼可能與別黨合作？因此，之前的兩次國共合作這種統戰，都因國民黨的翻臉而失敗。

因此，本質上統戰這種策略是共產黨發明的，國民黨迷信武力，它只搞武力征服，並不搞統戰。但自一九四九年敗退到台灣後，國民黨也開始搞統戰了。它的統戰模式是：

（一）對具有威脅的挑戰者它就裝客氣、扮好人，以顯示它的理性。但對沒有威脅的挑戰者，它就直接打擊收編。國民黨對新黨和親民黨完全不屑於理會，因而根本不會有「馬郁會」、「馬宋會」這種題目。

（二）國民黨視民進黨為最大的敵人，因此就搞出它的兩手策略，如果民進黨有把柄落

到它的手上，它一定大肆炒作，以造成民進黨不理性的公眾印象，而它自己則裝客氣，假裝有禮貌。由最近馬拚命送花籃，拚命營造馬蘇會的氣氛，已可看出馬急切的要對民進黨展開統戰。

（三）馬急切的要對蘇做統戰，其目的任何路人皆知，最近這段期間，馬的聲望跌至谷底，他的跛腳已成定局，唯一能救他的只剩民進黨。如果他能營造出「馬蘇會」，儘管沒有談任何問題，他的形象也立刻會大量加分。這也是馬會降貴紆尊，拚命營造馬蘇會氣氛的原因。許多藍色媒體也在幫忙造勢了，近代的民主政治有許多變形，最大的變形乃是表演政治當道，統治者已對該有的政治改革不再用心，而殫精竭慮的用來搞文宣、搞政治表演等。

前兩年，義大利當代重要思想評論家及小說作者艾松（Umberto Eco）出版了評論集《倒退的年代》，在該書中他即指出，由於無聊、白癡的表演政治和媒體政治，現在許多國家的政治，其實是一步步的往後走，而非往前行。近年來的世界政治學界也開始關心政治人物只會作秀、不會做事所造成的危機。而今天的台灣恰好正是這種政治領導人只會作秀、不會做事的標準例證。

馬英九很會表演，懂得扮可愛、討人歡喜，但他對做事卻沒什麼興趣，一旦連任而自大，那種不會做事的本質即完全暴露，最近一連串顢頇決策，搞得天怒人怨，尤其是證所稅事件，簡直荒腔走板，最後搞出個七拼八湊的混合版，此案已透露出馬政府大權已失，黨內決策已告癱瘓混亂，而他不去自我反省檢討，卻又在表演政治上動起腦筋，要炒作根本沒有必要的「馬蘇會」，要用馬蘇會來救命。不會做事，只會表演作秀，這四年台灣要怎麼辦？

拜託，改革為名的案子全部撤銷！

在人類歷史上，所有以「改革」爲名的措施並不必然一定會福國利民，反而經常是替國家帶來厄運，甚至爲國家的敗亡奠定基礎。今天馬總統所謂「改革」已將整個台灣搞得雞犬不寧，國家的方寸也告大亂。因此在全球經濟亂象可能擴大之時，我願鄭重呼籲馬總統，請把一切的「改革」全部撤案：證所稅撤案、十二年國教撤案、油電雙漲撤案、募兵制改革撤案；在一切措施裡，爲了顧及總統的國際信用，我只願對美牛問題保留。

而在所有「改革」措施全部撤案後，馬總統真正該做的，乃是大刀闊斧去改組政府，成立新的「危機內閣」，致力於國家方向的重新制定，一則以回應全球政經形勢的可能巨變；二則爲台灣內部團結與轉型做出努力。今天的台灣已沒有時間繼續在「改革」口號下混亂內耗，台灣老百姓已需有苦日子即將來到，並在苦日子裡重新創造生機的認知準備。

在馬總統連任之初，我即引用了美國總統學權威學者麥唐納（For rest MacDonald）的研究，指出第二任總統在美國歷史上經常不是帶來祝福，反而會送上詛咒。麥唐納教授的研究發現，第二任總統經常會自以爲是的犯下許多錯誤，讓好端端一個國家惹出許多問題，反而

中場

疏忽掉了真正重要的課題。而麥唐納教授的論點，今天即在台灣獲得驗證。馬政府並不在台灣經濟的轉型發展上努力，卻以「改革」爲名，拿著「公平正義」的大旗亂舞，將「改革」的口號亂叫，把整個台灣搞得雞飛狗跳，永無寧日。我相信台灣搞得如此亂七八糟，應當也不是他的本義；而是他那種認知不清的「改革」所致。於是一盤錯即全盤亂，終於搞到今天這種下不了台的困境。

馬總統今天不但自己自限困境，也把整個台灣帶進了困境，這種形勢就讓我想起了古代中國宋朝神宗皇帝時把整個中國搞得一場糊塗的王安石「變法改革」。中國古代思想家裡，我最佩服的乃是明清之際的王船山先生，他的思考方式一點也不輸西方啓蒙時代的偉大人物。王船山有一本《宋論》，在該書中即指出，宋神宗並非淫亂的皇帝，但卻是個「智小而圖大，志陋而欲飾其短」的糊塗皇帝，他有改革之心，卻碰上一個很會講大話的王安石，於是一拍即合，於是王安石那個禍國殃民的「變法改革」遂告出現。最後自然是「王安石之虐政，徒以殃民，而無益於國，相踵以行，禍延無已」！

王船山先生在《宋論》中，除了分析王安石以改革爲名的虐政外，更重要的乃是分析了宋朝那時的氣氛。宋神宗時人人都有求變之心，但那時士大夫只會寫漂亮的詩詞歌賦，都沒有經世濟時的實學，會寫一點美文即可以當大官，做領袖，因此宋代詩詞發達，但根本就沒有一個人算得上是大臣，這乃是宋朝沒落的主因。宋朝有像蘇東坡、蘇洵這種只有小聰明、講風流的文人官僚，卻無可堪經國之大臣，於是最會講大話空話，言必稱堯舜的王安石遂告崛起，搞得整個國家混亂不堪，北宋之敗亡即種因於此。以「變法」、「改革」爲名的胡作非爲，最後會搞垮自己的國家！

最近三、四個月以來，馬總統的「改革」已把台灣搞得一片烏煙瘴氣，而台灣真正迫切需要的自主經濟轉型發展反倒無人聞問。就在台灣爲了「改革」而亂成一團之際，台灣的經濟情況其實是在快速的惡化中。台灣已快要成爲「墊底的國家」（Race to the Bottom）。前陣子我剛讀完普林頓大學榮譽教授吉爾品（Robert Gilpin）的著作《廿一世紀全球資本主義的挑戰》，在書中吉爾品教授指出，在這個時代，國家自主發展策略的尋找已日益重要。而正搞得雞犬不寧，亂成一團的台灣，我們的自主發展策略在哪裡？

拜託馬總統，台灣的「改革」千萬別搞成國家敗亡的現代版「王安石變法改革」，台灣亂得可以了，讓它立刻結束，請把「改革」爲名的案子全都撤案，全力搞好經濟吧！

台灣的民主，還在「黨紀民主」階段

沒有人會否認林肯是人類史上最偉大的領袖之一，但研究林肯的學者也注意到他的偉大特質之一，乃是他從不認爲自己一定對，而總是會隨著時代的變化和公意的發展而調整自己，搖搖擺擺的去做出最好的決定。就以最重要的釋奴問題而論，林肯最先並不是釋奴論者，而是隨著形勢走，最後釋奴問題遂在任內解決。林肯的偉大，乃在於他有一顆平凡正直的心，願意和時代去「對話」，願意去改變自己。

由林肯的願意與時代去「對話」，這時候我就想到西方在十八世紀民主形成初期即形成的「對話」（conversation）價值觀了。在亞當斯密和偉大啓蒙哲學家休姆那個時代，「對話」不只是「講話」（Talk）而已，「對話」是一種文明的交談方式，由這種交談來說服別人和改變自己。因此「對話」有個前提，那就是對話的人一定要具有某種自謙，願意去「聆聽」別人。十八世紀所形成的「對話」邏輯有許多基本要素：

一、公眾人物的講話不容變成「自說自話」（soliloquy）。因此，「講行話唬人」（pedantry）、「長篇大論唬人」（tirade）、「講大話空話」（parade）、「講粗話髒話罵人」（diatribe）等都在禁絕之列。

二、今天台灣都在談「淡定」，即是一種假酷的冷漠，其實「談話的淡定」（countenqnce）早在啓蒙時代英國人即已有了警覺，那是一種高高在上的故作冷漠冷靜，甚至是一種麻木不仁。公眾人物的「淡定」一定爲人所不齒。

三、政治人物一定要針對問題講真話實話，任何利用講話來「矇混操縱」（manipulation）一定會被人們所拒絕，例如國民黨稍早前拚命的炒作「馬蘇會」，就明顯的是一種演假戲、真操縱。這種不誠實的「矇混操縱」，即便到了今天在外國政治上仍爲人們所不齒。

四、公眾人物產生了一種「以自我諷刺爲主的開玩笑」（raillery）或「自貶的機智談話」（repartee），這是對話過程中極重要的新元素，他以優雅的貶抑自己，別人當然犯不著再臉紅脖子粗的爭論他是否愚蠢這個課題。林肯出生寒微，他的本性就喜歡自貶，他不是在扮可憐，而是天性使然，這也是他受人敬重的主因。一個領導人適當的自貶，總好過讓別人來貶。這也是「世事難料」這句硬拗的話，會成爲台灣KUSO第一名的原因。台灣社會的政治要人都相信自己英明蓋世，永不會愚蠢犯錯，因此永不會自貶，只會硬拗，他們怎麼懂得 Raillery和 Repartee這種自貶的美德?事實上，愚蠢犯錯乃是人的本質，愈認爲自己英明的人通常都會一犯就犯大錯，今天的台灣就處於這種情況中。

五、自十八世紀啓蒙時代以來，民主理論家們就知道「對話」的重要，只有透過前述的「對話」準則，民主政治終極理想的自我「說服」和相互「說服」（persuasion）始有可能，

那才是民主的真義。民主其實並不只是數選票的遊戲，表決並不能解決民主與差異這個更根本的難題，民主不能淪爲多數暴力。

在今天的台灣，來談十八世紀啓蒙時代政治先賢們那種透過「對話」以達到「說服」這種民主的終極價值，多少都有點與時不合。今天的台灣雖然大家嘴巴上在說民主，但其實仍是最低階的形式民主。統治者在玩的仍是極爲古老的帝王權謀政治，前陣子拚命在炒作「馬蘇會」，那是一種「矇混操縱」；他們對台灣各種問題，都以「談話的淡定」以對，並不願去面對問題，至於最近的「世事難料」風波，我們則看到麻木和硬拗仍是當權者的風格，他的水準只到這個程度而已。他們完全沒有能力先說服自己人，然後再設法去說服別人。當他們無法自我說服進而去說服別人，最後只好搞出最原始的「黨紀遊戲」。在現在這個時代卻要搞古老的黨紀遊戲，真的會讓人寒毛直立，它使人看到了威權的幽靈已在台灣上空飄浮。民主應該是透過對話而改變自己與說服別人的過程，而不是以意志和黨紀來壓人，台灣的黨紀民主離開民主還差得遠呢。

讓政府不好混，乃是國民的天職

十幾廿多年前，有次剛過完春節，我和幾個朋友到當時仍叫漢城的南韓首都一遊。那時學校還在放假，國立漢城大學人數稀少，整個學校還在積雪，我們經過校門口兩尊「民主大將軍」、「自由大將軍」的朝鮮族木偶，即進了校園，儘管天寒地凍，但操場卻有幾十個穿著短褲、頭纏毛巾的學生在那裡跑步呼口號，他們是在雪中做著學運操兵。

在近代亞洲新興國家裡，南韓乃是個異數。南韓有著朝鮮族獨特的強悍與認真，南韓的學運、工運與農運凶悍無比，它形成了別國不可能複製的強人民、強企業、強政府、強國家的傳統。當年漢城大學每次搞學運都打得頭破血流。到了今天，漢城大學及學運最激烈的延世大學，已用當年搞學運的態度搞科研及學問，它們的目標是要成爲世界頂級大學之列。

南韓真的不容易治理，人民如此強悍，逼得企業和政府也必須加速進步，全部的強因素相加，強國家的格局自然形成。十八世紀西方快速進步，當時各國人民在鬧革命，但就是時代的動盪變化，才催生出民主政治和資產階級的產業新文明。這已證明了社會及國家的進步，強人民乃是重要的先決條件。如果人民軟趴趴的馴服聽話，企業和政府太容易混著過日

子。大家都不用心，進步怎麼可能發生？讓政府不好混，乃是現代國家人民的天職。

這時候我就想到法國當代有「平庸問題思想家」之稱的勒科特（Dominique Lecourt）所著的《平庸政治：一九六八年後的法國哲學》這部著作了。勒科特爲近代法國主要思想家阿杜塞及傅科的學生，曾任「國家大學委員會」及「國家科研委員會」委員，現爲巴黎第七大學哲學教授。他在書中指出，法國以前在有大師的時代，整個社會活潑有動力，也關心根本的問題，而今天這種基本的關切已告消失，所有問題全成了溫吞馴化和瑣碎的媒體事件。他所謂的「平庸」，即是一切問題全都在媒體上變成浮面化、鬧劇化，貧乏的過日子化。如果我們注意近年來的法國政治現象，當可察覺到勒科特所言的確很有道理。

由勒科特教授的觀點，我同時又想起美國《基督教科學箴言報》多年前的一篇經典社論。在那篇社論中指出，美國兩黨政治已進入沒有格調的勢均力敵的拉鋸階段，於是任何問題一發生，統治者就會搞成「對罵遊戲」（Blame Game），所謂的「對罵遊戲」，乃是語言上的胡扯亂打，把對方說成是應該負責的人。我們都知道，美國兩黨都執政過，大家都碰過同類的問題，當一個問題出現了，你要去扯前朝，一定有扯的空間，但這樣的亂扯別人，相互對罵，除了可以把問題搞模糊、推諉自己的責任外，對問題的改善或解決可謂毫無助益，只是緩和了統治者迫在眉睫的危機而已。

但現在這個時代的統治者已普遍缺乏了解決問題的能力，因此「對罵遊戲」遂成了大家共同的招數。一個問題發生了，當政者就去扯別人，透過文宣而搞「對罵遊戲」，這也是如何去控制媒體，如何去培養自己的打手筆隊伍和嘴巴隊伍反而成爲當代政治最重要的工作。

這種在媒體上熱鬧，卻無實質意義的現象，也就是勒科特教授所謂的問題在媒體上的自我消費，它乃是平庸政治的核心。

而今天的台灣就是這種「對罵遊戲」造成的平庸政治的典型樣本。統治者惹出了一大堆問題，他根本不必去思考怎麼解決這些問題，只要去扯對手，只要對手和這個問題沾到一點邊，就可以用排山倒海的宣傳戰將問題模糊化，他的責任似乎就可以被推卸掉。解決問題的能力日益倒退，「對罵遊戲」的宣傳本領卻愈來愈高桿，這個社會及國家的退步當然愈來愈快。這就是平庸政治的結局。

有鑑於「對罵遊戲」和「平庸政治」的遺害，台灣人民真的必須像南韓人民一樣的凶悍起來，有權力的人不容易混著過日子，整個國家就比較有希望。今天的台灣就是人民軟趴趴，政府太好混日子造成的！

恐懼的領導者會自我毀滅！

近代有兩個大作家寫過權力的本質。

一個是義大利文豪卡爾維諾。在他筆下，皇宮像是個耳朵，而皇帝則生在耳朵渦形的中心，皇宮內竊竊私語的不滿與陰謀、刺客悄悄的走路聲、兵器的碰撞聲，每一種聲音都向皇帝的位子集中，使他恐懼，豎直了耳朵，不敢入睡。最高權力的位子，也是最大的恐懼來源。

另一個作家則是羅馬尼亞當代文豪卡達瑞。他寫道：一個國王會恐懼別人的夢境，因而皇帝有個「做夢部」，每天都派人蒐集別人做的夢，去解讀夢裡的意思。有沒有被壓抑的不滿，潛意識裡有沒有造反奪權的企圖。連人民的做夢都成了他的恐懼。

權力的恐懼本質，乃是政治學家一向疏忽了的課題，傳統的政治學只強調權力所造成的過癮的一面，只有在近代新的領導學出現後，人們才注意到權力所帶來的恐懼。許多國家的政治領導人，他們的心裡其實充滿了恐懼，他們害怕群眾不喜歡他們，他們害怕手下的一堆人物懷有二心，他們害怕自己會大權旁落等。許多政治人物的行爲其實是被他們的恐懼牽著走。我前不久讀了當代管理專家瑪蘭德蘿（Loretta Malandro）所著的《無懼的領導》一書，該書即指出恐懼之害。該書裡指出，許多領導人由於自我恐懼，在行爲上會獨斷獨行，對別人的反應無感，自大的以爲自己什麼都知道，拒絕和別人深入交談，喜歡把責任賴給別人和環境，自己喜歡講大話亂開支票，認爲別人都有陰謀，自己對一切都很淡定，自己沒立場，認爲自己已夠好了，不聽別人意見。瑪蘭德蘿認爲這十點因爲恐懼而造成的行爲特質，乃是領導人最大的麻煩，也是他們失敗的原因。

近年來我專攻新的領導學，並認爲領導者的恐懼必須特別重視。最近我已警覺到馬英九就是個充滿了恐懼的領導人，他的恐懼造成了他的獨斷獨行，最近他拚命要把嫡系人馬安排這個位子和那個位子，已可看出他的恐懼一直在擴大，他的恐懼使他獨斷獨行，已把台灣搞得烏煙瘴氣，現在由於恐懼擴大，他更企圖讓嫡系人馬佔據台灣所有的位子，以確保他將來下台後還可控制全局，不會被人清算。馬的這些做法肯定的將會使台灣的混亂擴大，國民黨的內鬥也日益擴大。

一個心裡有恐懼的領導人，最容易獨斷獨行，來顯示他的權威。這乃是馬連任後在美牛案、油電雙漲案、證所稅案獨斷獨行的原因。如果他還有點理性，未嘗不可找個下台階，將這些事暫時束之高閣，全力拚經濟。但馬卻不如此，他除了以黨紀脅迫國民黨立委一定要闖關通過外，當黨籍立委不能配合，這時候他的恐懼更深了，現在他還在位，黨籍立委就如此不服從，將來如果他下台，搞不好黨籍立委還會對他展開清算。爲了保持現在的權威和未來的權威，於是他的權力佈局遂告展開。馬團隊開始放話造勢，某個馬派的人要去選台北市

長、某個馬派的人要去安排選某個縣市長。只有他的嫡系人馬將來佔住了重要的位子，他才能以太上皇的身分繼續控制政局。政治人物最大的恐懼乃是恐懼未來。他怕將來會被清算、會失去了徒眾幫他爭取歷史的發言權。因此恐懼愈大的政治領導人，不但會想要控制現在，還企圖控制未來。一定要把未來的派系也搞成清一色，他才稱心如意，這也就是說他不只會搞亂現在，還會搞亂未來。西方前代思想家魏特福（Karl A. Wittfogel）曾說過，古代東方的專制君主，恐懼大臣們會奪權造反，喜歡用一堆平庸忠心的官僚來確保他的未來，這種統治者的恐懼所造成的獨斷獨行、懷疑別人、動員親信，其實已在台灣發生。最近蕭萬長及王金平都意有所指地對馬政府開砲，國民黨內也對馬的親信們反擊，可以想見的是台灣除了形勢惡化外，國民黨內的鬥爭已快展開！

本文一開始就提到政治人物的恐懼，當代領導學也強調，政治人物由於恐懼，他更會自我扭曲，用獨斷獨行來顯示他的權威，做了錯誤的決策也要一意孤行到底，反正他有的是權力，可以重用與他唱同調的親信，幫他們搶佔到好的權力位子，只要未來的天下都是他的人馬，他就可以贏得歷史的地位。這是有權力的人所做的春秋大夢。但古代做這種夢的，幾乎沒有人成功，只是夢幻一場，現在的人做這種古代的夢能夠成功嗎？

當代管理學及領導學專家瑪蘭德蘿指出，領導人一定要光明磊落、自己慎重、也用對的人，超越恐懼，整個體制才會進步，愈恐懼的人愈會胡作非爲，把一個好好的局搞成濫棋，她的話似乎就是對台灣統治者說的！

弊案頻傳，國民黨的內爆危機

爆炸有兩種，一種是「外爆」（Explosion），它是指力量朝向外部的爆炸；另一種則是「內爆」（Implosion），它是指力量的向外擴張已告停頓，於是它遂返回到自身，自我擠壓，最後造成對自己的向內爆炸。「外爆」「內爆」之說，乃是近代宏觀分析上極有價值的概念。

而今天台灣百弊叢生，政府無能且退步，其實就是典型「內爆症候群」的顯露。如果台灣不能做大刀闊斧的轉型改革，這種「內爆」現象只會持續，毀掉台灣的未來。

對近代體制研究的人都知道，台灣的國民黨那種黨國資本主義體制，乃是國民黨可以靠著金權來壟斷政權的關鍵。國民黨有龐大的黨企業和黨產來聚歛財富，壟斷社會人脈，進行金權式的控制，由於控制容易，國民黨在政治上遂長期的吃容易吃的爛飯，不需要轉型成為一個與別的政黨受公平競爭，以能力和說服來進行統治的政黨。國民黨縱使到了今天，還動不動就搞黨紀治國，還敢把統治者個人的意志強壓在人民公意之上，這都是過去威權政治的遺緒，是沒有轉型的政治。

而國民黨願意轉型嗎？當然不願意。三年前馬主席開過「黨產歸零」的支票，宣稱要黨產捐作公益，但三年已過，這個承諾已一再跳票。今年三月國民黨通過年度預算，十九億仍來自黨產。馬曾講大話說「黨產處理剩下最後一里路」，但走了三年，仍未走完一哩。國民黨靠著這個黨國資本主義體系得盡好處，它怎麼甘心放棄這些好處。但由最近的演變，我們已看到長期吃容易吃的爛飯，最後會自己也愈吃愈爛。它那種未轉型的風格已使國民黨日益與社會脫節，甚至國民黨內也開始不服號令，這是沒有黨內民主所引發的內爆。最近，他看著形勢惡化，又再動員馬家軍，要安排這個親信那個親信去佔據某個位子，這種做法必然引發反彈。造成更大的「內爆」。長期靠著壟斷吃不民主的爛飯的國民黨，它已不會吃民主的飯，這只會讓內爆繼續。

除了黨系統的「內爆」外，更值得注意的乃是國營企業系統的內爆。台灣的國營企業從來不以經濟領頭羊的角色爲目標，只以特權壟斷和分配利益爲主。它是個內向封閉的體系。就以這兩個月的事件爲例，中油及台電本身不事改革，卻將其成本轉嫁到人民身上，台電向民營電廠昂貴的購電成本也轉嫁到人民，這都是某種程度對人民的剝削。最近，監察院彈核台電前董事長等四名高幹並移送司法偵辦，接著中油董事長等人亦被移送司法偵辦，這些案例都顯示出台灣的中油台電這種特權國營企業的內爆。

而最新的則是另一國企中鋼所涉的弊案和林益世涉嫌索賄的貪汙大醜聞了。

由這起弊案，我們已可看出，像中鋼及其子公司每年營業高達台幣四千多億這種大集團，由於它所涉及的利益種類繁多且金錢龐大，政商人士只要分到一兩項，都足可發財致富。因此像中鋼這種企業集團，除了在正常的商業營運外，它也是有權力的人用來分配利益的一項媒介。西方的古諺語說：「每個統治者身邊一定要有人去做某些不能公開的事。」透過利益的分配來籠絡及收買其他人士，乃是國民黨國營企業的職能之一，林益世大概即負有這方面的責任。只是這種工作不能見諸天日，一見光必死。由林益世弊案的曝光，其實已顯示了國營企業這種功能的難以爲繼，它也是黨國資本主義體系內爆的一環。

因此，國民黨的黨國資本主義體制的內爆，已成了台灣重大的問題之一。這種體系本來應以服務人民，帶頭創新及目標，而台灣的這個體制卻以對內壟斷，剝削人民，分配利益，勾結各方力量爲主，隨著社會的發展，它必然走到難以爲繼的「內爆」方向。對一個體制而言，「內爆」是危機的集大成，代表了這個體制已不再有建設性的力量，只剩自己吞噬自己的自毀動力！

爛的好處：《胭脂扣》的政治啟示錄

古代的江南大戶富商人家有一種「關在家裡爛，但卻爛得放心」的哲學。他們不放心子女去外面亂闖，寧願用鴉片和姨太太將子女綁在家裡，反正家大業大，抽鴉片也抽不窮，把子女關在家裡爛，但卻爛得放心。在張國榮、梅艷芳主演的《胭脂扣》裡，十二少就是這個角色。

「關在家裡爛」，乃是古代家庭控制的方法。古代世道艱險，子女去外面亂闖，太容易被騙被搶被殺，還不如關在家裡爛但卻爛得放心。這種「關在家裡爛」的哲學一擴大，就成了社會控制的一種手段。而非常不幸的，國民黨對台灣社會所做的，就是這種「關在家裡爛」的策略。

長期以來，國民黨對台灣地方社會都使用一種獨門的招數。它會把國公營公司、國公營行庫，及某些政府的ＢＯＴ工程當做籌碼，選擇性的分給某些特定的人物；這些人物主要的當然是地方派系的勢力，於是就形成了舉世所無的獨特政商利益共同體。國民黨因而收買到地方人物的效忠，對它有利的政治秩序因而形成。但如果加以深究，即可發現它其實是「關在家裡爛」的策略之延長。

一、台灣的國公營企業、行庫，及政府的BOT，它原本都有自主的規則，國公營企業和行庫講究的是企業的利潤目標，BOT則講究公共利益。但當它們成了收買的媒介後，原本的自主目標全都被破壞，國公營企業及行庫要放出許多利益，它所造成的損失當然等於要輾轉的由人民埋單、及BOT所造成的損失，當然也是由人民支付。就以國公營企業為例，它由於有國家為後盾，很容易從事技術及經營上的創新，這也是近年來新興經濟體得以在國企帶頭下快速進步的原因；而台灣的國企由於是以對內壟斷及政治收買為主要目標，它的創新遂絕無可能。台灣的國企、公庫及政府的BOT，就是典型的「關在家裡爛」的例證。台灣各級政府的BOT，不知道產生了多少的蚊子建物和豆腐渣工程。

二、而最可怕的，乃是它使得台灣的地方政治由於政商勾串成了習慣，整個地方政治簡直爛成了一團。台灣的地方政治原本還有縉紳傳統，但卻在國民黨收買策略下，被派系政治所取代。政商勾串而成的派系政治，大家對政治都不會有什麼意見，國民黨當然可以說了算，因此這是很安心放心的政治，但政商勾結、互相利益交換的惡劣政治傳統因而形成。這是一種很爛的政治，但對統治者而言，他們要的是可以安心放心的政治，爛或不爛並不重要。但這種關在家裡爛的長期積習，卻使得台灣政治始終無法進步。台灣的民主因為有著這種關在家裡爛的因素，其實一點也不值得驕傲，反而是台灣政治的最大恥辱。

因此我對林益世案有我自己的觀點。近年來國民黨由於挑戰日厲，它對南部的派系收買其實是在強化之中，類似於中鋼這種國企，它的收買任務也格外加重。而林益世這號人物的

竄起，正印證了這個新階段的到來。林益世對政府事務缺乏任何一種專長，而被提拔爲黨的副主席和行政院祕書長這種高官，明眼人都知道國民黨的下一步，就是二〇一四年要他去選高雄市長，重新奪回台灣南部的地方政權。他能以行政院祕書長之尊，總綰大高雄的兵符，可以主導許多人物的官商中介工作，這本來就是他的任務。在錄音裡他大話連篇，人們聽起來會以爲他很囂張，其實我卻認爲他的那些大話都很寫實。他其實已被內定爲將來的「南部王」。他所做的事當然很爛，但對馬政權而言，這卻是有用的爛！

因此我對林益世案，真正關心的其實並不是他拿了六千三百萬的那些錢的帳目，如何去兜的小問題，而是他中介了更多官商勾串的大問題。因爲只有那些問題能夠釐清，台灣地方政治政商勾串的利益共同體才會被揭開，台灣政治裡最糟糕的「關在家裡爛，但卻爛得放心」這種爛傳統才可以被根除。台灣已經爛得差不多了，不容再爛下去！

小心贏到了權力，卻輸掉了國家

我小時候讀中華民國史，最痛苦的是國民黨在孫中山先生逝世後，即完全沒有了治理的能力。它的當權者完全沒有容人的雅量，除非一個政府全搞成清一色嫡系子弟兵蔣家軍，否則他就坐立難安。因此國民黨在孫死後，即長期處於權力的整肅狀態。他相信非我嫡系，其心必異，一定要把別人幹掉，他才心安，也才會治理。整部中華民國史就是部蔣家軍形成的鬥爭史，結果是中華民國愈鬥愈小，全部送給了共產黨，它則流亡到了台灣。

最近白先勇為他父親白崇禧那一輩翻案，其實就是在談蔣家軍形成的那一段歷史。白崇禧、李宗仁那一輩在東征北伐時戰功彪炳，功高震主，由於他們並非嫡系，當然必須除掉。由中華民國那段難看的歷史，我就想到美國立國之初的華盛頓史。華盛頓有容人之量，他當總統時沒有什麼親信，全都是一群一見面就吵架的能人異士，他能用這一批人，為美國奠定了天下為公不為私的傳統，美國後來的不同都因此而開始。我最近重讀當代華盛頓專家艾利士（Joseph J. Ellis）教授新寫的《華盛頓傳》，就對華盛頓敢於用人至為敬佩。也深感一個國家傳統形成的重要。好領袖會形成好傳統，壞領袖則會形成壞傳統。中華民國最壞的傳

統，就是一個統治者出現後就一定要搞清一色的嫡系部隊X家軍，這就是中華民國國民黨勇於內鬥，卻少了爲國家人民的前途而奮鬥的勇氣之原因。

當年的中華民國爲了集中權力而搞蔣家軍，任何人才非嫡系即不用，這種壞傳統現又復活，那就是馬總統因爲權力的恐懼，又開始以鞏固領導中心爲名企圖集中其權力，爲了擴大橫向的權力，又開始擴張馬家軍的勢力。一個領導人不爲國家人民的前途而努力，只是在意自己的權力和嫡系人馬的勢力，要把其他非我族類的次級領袖一一殲滅。其下場極有可能是歷史重演，由大中華民國變成小中華民國，然後小中華民國變成小小中華民國！

前年，我過境香港時，在機場的過境書店看到了當代領導管理顧問瑪蘭德蘿（Loretta Malandro）當時剛出的《無懼的領導》。所謂的「無懼的領導」，乃是針對「恐懼的領導」而言。該書指出，由於形勢的混沌及命運的不確定，有些公司或機構的領導者會因爲內心的恐懼而出現自我保衛的畸型行爲，他會更加獨斷獨行，會更加的不聽別人的忠告，也更加的猜忌別人，以爲別人都在算計他，要搞他的陰謀，在團體內部他更會去做是否對我忠心的劃分。當一個領導人由於權力的恐懼而出現上面這些行爲，這個團隊走向末路已不遠了。

而今天的台灣，可以說即是「恐懼的領導」之標準型。台灣的領導人最先是自鳴得意的一意孤行，到了後來民調快速下跌而自己家裡也弊端一個個引爆，於是自大轉爲恐懼。他害怕將來別人崛起後會向他算舊帳，會使他失去歷史地位，於是大舉安排，要趁著他有權力時讓嫡系的馬家軍去占住所有的重要位子，在他的邏輯裡，有嫡系有權力就會有未來，沒有了嫡系就沒有未來。

國民黨內有許多人要他免兼黨主席，這種建議其實是好意，在現在這個時刻，領導人更需要集中精力，改革政治和改善經濟，如果領導人能真正去改革去做事，人民一定會支持，但這種建議聽在他的耳裡，卻認為是別人在陰謀奪權，於是你們要奪權，我就更加要專權，鞏固領導中心的老伎倆老戲碼遂告出現。為了要鞏固領導中心，當然要去製造一些影子敵人，於是立法院長王金平和台中市長胡志強就成了廉價的箭靶。上個星期台灣在演的就是這種鞏固領導中心秀，由這場秀的演出，人們應當已可看出統治者內心恐懼的程度已多麼的嚴重。

今天的台灣百廢待舉，統治者卻被恐懼感驅動，只去管權力的維護和嫡系人馬的勢力擴張。台灣問題的本末先後已完全亂了套。如果把台灣搞垮，縱使贏到了權力又有何意義？

領導者絕對不可無情無義

領導者有個大忌，決不能自己好處全拿，壞處則全都撇得乾淨，都推給別人，這種領導者有個英文字，叫做「無情無義」（Callous）。一個「無情無義」的領導者，註定了不會有朋友，也不會有好的部屬，只剩「獨大」一人！

最近林益世案已重創了馬總統形象，馬的支持度也跌至有史以來的新低。就在這個時刻，馬爲了自保，竟然宣稱林益世是國民黨榮譽主席吳伯雄所提拔。馬爲了自保而出賣吳伯雄，不僅卑劣，甚至邪惡，而且也不符事實。一個人連老長官、老前輩都說出賣就出賣，這種人誰還會再相信他?而爲了自保，動輒出賣別人，恰恰好正是典型的「馬式風格」，由馬出賣吳伯雄，台灣的人真該小心了，誰知道他爲了自保，有一天不會把我們每個人都出賣掉。

「馬式風格」有個特色，好處全是他的，壞事全是別人，這也養成他那種出賣別人如同家常便飯的人格特質。

長期以來，我一直爲台北市政府的小祕書余文抱屈。余文在馬的特別費案裡，一肩挑的全都自己扛起，如果他在作證時說是奉馬的指示辦事，那麼今天在牢裡住在阿扁隔壁的大概就是姓馬的。余文爲長官兩肋插刀，但這個馬的救命恩人下場又如何？他被判刑兩年四個月，減刑爲一年兩個月，但馬爲了自保，對余文從未有過一句感謝的話或感謝的動作。馬和余文完全撇得乾乾淨淨，余文的牢是白坐了。

另一件無情無義的事，則是最高法院邵燕玲提名大法官時的風波了。邵燕玲法官被提名爲大法官後，她知道她對性侵案的裁決會有爭議，因此她在被馬召見時曾公開說出自己的爭議性，但馬還是將她提名，但提名名單公布後，媒體將邵罵成一片，攻擊她是恐龍大法官。坦白說媒體對邵的攻擊極不公道，而且邵在事前也曾向馬做了報告，馬如果是正人君子，就應堅持提名，但馬卻公開表示他對邵之事毫不知情，最後授意邵自動請辭。這是對邵極不厚道的事，馬爲了撇清自己而出賣邵燕玲法官，這已是嚴重的道德犯罪。

因此，馬爲了撇清林益世的關係，將林的問題推給了吳伯雄，事後他雖然又趕快來摸頭，但對吳伯雄的傷害已造成，而且永不可能恢復，那種好處都是自己，壞處都推給別人的自私風格已盡現在國人面前。

哈佛大學公共領導中心的研究主任芭芭拉．凱勒曼教授（Barbara Kellerman），在她的著作《壞領導》中指出，在各種壞領導中有一種是「無情無義」。這種無情無義的領導人，吃定了別人，因此他凡事只管自己的利益，眼中完全沒有別人，也不管自己做任何事是否會傷害到別人。凱勒曼教授也舉了好多個這種無情無義的領袖。這種人很快就被別人看破手腳，再也沒有人願意和他做朋友，也不會有人願意做他的部屬，最後很快就眾叛親離，走上

末路。無情無義比無能更糟糕，因爲它已接近邪惡等級。

一個領導者，能力差一點，或用人不當，其實都沒什麼關係，因爲這些都不是罪，只要人品誠實，知過能改，各種缺點一定可以改進。但最怕的是，領導者人品不佳，因爲自己掌握了權力，就吃定了別人而爲所欲爲，把別人都當成了他的工具，可以隨便處理。這種「無情無義」，用中國古代的話來說，就是「刻薄寡恩」。當一個領導者只有自己，而沒有別人，別人的生殺存亡全由他所決定。這個領導者當然不會有人與人之間應有的責任義理。他對人當然只會今天刻薄這個，明天刻薄那個，他活在沒有人間恩義的世界裡，他的世界只有絕對的道德虛無！

凱勒曼教授指出，無情無義的領導者只有自己，他的眼中沒有別人，也從不理會別人感覺，他的組織必然如一盤散沙，最後做不出一件對的事情來。今天的馬政府由於無情無義，幾乎天天都在出狀況，無情無義已害到他自己。

林益世案一定大案小辦！

林益世案鬧到現在已經滿月，這個案子如果不是地勇公司負責人陳啓祥有錄音爲證，我敢打賭，縱使鬧到今天，林益世一定沒事人一樣的繼續在政壇叱吒風雲。他一定意思一下的被約談，然後即飭回，不可能被收押。

這就是台灣司法的悲哀，司法有檢調及審判兩支，司法的檢調權乃是行政權的一部份，它要辦誰，要約談誰，甚至要收押誰，都受到當政者的意志所左右。林益世案最初爆發時，許多藍色名嘴就在有心人設陷阱上做文章，要幫林益世的無罪找理由，但陳啓祥顯然見多識廣，他知道如果沒有錄音爲證，這個案子一定被吃案吃掉，因此他才弄出來錄音這一招。當有了錄音爲證，那就鐵證如山，不但林益世本人無法狡賴，藍色名嘴也沒有了打口水戰的空間，甚至特偵組想要不辦都不行，國民黨高層的犯罪，一定要像陳啓祥這樣有錄音，才可一刀斃命！

但由林益世案人們也可看到，除了與錄音有關的部份外，特偵組與其說是在辦案，毋寧說是在進行傷害管控。林益世案一定牽涉甚廣，因此中鋼母子公司負責人、林益世的父親、

吳敦義的樁腳，以及阿嬌等等都有可能是重要的關係人，理應去重點偵辦，甚至約談，但特偵組對這些部份卻毫無偵辦的意思。因此，台灣絕大多數民意都認爲林案一定有高層涉入，而特偵組則已先入爲主的認定沒有高層。林益世案原本會是個可以勾出一大串肉粽的大案，但根據現況來研判，搞到最後，只有林益世一個粽子而已。

因此，今後當我們再談司法獨立，一定要把檢調獨立和審判獨立分開論之，而且不能疏忽了檢調的問題。台灣長期以來，檢調的不能獨立自主，乃是司法不進步的關鍵。國民黨長期執政，對檢調早已形成了一套嚴密的管控體系。他可以利用檢調進行司法控制，甚麼人該辦，甚麼人不可辦全由統治者所控制，民間常說「辦綠不辦藍」，就是政治控制了司法檢調所致。當統治者可以利用檢調的權力，而選擇性的辦案，政治怎麼可能進步，司法又怎麼會有公信力？早年的台灣，某位檢察官要偵辦起訴國民黨某位縣市長，上級得知後不准他起訴，於是他公開表示「奉命不起訴」，但他的檢察官生涯從此而告終，對檢調系統的嚴密控制，乃是許多敏感案件辦不下去的關鍵！

也正因此，韓國的檢察官不畏權貴，硬是敢於起訴韓國總統李明博的哥哥李相得及李明博的親友，已被視爲韓國政治及司法的重大進步。在李明博之前，韓國的司法會後朝清算前朝，但這種清算式的司法並沒有甚麼了不起。李明博自己是總統，而他手下的檢察官卻硬是敢於偵辦他哥哥喬事情收賄賂的違法行爲，因韓國起訴總統胞兄之事，我們已可說韓國已是個司法獨立的國家。而且韓國即將大選，這個起訴案極可能造成執政黨失去政權。這種事如果在台灣一定不可能發生。因此也可看出韓國優於台灣，不只是經濟而已，韓國的政治與司法也遙遙領先台灣！

李明博的哥哥李相得，他自己也是國會議員，但他卻介入銀行喬事情、收賄賂。這種案子必須檢察官去追案、找證據。如果檢察官要吃案很容易就把案子吃掉，以「查無實據」爲理由輕鬆結案。因此由此案已可看出韓國檢察官辦案的態度。但由台灣的辦林益世案，人們卻可看出特偵組的檢察官，這個關係人不查，那個關係人不辦，當檢察官對自己的職責尊嚴和紀律要求都不尊重，難怪台灣的司法檢調永遠不會進步，司法檢調也永遠淪爲政治的工具了！

根據我的理解，目前馬已打出「鞏固領導中心」牌，這已等於他對國民黨發下了最高指示，現在是鞏固政權爲最主要的目標，這項指示對林益世案而言，等於是林案的發展就到此爲止，不要再牽扯出其他人。因此，林案注定只到林益世本人爲止，它不會向下發展，更不可能往上發展。對台灣政治稍微有點ＡＢＣ認識的都知道，林益世以行政院秘書長之尊，介入喬事情、收賄賂收獻金，這絕對不只是林益世個人的問題，而且也不只中鋼而已，它必定涉及整個體制。而馬政府手下的檢調人員，卻只想把此案大案小辦，將體制性的問題簡化爲個人問題。如果此案草草了事，將何以杜人民悠悠之口？林益世案草草了事，該查的不去查，它最後的結果，是使檢調地位更加名聲掃地，人們對台灣的司法更不相信！林益世案要真的水落石出，可能只有等政權三度輪替，重新展開偵辦了。

台灣的人都知道概念上司法的重要，但對司法檢調權力的獨立自主及脫政治化卻很少人注意。檢察官的權力乃是行政權力的延伸，它最容易受到政治的干擾，甚至比審判權更難獨

立自主。檢察官如果配合政治，那就加官晉爵有望；如果不與政治配合，那就很容易受到體系的懲罰。台灣司法檢調辦案，該辦的不辦，該查的不查，司法權怎麼算獨立自主呢？

官吏民代喬契約，貪腐政治之源

一九九〇年代，是全球反貪腐的年代，當時耶魯法學院教授魯絲・魏姬吾（Ruth Wedgwood）即表示，政府官員介入公共契約，成爲「佣金中介者」，已成了當代政治貪腐的最大來源。有權力的人利用權力去喬契約，也成了政黨政客的最大收入來源。這也是廿世紀來，全球反貪腐，都把政客喬契約、收賄賂列爲重點的原因。

而同一時間，政客介入公共契約的貪腐案件也不斷發生，當時的威爾斯卡迪夫大學法學院教授尼爾肯（David Nelken）在所編的論文集《政治的貪腐及貪腐政治》中即指出，政黨及政客利用公共契約的私相授受來賺取利益，這乃是歐洲典型法西斯的手法；在義大利的莫索里尼，西班牙的佛朗哥時代，都盛行把政府及公營事業的契約做爲私相授受的統治籌碼，這種運作模式也成了法西斯政府得以在利益共享的原則下「黏合」成一體的原因。而其後遺症，則是政治腐敗無能，經濟也逐漸崩壞。這種體制最大的樣板乃是義大利，它造成義大利無黨不貪，無官不貪，沒有一個民意代表不去喬事情收賄賂的可怕結果。幸而義大利的司法檢調系統，在長期偵辦黑手黨及白領犯罪的過程中，培養出了自己的職業自主性，遂能在

一九九〇年代，由檢察官佩特羅（Di Pietro）辦公室，藉著偵辦「回扣都市」米蘭的貪腐，展開了以檢察官爲主的司法革命。那是近代最大的肅貪，義大利所有的政黨全部瓦解，義大利也開始了另一次共和。

由近代全球反貪腐運動的發展，我們已知道「貪腐」的定義乃是隨著時代的變化而進步的。許多國家在以前，當大官和民意代表的，利用權力去喬公共契約，收取賄賂，被人認爲是天經地義的事，並不認爲有什麼不對，這乃是體制性貪腐得以形成的原因。這種體制性的貪腐，必須統治者有高度的自覺來加以改革，而司法檢調機關發揮高度的自主性，像義大利的佩特羅檢察官一樣，發揮高度的司法道德勇氣，則尤屬必須。

因此，我對七月十一日，韓國檢察官偵辦總統李明博的哥哥李相得喬事情，收賄賂之事，將李相得正式收押，實在極爲感佩。韓國自一九八〇年代起，即厲行司法改革，不僅司法審判獨立，司法檢調也更是獨立自主。不僅下台的前朝政要會被追究，甚至於檢察官對當朝的政要也說辦就辦。李相得爲執政黨大牌議員，他以特權身分介入喬事情，收賄賂。檢察官對如此大牌的要人，一點也沒有手軟，還是說怎麼辦就怎麼辦，最後終於逮到一刀斃命的證據，將其收押。韓國即將大選，李相得的被起訴收押，極有可能使執政黨失去政權，而檢察官辦案的獨立自主性，顯然也未曾受到干擾。韓國政治及司法的進步，的確會讓許多國家爲之汗顏。

我在此舉外國學者的觀點和外國的若干發展爲例，意思是在表示，司法檢調的獨立自主的重要。司法不只是審判要獨立自主，檢調更要獨立自主，由於檢調乃是行政權的延長，它可能受到政治的干擾更多更大。在一個司法體系裡，真正能使犯罪者一刀斃命的乃是檢調，而非檢舉人。檢調有蒐證、調查、訊問，甚至羈押等權，它如果能遵循自主原則，一個案子該怎麼辦就怎麼辦，不難找到一刀斃命的證據。如果檢調失去了自主性，我們要求司法的改革，也就難了。

最近台灣已出現一種奇怪的態度，我們似乎認為反貪腐，必須檢舉人提出錄音或照片文件之類的證據，才可一刀斃命。事實上，所有的檢舉人，很少有陳啓祥那麼大的神通。司法體系裡，只有檢調體系才可透過職權的行使，找到足以讓犯罪者一刀斃命的證據。如果檢調體系缺乏自主性，一刀斃命的證據縱使明明在那裡，它們也一定視而不見。因此，台灣的檢調，去看看人家佩特羅及韓國的檢察官，是怎麼在辦案的！

台灣無人才，誰害的？

以前的台灣，念書條件好的人，大量出國，即是「人員外流」時代，沒有出國念書條件的凡夫俗子留在台灣打拚，反而把台灣打拚成亞洲四小龍之首。那個時代，不是人才的人們表現良好，促成經濟與社會政治進步。也沒有人會說台灣沒人才。

但到了近年，一堆在外國念過書的人回來當大官，他們把台灣的經濟局面搞得日益不堪，台灣的就業機會與就業條件日益惡化，於是稍微有點本領和懂得洋文的，就往中國大陸、香港、新加坡跑。以前是大學生爲主的「人員外流」，現在則是有生產力人群的「就業外流」。於是忽然之間，人才問題成了台灣的時髦問題。在各種人才問題的論說裡，有一種說法甚至隱含的認爲台灣年輕的一輩都缺乏了國際競爭力，都不是人才。

在近代「似科學」裡，充滿了形形色色的謬說，所謂的「人才論」裡，就充滿了值得懷疑的謬說。「人才論」裡經常倒果爲因，將成功的人認爲就是人才，不成功的就不是人才。但一個人成功與否，有太多不確定的條件。才能只是條件之一，而且並不一定是最主要的條件，他的生命機遇，存在的條件，偶然的幸運等反而可能佔了更大的比重。《財星》雜誌資深編輯柯爾文（Geoff Colvin）在《才能被高估》一書中即指出，才能不是讓人傑出的條件，許多很傑出的運動員、音樂表演者、成功的經理人，就不是只靠才幹。

人才所發揮的作用要看其國家的實力，美國為第一大國，它掌握了人才的定義權。美國為了國家及經濟的需要而決定甚麼是人才，甚麼不是人才。這意謂了每個國家除了大國的定義外，也應有自主的定義。但近年的台灣，早已沒有了自己定義人才的能力，只跟著大國跑，這也造成了台灣自認沒有人才的怪現象。

一個國家真正重要的，乃是提升國力，創造出讓國民能滿足天生我才必有用的環境，當每個國民都天生我才必有用，大家就都可自我發揮，人人都是人才。但今天的台灣，卻國力日衰，當國民尤其是年輕的國民，已愈來愈覺得天生我才必無用，台灣當然成了舉國無人才的國度。這時，國家真正該檢討的是，這種情況是怎麼造成的？以前的台灣，許多念不好書，不能出國的非人才，還能在自己的家園努力，讓中華民國在亞洲領先群國，為甚麼到了今天會出現自認舉國皆無人才的困境。

因此，請恕我講句冒犯的話，今天台灣每下愈況，最大的關鍵，乃是台灣的政治領袖都不是人才。當政治領袖都不是人才，才會把整個國家搞得百孔千瘡，每下愈況。人家韓國、新加坡華路藍縷一路走來，早已國勢蒸蒸日上，相對而言，台灣卻成了韓星眼中的後進國，有一點技術性的人力都往中國大陸及星韓港移出。這些人才在台灣找不到像樣的工作機會，不走才是傻瓜。台灣人才問題的關鍵是，台灣為甚麼成了驅逐自己的人才的社會？

今天台灣人才問題已極嚴重。這不是花一些大錢，找幾個外國人來領高薪就可以解決的

問題。如果台灣持續有在進步，國民的薪資所得有在提升，今天的台灣應說是在向中國大陸及星港挖角的地方。正是因爲台灣不進反退，台灣的中高技術人力才拚命向外移出。技術人力的移出是中產市民用腳在投票。這種情況當然代表了不是人才的政治已成了台灣最大的問題。

一個國家的當政者一定要相信自己的國民人人都是人才，政府的責任就是要讓每個國民都能將自己的人生做最好的發揮。而一個沒有人才的政府，剝奪了國民發揮自己人生目標的機會，使得大家只得去當「現代的出外人」。因此在這個「人才論」很時髦的時刻，當有人認爲台灣年輕人無人才時，我卻認爲台灣大的問題是領導無人才！

不要把懦弱怕事當成了美德

南韓總統李明博登上獨島，使得韓日關係頓起波濤。

獨島是韓日之間日本海上的離島，它距韓國的鬱陵島較近，但離韓國的本土大陸則比日本遠。一九一〇年日本併吞了韓國後，它也成了日本的領土。但二戰後日本戰敗，韓國重獲自由，而後有一九五〇年六月至一九五三年七月的韓戰，在那個兵荒馬亂的時代，獨島根本無人理會。

但就在韓戰結束後，一小群南韓的韓戰退役士兵，本於愛國愛主權的情懷，他們帶著韓戰時的輕武器，自己乘船到了獨島，宣布占領。日本知道後立即派遣兩棲部隊反攻，要把該島奪回。但那些韓國士兵可真是英雄好漢，他們就用有限的武器把日本的正規部隊打了回去。當時日軍有各種中重型機槍等裝備，韓國那一小群退伍士兵根本不是對手，但他們卻用島上的竹子僞裝成大砲，用炸藥製造出隆隆砲聲，營造出千軍萬馬的氣勢，這種欺敵的招數真的發揮了作用，使得日軍不敢輕舉妄動。從此之後，獨島的管轄權就在南韓手上，韓國將它劃在慶尙北道，日本雖將該島命名爲竹島，劃在島津縣，但那已無任何意義。前幾年南韓

還將那一群退伍士兵占領獨島，打退日軍的往事拍成電影，相當賣座。如果南韓士兵沒有去占領，而是任由情勢自然發展，美國一定會將獨島劃歸日本所有。

因此，由韓國人民及政府對待獨島的態度，可以看出韓國沒有在怕日本，也不怕美國的可能干涉，有理就去爭。在獨島問題上，他不怕日本，也無懼於違抗美國的秩序，終於贏到了獨島的實質主權；也正因爲這種無所畏懼的精神，今天南韓在經濟上才敢硬拚日本和美國的蘋果。南韓的硬氣，反而使它獲得世界各國廣泛的尊敬。日本是個極驕傲的國家，但對南韓也不得不有所收斂。

日韓有獨島之爭，韓國以它的無畏精神贏到了主權。而台日之間則有釣魚台列嶼主權之爭。釣魚台主權毫無疑問的屬於台灣。甚至於一九四四年日本占領台灣期間，日本政府的東京法院在琉球與台北州的管轄權訴訟裡，也將釣魚台的管轄權判給了台北州。釣魚台距台灣極近，以前即是台灣漁民常往之地。一九七〇年保釣期間，台灣的記者、學者和漁民也都很容易就登上釣魚台，如果台灣有韓國占領獨島的勇氣，早就可以占領釣魚台。可是人們也知道，台灣怕日本，更怕美國，美日劃好了主權範圍，台灣就會乖乖聽命。甚至還自我設限，不敢到釣魚台附近的海域活動。釣魚台附近的日本與那國島十二至廿四浬海域乃是我海軍操演以前常通過的水域，現在已自我設限列爲禁區。張鳳強少將的一六八艦隊在此區域只不過略微超出操演範圍，日本海上自衛隊只才關切查詢一下，台灣就把張鳳強嚴辦，顯然當局者認爲他已嚴重的挑釁到日本。如此怯懦無立場的政府，在台灣當軍人還有什麼意義？台灣在這個時候講什麼「東海和平倡議」這種空話，誰還會理你，不過把它當做笑話看待。

孟子說：不能以不義手段得天下

孟子是先秦諸子裡，立場最嚴正、是非最分明的思想家。他是第一個主張，如果皇帝不行仁政，人民有權革命的先驅。他的許多思想由於和時代不合，後代的解經家，常常都輕輕唬弄跳過，沒有去發揚光大。近代人也說孟子是先秦儒家的激進派。

我最近重讀孟子，在《孟子．公孫丑上》裡，讀到這麼一段，十分有感慨，孟子說：「行一不義，殺一不辜而得天下，皆不爲也。」因爲這句話是在以非常高的標準，在談一個政府統治的正當性，一個政府如果得到政權的手段不正，那麼這個政權就不能說是有正當性的政權。孟子爲什麼會有這種想法呢？他的邏輯是：「生於其心，害於其政，發於其政，害於其事。」宋代的學問家孫奭在解釋這句話時說道：「若人君有好殘賊嚴酷心，必妨害仁政不得行之也。」將他的話以現代的理論來說，就是一個以不正當手段取得的政權，取得政權乃是手段也是目的，它已不再有更高尚之目的，因此這種政權一定不可能做出什麼好事來。孟子在那麼早的古代，就已注意到取得政權者的手段與人品的相關性，並已認定手段不正，人品必不高，他的施政也一定很糟糕。像孟子這麼講究手段正當性的思想家，他乃是古代的第一人。只是這種思想也未發揚光大，因此近代中國的政治遂道德敗壞，充滿了爲達目的而不擇手段的惡劣例證。

我在此討論《孟子・公丑上》的聖賢言論，不是在空談理論，而是要以古鑑今，來看今天台灣的亂源。

今天的台灣已愈來愈成爲一個爲了取得政權而不擇手段的畸型民主社會，就以今年初的大選爲例，國民黨爲了要勝選，真是不擇手段的要把對手鬥垮鬥臭，而宇昌案就是最典型的例證。統治者藉著他掌握了政權的便利，政客打手，檢調打手，媒體打手全都被動員，企圖以莫須有的罪名，把對手抹黑；這種手段雖然惡劣，但卻有效，政權也能勉強保住。而八月十四日當時把此案加油添火，大肆炒作的特偵組，終於辦無可辦，將全案簽結而還人清白。但他們用不義手段撿到便宜之目的業已達到，他們對別人的侮辱抹黑也不可能償還。宇昌案已成了台灣民主很大的一塊汙斑。

宇昌案現已簽結，我不知道當時大肆炒作此案的政客，檢調及媒體心裡做何感想，會不會覺得卑鄙慚愧。我不認爲當時上面有正式命令叫大家來炒作此案，而是這些人在主動附和上面對此案之發動，這種主動的附和乃是台灣最大的政治道德危機。《孟子・告子下》裡說道：「長君之惡，其罪小。逢君之惡，其罪大。」它的意思是說，如果領導者下令，叫別人做壞事，下面的人不敢拒絕，這種罪尚小，領導者做個動作或使個眼色，下面的人就昧著良心去逢迎，這種罪才大。台灣的官員，檢調及媒體附和炒作宇昌案，至今仍毫無羞愧之心，這乃是我感到最沉痛之處。一個社會的各種人都應有自主的道德標準，才可使自己免於成爲

別人的打手工具，台灣的官員，檢調及媒體，可有這種自主的良心標準？

宇昌案當時被刻意炒作，爲了將事情炒大，於是遂到處牽拖，台灣生醫界許多傑出的名望之士都受到株連。搞到生醫界對台灣失望至極。台灣的生醫科技和生醫產業原本還是個頗有希望的產業，但生醫界在受到抹黑後已經對台灣灰心，這是台灣重大的損失。宇昌案的簽結，可有任何人向台灣的生醫界說聲對不起？不擇手段的競爭，其實已對台灣整體的團結，造成了極大的傷害。

因此，在宇昌案簽結，台灣的檢調也失去公信力的這個時刻，我更相信孟子所說的不能以不義手段取得天下的道理。當手段不正在先，我們就很難期望會有仁政與能政在後，台灣會每下愈況，不是沒道理的。

馬英九的十六個字誤國論

近年來，台灣一有大問題，馬總統就會祭出十六字箴言。他每次講的十六個字，都是看起來很有學問，但事實上卻是語意含混，態度閃爍的語言遊戲。孟子說，一個統治者講話必須「昭昭」（清楚明白），人們才不會「昏昏」（茫然無所措），而台灣的十六個字，則是講的人自己「昏昏」，老百姓和整個社會怎麼可能「昭昭」？於是十六個字愈多，台灣也就愈來愈亂。這是典型的十六字誤國！

而最糟糕的乃是他每次講出那十六個字，總是有一堆官僚及媒體打手，在那裡吹捧，把那十六個字說得好像蓋世無雙，這種自吹自捧，使得台灣整個被帶往錯誤的方向上，於是台灣遂愈錯愈多，終於搞到今天這種困境。

馬的第一次十六個字是「正視現實，開創未來，擱置爭議，追求雙贏」，這十六個字也是ＥＣＦＡ的理論基礎。對於ＥＣＦＡ，我是打從頭開始就反對。我反對的理由是：

（一）馬政府宣傳說有了ＥＣＦＡ，即可敲開東協加三的大門，我認為那是完全不可能的自欺之辭，現已證明我的判斷才對，馬政府全錯。

中場

（二）我不反對兩岸經貿交往，但馬政府卻有一種靠大陸的依賴心態，我認爲那會加速台灣產業的空洞化及經濟自主能力的喪失。在馬政府吹噓ＥＣＦＡ之時，美國的主要經濟學家梭羅（Lester Thurow）來台，他即表示過：「ＥＣＦＡ沒那麼重要，台灣自己提升競爭力才是重點。」但所有質疑ＥＣＦＡ的聲音，對於自認ＥＣＦＡ很偉大的馬政府，卻完全聽不進去，到了最近，ＥＣＦＡ的頭號辯士尹啓銘才承認ＥＣＦＡ不如預期。馬政府後知後覺的程度真是少見。

（三）在ＥＣＦＡ的同時，對岸也在針對台灣的強項加緊努力，這意謂了它正加強對台的進口替代產業，今年台灣向對岸出口大幅下滑，顯示台灣的出口已被它的自製所替代。

我反對ＥＣＦＡ，最擔憂的乃是，由於台灣的依賴，會使中台形成一個分工體系，上游在中國，台灣則在下游，低技術的食品加工、餐飲、消費服務、旅遊觀光將成爲台灣的主力，近年來馬政府在吹噓的也是這些產業，這也就是台灣的香港化。

最近台灣的經濟成長率下滑到只有一．六六％，連保二亦不可能。這時馬又提出了新的十六個字：「排除障礙，調整心態，八年入Ｔ，能快就快。」這新的十六個字，更使人捏把冷汗，因爲：

（一）它對台灣的經濟轉型隻字未提，卻將台灣的經濟前途完全寄託在ＴＰＰ上，這是如同前一階段完全寄託在東協加三一樣。這又是再一次認知錯誤。近年來，韓國經濟轉型快速，韓國自身產業的進步是原因之一，韓國與歐盟、美國、中國等簽訂ＦＴＡ也是原因之一。

馬政府對韓國進步的第一部份從不去注意，總以爲國際環境最爲重要，這乃是新的十六個字將全部希望放在TPP上的原因。馬政府不知道國際環境固然很重要，自己競爭力的提升更重要，當自己的競爭力衰退，別國都在進步，自己也不可能在國際環境的開放中獲利。

（二）馬前幾年鼓吹簽了ECFA，就可進入東協市場，這已成了明日黃花的空頭支票，現在又再開TPP的支票，也難保不會再度空頭。知道國際經貿秩序的應當了解，TPP乃是檀香山亞太峰會時美國的倡議，美國的企圖是想以TPP來取代東協加三和其他太平洋地區的經貿協議，它就可以藉著主宰TPP，而主宰跨太平洋的經貿秩序，由於TPP明顯是在搞貿易對立，因此TPP倡議迄今，進展仍然有限，亞太許多國家都反應冷淡，拉丁美洲的主要經貿國家如智利、秘魯、哥倫比亞和墨西哥等，則已正式成立「太平洋聯盟」，它們的一致立場，乃是拉丁美洲必須自己先行整合，然後才可和亞太地區整合，這也顯示出美國要用大鍋炒的方式，把跨太平洋地區那麼多異質的國家炒成一鍋，情況不容樂觀。

經濟的區域整合，乃是自然形成的，必須有實質的區域經貿合作在先，正式的區域協議才會水到渠成，它很難由少數國家所左右。

因此，TPP的前景未必樂觀，馬將一個尚不明朗的TPP效果誇大，並用十六個字將它說得像是萬靈丹，它是雙重的不確定，與其開TPP的空頭支票，不如好好去規劃自己的經濟轉型。

「八年入T」，如果這個T不如預期，或入不了T，難道就任由台灣經濟繼續爛下去嗎？

中 中場

今天是個全球化的時代，由於全球競爭加速，優勝劣敗也變得更快，每個國家也更需要有自主的能力，不能有依賴的心態，馬政府的問題乃是它對大陸市場過度依賴，依賴到完全不做任何努力的程度，人們應當記得ＥＣＦＡ簽訂之初，台灣由於沾到了大陸市場的邊，出口大幅增加，馬政府也變得得意洋洋，而今大陸緊縮，加上它的進口替代能力增加，台灣的出口遂大幅下滑，今年台灣的經濟表現爲亞洲最差，失業也是亞洲相關國家之冠，這都是馬政府依賴心態的回報。而到了這種程度，他仍在動輒就搞十六個字的語言遊戲，提不出任何具體的對策。他的十六個字，真是誤盡蒼生、誤盡台灣！

當人間只剩下買與賣的關係

最近，哈佛名學者邁可・桑德爾（Michael J. Sandel）剛出了一本力作《錢買不到的東西——金錢與正義的攻防》，不但在美國造成廣泛討論，也在全世界引起迴響。它是廿一世紀迄至現在，對經濟和社會哲學所做的最深刻反省。

該書指出，現在經濟的思想是以效用爲中心的市場記憶體掛帥，於是一切關係都變成了金錢關係，用錢買不到的東西愈來愈少。有錢可以買到各種特權，有錢可以買到汙染權，身體器官的租借權，甚至教育權，別人的生命權，自己的醫療權等等。這不只是富人的貪婪自私，而是人類已從市場經濟走向了一切以金錢爲標準的市場社會。桑德爾教授指出，當金錢成了唯一的標準，什麼都可以買，人類對公平正義的追求就會被蛀壞，失去了對更好社會追求的能力。

在讀了該書後，我就想到十九世紀末至廿世紀初，德國偉大思想家希穆爾（Georg Simmel）當年所寫的經典巨著《金錢的哲學》；早在一百多年前他就已指出，一個唯金錢的社會，什麼都可以買，什麼都可以賣，買賣關係就會軟化一切。希穆爾在書裡特別提到人把自己的責任良知賣給金錢所造成的貪腐，以及人把親密關係出賣所造成的種種娼妓式行爲。

而今天的台灣早已失去了對更好社會的嚮往，於是一切都向錢，有錢就是名流，有錢就是貴婦名媛。於是有錢的人什麼都敢買，由於有買就有賣，許多人遂什麼都敢賣。台灣遂成了一個很畸型的買賣社會。

最近，大官小官把自己的責任良知賣給金錢的事情真是多得難以勝數，相信那些賣得技術高明，沒有被逮到的還有更多。在一個金錢最大的社會，責任感和道德良知這種不值錢的東西，早已失去了意義，提高自己出賣自己的技巧，已成了更好的選擇。當人們把自己賣給金錢已和道德無關，只和賣的技術高低有關，難怪貪腐日益橫行了。

而由近月來台灣那些富一代和富二代誇張的行爲，我們則看到什麼都敢去買、什麼都敢拿去賣已到了多麼張狂的程度。當有了錢就可以從小三買到小五，如果沒有鬧出醜聞，保證還可以小六到小十一直買下去。而我更關心的，乃是有買就有賣，那些賣的人的心態。人生在世，自己的身體、尊嚴和對伴侶家庭的親密關係，那都是一個人私人生活裡最核心的部分，但這些最終極的私人價值，早已在金錢前面潰敗。當一個人賣自己，可以賣出帝寶豪宅和鑽戒包包，爲什麼還要去努力一生？而且這種買賣，到最後頂多成爲一則八卦，說不定很多人還在那裡佩服羨慕，難怪這種買賣日益鼎盛。

而富二代李宗瑞的性八卦就更值得反省了。近年來台灣的富二代興起，而且笑貧羨富的價值成形，於是有錢人的誇張炫耀日益離譜，富二代的千萬名車在街上張揚，富二代的身邊也從不缺少幫閒的豬朋狗友，富二代們已成了一個個小型文化生態圈。他們燈紅酒綠，夜夜春宵。他們用錢買人生的豪放墮落，而他們敢買，當然有人敢賣。這一個富二代的下流生活圈，當然也不缺一大群各有目的的豪放女，有的是追逐虛無快樂，能玩就玩；有的則是等待烏鴉變鳳凰。那是個淫亂的冒險家樂園。

台灣的夜店玩家有一種「撿屍」之說，半夜三更總可以撿到爛醉的「全屍」，或爛醉到只剩一絲理智的「半屍」。夜店的「撿屍」已成了台灣淫亂文化的集大成。當人們在那裡不齒李宗瑞的淫亂時，我更關心的是整個台灣社會的荒淫文化，爲什麼有那麼多人把自己最寶貴的青春出賣掉，成了淫蕩之神的祭品！

任何社會，公平正義以及人的尊嚴絕對是不能讓金錢可以去買的；不能買的東西和每個人的人生，也絕對不可拿去賣。但今天的台灣，貧富日益不均，金錢的價值已主宰了一切，人際關係也開始亂買亂賣，買賣出了貪腐無能，也買賣出了社會的荒淫無恥。因此我對李宗瑞案並不想指責誰，只是爲台灣的買與賣覺得痛心。

小貪轉型大貪，台灣加速沉淪

稍早前，《天下》雜誌有一期談亞洲四小龍的轉型，韓星港都在轉型，只有台灣不動如山。但最近我忽然覺得，《天下》說台灣沒有轉型並不公平，台灣當然有轉型，我們已由小貪政治轉型成了大貪政治，不但是四小龍的第一名，而且已緊追中國大陸，快要成爲亞洲的冠軍！

台灣以前即有貪汙，但以前社會單純，上面也盯得緊，至少中央官僚不太敢貪，貪汙多半發生在天高皇帝遠的地方，特別是地方的民代，那是個小貪的時代。當年香港出了一個雷洛，我們還會譏笑他們的政風與警察風紀惡劣。

但現在卻時代變了。人家香港肅貪有效，清廉的程度在亞洲不是第一，也是第二。但台灣卻已在貪汙問題上不讓過去的香港。今天的台灣貧富差距懸殊，富豪住豪宅、開賓利、戴鑽戒，這種生活已成了很多人的嚮往，也成了貪汙的誘因；而現在的統治者只管自己，對風紀完全放任，當上面一切都馬虎無爲，當大官的就樂得去貪。於是台灣的貪遂快速轉型升級，由小貪升級爲大貪，要貪就貪個夠，現在的標準是貪以億元計。貪的人已從小官升爲大官。

今天台灣的貪已的確愈來愈駭人聽聞，堂堂行政院祕書長這種等級的大官會去貪。而今年八月所爆發的幾個案子，也無一不是大官大貪：

——就以八月上中旬水利署的弊案為例，涉案者有署長的親戚，有副署長，有好幾個局長級的長官。此案已不能算個案，而是水利署貪腐文化的顯露。我真懷疑一千二百億的治水預算有多少就這樣被貪掉了。

——再以刑事局主祕等多人的案子為例，主祕是相當於縣市警察局長這一級的大官，而他可住陽明山別墅豪宅，可以與人合開豪華賭場。管治安的，卻搞反治安的行業，這已是大膽到了極致。這簡直是香港雷洛已在台灣重生。

——而最可反省的乃是前消防署長黃季敏的案子了。一個署長已是月入十餘萬的大官，可是他有兩戶豪宅，生活闊綽，每期可刷卡消費五十萬，家裡有一堆名貴物品，在搜索時居然搜到一堆名牌包包，還有一堆總重十六多公斤的金條。他的貪已不是在貪生活費，而是要貪成億萬富豪。前幾年大陸肅貪，有一個貪官貪了很多錢，但不敢存銀行，不敢大手筆花用，把錢用來買黃金，做成一條大金魚，藏在冰箱的冷凍櫃裡。和台灣的十六多公斤的金塊比，台灣的貪才叫氣派。

因此，台灣大官之貪，真是貪出了不少傳奇故事。有的錢太多，多到現金要藏在院子水池裡；有的貪出別墅豪宅，有的則是貪出十幾公斤黃金。台灣之貪已快速轉型升級，由小貪變為大貪。這些人貪的大膽，用的手筆極大，簡直已到了毫無顧忌的程度。這已是大貪的平

常化，官場的後生小輩看在眼裡，一定會效法前輩，更加努力的去貪汙致富，不貪個好幾億怎肯甘休。

台灣別的沒有轉型升級，獨獨貪汙在快速升級，貪官的層級也在升高，警察高官的開賭場，使人看到了台灣的警察已走回數十年前香港老路。而我更擔心的乃是治水防災及救災的消防署及水利署高官的貪汙。貪汙之害有二：一是增加治水救災成本；二是治水工程品質及防災救災的能力會衰退，人民生命財產的安全更無保障。近年來台灣一有風雨即出現可觀的災情，這肯定與水利和消防的貪汙有關。最近英國的風險顧問公司 Maplecroft公布了全球天災風險地圖，在一九七國裡，天災影響經濟的嚴重程度，台灣爲全球第四，台灣防災救災能力的倒退已極具嚴重。

一個進步的國家，必須正向的能力不斷轉型升級，負向能力則快速去除。而今天台灣的可悲，在於正向能力快速倒退消失，反而是負向能力更趨發達；台灣官場由小貪變成大貪，貪汙者也由小官往大官的方向移動。這是台灣的敗壞，統治者不能再動輒撇清，說貪官不是我用的人，以事不關己的態度去對待了。

市長混蛋，其他大官是什麼蛋？

《天下雜誌》最近公布了縣市長的滿意度調查結果，基隆市長張通榮再度掛車尾。於是前兩天他在一個座談會上發飆了。他除了大罵屬下「態度敷衍」外，也自我幹譙說他是「最混蛋的市長，最差勁的市長」，自己覺得非常「見笑」，又說「市議會要我辭職是對的」。

看了張通榮的這則新聞後，我對他的確肅然起敬。基隆市政很糟，他大可官腔官調的去罵屬下，但這個鄉下市長畢竟知道只罵屬下就太不誠實，於是他遂狠狠的自我幹譙了一番。我相信一個會自己罵自己是混蛋的市長，未來一定會是個知恥的市長，將來基隆的市政必定不會繼續爛下去。張通榮應該是可被期待的。我們都知道「知恥近乎勇」的道理，一個會自罵混蛋的人，但因知恥而用這麼狠的話來對待自己，這種人在當今政壇早已絕了種！

今天的台灣，政治愈來愈爛，經濟也快速的向下沉淪，如果要追究原因，政客們喪失了知恥知病的能力，應爲關鍵。就以最近的事爲例：

今天的台灣早已不再只是四小龍之末，而成了全亞洲之末。這個下滑的過程並不是短期造成的，而是長期積累而成。成長率已八次下修，馬上就要第九次下修，藍燈也閃了九個

中場

月。如果政府稍有知恥心和責任感，早就做出了回應，但我們的政府一堆人卻事不關己的對這些警號無動於衷，大官們對問題的無感，已到了駭人聽聞的程度。如果張通榮自罵混蛋，那麼這些大官是什麼蛋？

今年八月物價狂漲，消費者物價指數上漲三．四二％，食物類上漲八．六六％，我們應記得多少大官都說過物價會控制在二％的支票，也有大官說過若破二就下台的話。而今他們的那些話呢？大概早已忘到了九霄雲外。當大官很容易就忘了責任，台灣的每下愈況即難避免。因此，如果張通榮是混蛋，這些大官又是什麼蛋？

今天台灣的官場可以說已完全麻痺，大官們別的不會，只有作秀會，推責任會。就以當今的大官貪汙爲例，更大的官都在那裡撇責任，或作事後諸葛，說一些事不關己的風涼話。他們漠視政風的良窳乃是統治者的責任，當他們失去了責任心，當然就不會有羞恥感與榮譽感。還有點羞恥心的張通榮如果是混蛋，但沒有羞恥心的他們，又是哪一種蛋？

再以鬧了半年多的文林苑爲例，此案因台北市政府的應作爲而不作爲而起，鬧到了現在，台北市政府仍是不作爲的讓它拖在那裡。一個問題可以拖半年，也真是天才。拖到現在，台北市政府像是個無關係的第三者，讓衝突的雙方去衝突解決，當官的又講了很多偏袒建商的談話。這就是台灣的官場，它不把解決問題視爲自己的責任，也不把拖延問題認爲是羞恥，於是許多問題都被無限期的拖著。文林苑如是，華隆案亦如是，台灣的經濟轉型更如是，因此若張通榮是混蛋，那麼這些大官又是什麼蛋？

因此看了張通榮自我幹譙是混蛋市長的新聞，真讓人別有感觸。張通榮是個鄉下型的市

QE3打開全球經濟危機的潘朵拉盒子

過去幾個月，美國經濟始終不振，金融理財界一直在爲QE3鼓吹造勢，但聯準會則在猶豫，因爲由各種訊息，顯示出QE1的一．二五兆美元，QE2的六千億美元，它們都只相當有限的短期拉抬了房市而已，其刺激的邊際效果很快就結束。反而使美債衝高到了十六兆美元，爲全球的大通膨累積了極大動力，而且美國的QE1和QE2也造成了美元熱錢的全球氾濫；國際貨幣基金也接到許多新興國家的抗議，認爲美國不負責任的印鈔票，乃是一種通貨膨脹輸出，因此像巴西等已開始限制美元的流入，若干石油國家也改以非美元來交易。聯準會也擔心QE3會造成災難性的通膨，並影響到美元的地位。

但聯準會的猶豫，隨著美國大選逼近，最後爲了替歐巴馬拉抬選情，終於蹲了下去。這次QE3與QE1和QE2不同，乃是它不設定總量，爲最極端的無限QE，它會把全球經濟帶往何處，的確讓人擔心。在QE3之前，《經濟學人》雜誌就表示：「QE3只會對股市等產生極短期的效果，很快就可能造成高通膨，更壞的則是世紀末式的恐怖結果會出現！」

由美國的狂印鈔票救經濟，這遂必須從戰後美國經濟政策思想說起。

戰後美國一國獨大，尤其是自從美元兌黃金化後，美國已無其他標準，美元本身就是標準，根據一九八六年諾貝爾經濟學獎得主布坎南（James Buchanan）在名著《赤字下的民主》中所述，美國即進入了不理會債務，把債當成了稅而花用的階段。布坎南甚至指出，美國經濟學家居然有人主張，讓右手印鈔票給左手花用是可以運作的。債務已成了美國經濟永遠動力不息的泉源。這也使得美國債務持續的在增加。這也是布坎南一直在反對債務的原因。

前幾年，兩位美國財經作家龐勒（William Bonner）及魏金（Addison Wiggin）合著了一本暢銷書《債務帝國》。他們在書中指出，當年的羅馬帝國基本上是依靠對藩屬課徵什一之稅而維繫；今日的美國則是靠著不斷增加債務，在全球輸出通貨膨脹，等於向全球課徵通膨稅而維繫。這也造成了共和黨拚命減稅，民主黨拚命花錢的政治風格。他們認為當今全球已出現了一個最大的「泡沫中的泡沫」，這個泡沫之祖即是美元。他們早在金融海嘯前就已預言，美國這種擴大債務，增加美元供給的做法。最後一定會造成對美國經濟的「大報應」（Great Reckoning）的到來。金融海嘯就是第一波大報應。

金融海嘯後，美國這個「債務帝國」的運作模式更加直接，那就是採取非正統的貨幣手段，直接印鈔，然後以購買債券的方式，直接將錢注入金融體系；以往那種必須以赤字名義才能使用的金錢，變得更直接，也可以不受國會的監督，總統及聯準會即可印鈔。QE1和QE2即印了一兆八千五百億美元的鈔票，但儘管印鈔票方便，但它畢竟還是國家的債務，

而且這些錢和實體經濟無關，只在金融體系內存在。它更惡化了金融體系的投機現象。以前美國的債務危機乃是逐年的財政赤字加總而成，它是緩慢的飲鴆止渴，現在搞非正統性的量化寬鬆，債務增加得更快，這已不是逐年小口小口的飲鴆止渴，而是大碗大碗喝的飲鴆止渴了。因爲ＱＥ1和ＱＥ2惡化了美國的債務危機及信用過度擴張的危機。這也使得理論經濟界近年來日益重視廿世紀初美國偉大經濟學家費雪（Irving Fisher）當年所提出的警告。費雪有一個經典方程式：貨幣供給的總額等於各種交易的總額，因此當債務無限增加，貨幣供給過剩，最後一定造成商品及資產價格的狂漲。費雪當年即有過一個鐵律的名言：「政府印鈔票，不是祝福，而是詛咒！」

因此，美國這次ＱＥ3，投資人且莫隨著美國金融界高興，ＱＥ3其實是打開了國際金融上的一個潘朵拉的魔法盒子，已有學者預估它有可能引爆全球大通膨，也可能使美國從財政懸崖上直直掉落，ＱＥ3的詛咒會有多嚴重，大家剉咧等吧！

及第三世界國家相當顯學的一種政治經濟學，當時有好多一流的學術大師，注意到世界上的極端不公平，於是他們從學理上來探討這種不公平的起源，他們發現到，除了意識形態的支配外，已開發國家更透過許多經濟的詭論，而讓發展中國家自願的失去了主體性的追求，而去接受那個不公平的分工秩序，而使發展中國家永遠在分工秩序的下端，而上端則永遠是西方的已開發國家，邊陲國家由於在國際分工秩序裡的下端，缺少了議價的籌碼，於是它只能向低工資勞力密集的產業發展，因而註定了邊陲國家的發展走到階級化社會的方向。有鑒於發展中國家的此種命運，依賴理論的諸位大師，像埃及學者阿敏（Samir Amin）等遂主張，發展中國家的政府一定要拚盡努力，開創本身的經濟自主性，有自己的高生產力的火車頭企業，讓自己的生產力提升。他們的觀點就是說政府和企業都要更有志氣，更有自主性及決斷力。依賴理論據我所知，它對拉丁美洲的發展扮演了極大作用，整個拉丁美洲的近代發展，經濟和政治自主性的追求乃是它的共同目標。

而非常令人失望的，馬政府的經濟政策思考，就是缺少了自主性這個最基本的要件，因此自馬上台後，遂全力發展與中國的經濟關係，他以爲中國是最大的新興市場，依靠中國就會有經濟政績，在ＥＣＦＡ的初期，由於中國還有人口紅利，加上中國自己的進口替代產業尚不完整，用馬政府的話來說，那就是兩岸尚有互補性，台灣的確得到出口利益，台商也都賺到了許多。而且馬政府的開放所造成的台灣產業外移，也尚未到關鍵點，人們也都未重視，但這種對中國的依賴，最近這一、兩年已開始病徵出現：

（一）它造成台灣產業的空洞化，台灣與中國的產業關係由互補性轉爲競爭性，於是台灣對中國的出口遂大幅下滑。

（二）台灣產業的外移，其實也伴隨著台灣資金向中國大量流出，而沒有造成利潤回流，只不過產生一大群游牧式的富人階級，資金與技術外移而利潤不回流，這乃是依賴理論特別強調的一種邊陲現象。

（三）繼產業及資金的抽吸後，現在已進一步的對台灣技術人力進行抽吸，這種情況假以時日，必造成台灣本身的枯乾化。它最好的結果，乃是台灣將缺乏自主的產業基礎，一個國家永續發展的能力也將淪喪。

（四）在以前的依賴理論裡，它爲了使邊陲國家安於邊陲，會將它的邊陲落後美化，說成是一種牧歌式的美好田園社會，而今天的台灣也正被這樣的美化，台灣是個有人情味、服務品質良好的度假旅遊樂園，有特色小吃與點心，這種牧歌式的台灣被陸客吹捧，台灣官方也自鳴得意的在自我吹捧，台灣民間沒有別的可以自我肯定，當然也對這種牧歌式的鄉愁大力宣揚。我不是說這些品質不重要，但高科技大國與小吃旅遊立國，畢竟是不一樣的。

因此，今天的中國與台灣，其實已形成了一種「中心—邊陲關係」，中國由於擁有市場力，它已藉著抽吸功能，而成爲中心，馬政府卻很得意於自己成爲邊陲。一個邊陲社會最後只好依賴中心而生存，它必然國民收入日益降低，當台灣不再有新的核心產業成爲經濟的生長點，台灣當然只得繼續向下沉淪。

我從未反對兩岸的經貿互動，但也從未支持過馬政府這種毫無自主性，從屬依賴的互動。今天台灣每況愈下，正在快速的倒退，這絕不只是無能而已，而是台灣的方向已全都錯

了，錯誤之罪，其實比無能更甚。中國與台灣之間的這種「中心—邊陲關係」，或許才是我們更該擔心的！

伴食內閣：台灣官場的反淘汰

「祕密」是近現代病態心理學很重視的課題之一。由於人性是矛盾且脆弱的，所以每個人都要把自己的缺點隱藏在祕密中。這種祕密之罪，在政治裡特別明顯。

「祕密」之罪在政治上特別普遍。在絕對王權的專制時代，統治者爲了塑造自己的權威，一定會喜怒不形於色，使人摸不透，捏不準。統治者做事也一定要把自己的思維判斷準則隱藏。別人說東，他偏要做西，這是一種故意的顛倒，透過這種別人看不懂的行爲方式，統治者才能對臣子及百姓形成那種「伴君如伴虎」的權威莫測感。絕對王權時代，君王的神祕感，十六世紀的馬基維利在《君王論》裡也做了系統化的討論，當君王的就是要讓人摸不透，他才可以如獅似狐般的搞權術下去。統治者有時候要表現他的天恩浩蕩，有時候則要表現得天威不可測，統治者愈是讓人拿捏不準，他才可順心如意的駕御他的臣民。

近代台灣，雖說已進入現代。但如果深入追究，古代那種君王的風格，在統治的官僚體系裡其實仍頑強的存在著。在兩蔣時代，他們做事就有一小群核心親信在操盤，外人無法窺其堂奧，他們任用人事都隨心所欲，搞得文武百官個個都如坐針氈，靠著這種天威難測，他

們才可遂行其統治意志。而兩蔣雖然天威莫測，但他們畢竟還是有一點本領，台灣遂還是能有所表現。

而這種天威莫測的統治方式，由於一切都看那一個人及他的真正親信是否有本領，如果他和他們沒有本領，那可就問題嚴重了。它會造成整個官僚體系及大臣的無能，中國古代在無能之世，有個形容詞，那就是「伴食」，「伴食宰相」，「伴食中書」；它是在指，當君王無能，大臣也跟著癱瘓無能，他們做事不敢決定，他們除了陪伴皇帝吃飯外，已無其他功能。中國唐代時，每個星期在上朝後，各部尚書及大官會去尚書省的會堂陪皇帝吃飯，無能的大官淪落到只有陪吃飯的功能，別無其他作用。各種大官就簡稱「伴食」，而宰相及相當於宰相的中書令，就叫「伴食宰相」或「伴食中書」。由古代的這些故事，已顯示出，當一個時代，若皇帝天威難測，而他又沒有本領，做大臣的人就凡事不敢做決定，多做多錯，不做不錯的官僚文化遂告形成。

台灣經過兩蔣的統治，整個統治文化及官僚文化，其實仍延續著古代帝王的風格。在一個民主政治制度裡，統治者必須時時走在第一線，與人民永遠在對話，並以人心的所向爲施政之目標，當人民生計困難，統治者就應立即做出回應。民主政治的ＡＢＣ裡，第一項即指出，民主政治的本質就是「有感應的」（Responsive）的政治，當統治者能夠有感應，他的手下官僚體系也才有可能本於權責去主動回應民意。但王權的政治則否，王權政治的價值是，如果人民要Ａ，他也做Ａ，他就認爲自己是在向人民投降；於是遂出現一種怪現象，人民要Ａ，他就偏不Ａ，當人民憤怒起來回罵，他就會咬著牙更加堅持的不Ａ。這是一種最惡劣的互動，王權的那種權威意志，會使得他和民意完全對立了起來，而無能的官吏反而可以在他和民意的對立中，獲得苟延殘喘的機會。民意愈要某些人下台，他反而更要去挺這些人。今天台灣愈是無能的大官，位子反而坐得愈穩，人民罵得愈厲害的，官運反而愈亨通。王權的性格碰到民主政治，統治者爲了維持自己的權威，會更加的擇惡而固執之，今天的馬政府就是個擇惡而固執下的奇怪產物。這是嚴重的反淘汰，而這種官僚的反淘汰，正在台灣發生，而受害的則是台灣百姓！

今天的台灣，馬總統爲了他的權威，已和台灣民意處於一種決裂狀態，老百姓叫他換財經官員，他就是偏不換，愈罵愈不換，他已和百姓搞成了面子和意氣之爭。歸結到最後，他那種王權心態乃是關鍵。台灣今天會有一個「伴食內閣」，其實是很正常的。

中場

減薪問題為何鬧成難看的肥皂劇？

最近重讀清代學問家高季長所撰的《歷代循吏傳》對書中所提到的三個好官，印象最爲深刻。

第一個是南北朝時南朝宋國的交州刺史杜慧慶，他非常有能力，將相當於好幾個省的南方交州治理得井然有條。他也道德高尚，清廉自期，一家人都生活儉樸，當地方有難，他都把私俸捐出來辦理賑災。他自己薄衣儉食瘦馬，把整個生命都獻給了人民。

另一個也是南朝宋國的益州刺史劉秀之，他也是文治武功兩全，除了政績好外，更了不起的是他自奉甚儉；他認爲自己的生活已經無憂，因此在他任滿離職時，將他全部俸祿的節餘二百八十萬，悉數捐給了公庫，做爲地方建設救災之用。

第三個則是元朝的烏古孫澤，他是個漢化的女真人，在讀書時，就懂得讀書之目的不在尋章摘句，而是要反求諸己。他這種讀書的態度就和漢人極不相同，那時的漢人看起來有學問，但因爲少了反求諸己，讀書只不過是圖謀功名利祿的工具，學位高卻人品低；他這個女真人讀書，由於能反求諸己，他遂人格高尚，爲國爲民。他最先是武將，忽必烈征服中國南方，他戰績彪炳，後來任廣西兩江道宣慰副使，相當於戰地政務副司令。後來他出任海北海南廉訪使，相當於中國南方的司法監察首長，他待遇優渥，但對自己的高待遇，覺得不安，在任滿離職時，遂將俸祿全部捐給學官，充作清寒學生的補助金。在十三世紀末，十四世紀初的元朝，漢化的女真人，就出了烏古孫澤這種人格高尚的大官，豈不讓漢人愧死！

由上述三個古代的循良官吏，它使人感慨的是，古代中國雖然就官大錢多，但仍有一些大官，拿了比別人多的俸祿，覺得不安，寧願把錢全部捐出來，照顧百姓及窮苦的學生。這些往聖先賢，實在令人尊敬。

由這幾個古代傑出大官的捐俸祿，我們遂有必要來談一談美德和民粹的問題了。一個時代的大官，本於自己的良知，當覺得自己的俸祿太多，已超過自己所需，寧願全部捐出來用於百姓，這是至高美德。而這種美德是強求不來的。若另一個時代，官吏無能，使百姓受苦，而他們已缺少了自我減俸，以示與民共苦的責任心，這時候老百姓無法忍耐，指著他們的鼻子大罵，要求他們減俸，他們為了顏面，遂只好厚著臉皮，格外的拒絕減俸。這也就是說，當大官自己缺少了美德的自覺，他們就等於成了民粹的溫床。

今天台灣為了大官要不要減薪水和減年終獎金，而鬧成一幕荒誕劇，追究原因，大官們自己少了美德的良心自覺，乃是關鍵。如大官們早就有了與民共苦的責任心，在人民的不滿尚未形成前，他們就主動的提出降薪及減年終獎金，怎會搞成後來那麼難看的局面？人民要求大官減薪減年終獎金，這當然是民粹，但不要忘了，民粹是被大官們的麻木所煽起的。

近年來，世界許多國家，大官都在減薪減獎金。韓國、日本、新加坡、義大利、法國莫

不如此。這些國家的大官之所以減薪，其實與美德無關，他們只是基於民主政治的原理原則，當人民日子不好過，大官就應基於同理心的態度，讓自己也少拿一點。當大官們對人民的辛苦能做出回應，人民對苦日子至少還能覺得稍微平衡一點。但台灣則恰恰相反，大官們對人民的生活完全麻痺無感，仍在那裡好官我自爲之，於是人民的民粹情緒遂日益高漲。民粹當然不對，但是，是誰讓這種民粹造成的？

一個國家的大官，本就應盡心國事，爲人民謀福祉，如大官們有服務心和責任心，他們自然就會有同理心，早就自動的減薪了。怎麼會鬧得那麼難看呢？

無厘頭廣告和無厘頭政治

上個星期，行政院的那支「經濟動能提升方案」宣導廣告，被人罵成「腦殘」和「垃圾」，我無意去罵它，因爲那則廣告會做成那樣，一定有它的思維和邏輯，我們要去分析它的「腦殘」邏輯是什麼?它何以致之。

近年來有所謂「後現代」之說，它是一種學術概念。但不幸的是，在「後現代」之名下也產生的一種知識濫人，他們連一篇幾百字的作文都寫不清楚，卻可以東拉西扯、東拼西湊的大發議論。前幾年，當代美國主要思想家之一的雅可比教授（Russell Jacoby）在他的著作《烏托邦的終結》裡就舉列說明，現在有一種人缺乏了知識的專業條理，他們看起來在小地方似乎有些小聰明、小點子，但在大方向上則是錯亂顛倒。他並用「零售清醒，批發瘋狂」來形容這種現象。

這也意謂著，「後現代」的此刻，已出現了一種情況，它使得某種人更加自閉，關閉在自我的世界，他們已無法從事嚴謹的思考，只剩拼湊式的胡言亂語。他們做廣告，已無法找出一個條理，有個國民黨立委大官說：大家罵其實是好事，有人罵才會有人看。他們已找不

到自己正面的價值，他們只能阿Q式的在別人的輕視裡找到那殘存的價值。這簡直是一種犯賤。他們已無法判斷什麼是合理，什麼是不合理，只東拉西扯在自我感覺中度日。廣東方言裡形容一個人講話做事毫無條理。只會胡言亂語拉拉扯扯，別人完全摸不著頭緒，叫做「無厘頭」，行政院的「腦殘」廣告，它的更確切意義，其實就是失去了條理的「無厘頭」現象之一。「無厘頭」的人，他自己一定有他的道理，只是他的道理違逆了常識，別的正常人完全摸不著頭緒，行政院那支犯賤的腦殘廣告，實在是這個政府的悲哀。

早年我讀十八世紀法國啓蒙思想家孟德斯鳩的經典《法意》，印象最深刻的，乃是他指出，一個專制的統治者，他做事沒有現代的合理性，都是根據他一時的好惡利害，想到那就做到那，這種統治方式就叫做「恣意而爲」（arbitrary）。由於他缺乏了條理。他自我感覺合理的事，別人當然覺得那是一種「無厘頭」。除了「經濟動能提升方案」的那支廣告外，當今馬政府的「無厘頭」之事多矣，整個政府可說就是個「無厘頭」的笑話政府。

例如，最近各種保險的破產問題已開始表面化，我們也才知道原來退休的軍公教到現在都在領年終獎金。前幾個月《經濟學人》有一期在談「誰來查政府的帳」，我們到現在才知道中華民國政府的那本帳真是亂七八糟到了極至。它爲了鞏固鐵票，花錢如流水。他們在做的，其實就是爲了贏得政權，不惜敗壞整個國家。而他們會去改革這本爛帳嗎？當然不會。他們仍在那裡硬拗，要維繫那本爛帳，這個政府「無厘頭」的反動程度，已是人間罕見。

再例如，台電中油的成本假帳也真是駭人聽聞，它們有本領把虧損剔除，變成盈餘，然後逐年領取肥厚的績效獎金。做帳可以把無績效做成有績效，它們的「無厘頭」也的確是天才！

人類從十八世紀開始，進入理性時代。所謂的「理性」，就是指凡事都有一些與時俱進的道理，什麼事情可以做，不可以做，都有一些基本的道理。有理性才會有公平正義，而中華民國恰恰好卻有個缺乏了基本理性的政府。它不以理治國，而是以術治國，以非法的金錢來收買特定的族群，遂行其統治性，明明不對的事但若有害其統治利益，它不改就是不改；明明是對的事，但若對它的統治無益，它不聽就是不聽。中華民國政府有個最大的潛規則，那就是一切爲選票利益和爲政權，和它講道理是沒用的。

因此，上個星期被罵「腦殘」的廣告，其實是有它的道理的，只是它的道理太過「無厘頭」，違逆了人們基本的理性。而這種「無厘頭」並不只這支廣告而已，整個政府就是個缺乏了理性的「無厘頭」政府。這樣的國家怎麼會有前途！

台灣只剩反動的空話！

英國泰晤士報以前有位被認爲是英國最傑出的記者伯納・列文（Bernard Levin），他的特殊本領乃是有個政客講話資料庫，政客講過什麼話、他們講話的邏輯，以及政客的反反覆覆與硬拗鬼扯，他都有清清楚楚一本帳。就靠著這本帳，他後來成了英國最傑出的專欄作家。

因此，對於政客的講話，我們一定要去注意聽。政客們的講話，就該政客自己而言，一定有它的道理在，注意聽政客的講話，我們就會知道那個政客的真正素質。就以馬總統的所謂「冷笑話」爲例，他的那些「冷笑話」，我從不認爲是「冷笑話」，而認爲是他的「真心話」，只不過是馬的同路人爲了要合理化他的事事不關心、不用心，才把他的不得體講話，用「冷笑話」之名來消毒而已。就以上星期馬談屏東萬巒豬腳爲例，他說美國人用豬腳給小狗磨狗齒，這就絕不是「冷笑話」，而是一種無聊的炫耀，他完全不考慮賣豬腳的人的感覺，只是在那裡賣弄他對外國的一知半解而已。他的「冷笑話」其實已說明，他那種事事不關心的冷漠淡定。

上星期，台灣大官們的談話裡，我認爲最值得分析討論的乃是銓敘部長張哲琛的那句名言：「不要見不得人好。」那句話絕非他後來宣稱的是「口誤」，而是他最真的真心話。在他的邏輯裡，退休軍公教享有年終慰問金等福利，根本就不應批評爭議，批評的人只不過是「見不得人好」的嫉妒而已。

張哲琛的談話，我認爲乃是近年來大官講話最混蛋的一個，而他的諢話，其實是有意識形態的。

研究政治學的都知道，有一種最惡劣最反動的統治方式，它會把特權合理化，讓人們把對特權的反感轉移成是羨慕，有特權的人是命好，因此大家不要去嫉妒他們的好，而要去努力也成爲命好的人。整個中國古代的統治術就是在宣揚這種統治哲學，這種統治哲學，乃是馴化人民的最有力工具。古代中國貪官污吏相沿成習，而人民也馴化成只有羨慕及忍受，這乃是古代中國政治始終無法進步的真正原因。

把特權合理化是「他們的好」，要別人「不要見不得人好」，應當接受忍受和羨慕，千萬不要嫉妒，更不要去反對，這就是張哲琛的講話裡所散發出來的訊息。而這種反動的思考方式，在現代也有兩個特例，一個是菲律賓前獨裁者馬可仕夫婦，另一個則是南非曼德拉的下堂妻薇妮。

人們都知道馬可仕夫婦貪腐無能，而且又窮奢極侈，薇妮私生活不檢點也極爲奢侈。但他們都有本領把自己的胡作非爲，塑造成是他們的命好，因而成了人們羨慕的對象，愈窮的人對他們羨慕愈多，甚至還變成了崇拜。馬可仕夫婦因此深受馬尼拉貧民窟的支持，薇妮後

來被曼德拉休掉，但仍在政治上活躍，馬可仕的妻子伊美黛和薇妮，都喜歡穿名牌名鞋，打扮得花枝招展去貧民窟，她們都受到貧民由於羨慕而轉變成的崇拜。愈窮的百姓會愈支持貪腐無能的統治者，這不是不可能的事。張哲琛的話已發出了這樣的訊息，因此對十八趴、十三趴，以及退休軍公教享有那麼多特權，這是他們命好，大家不要見不得他們的好，就少點爭執了！

最近台灣的政客頻頻發表使人無法忍受的談話。張哲琛除了「不要見不得人好」的怪異話語外，還有不要批評，「不要造成社會對立」，不要形成「老百姓對軍公教人員的仇恨」；教育部長蔣偉寧則說「不要污名化退休的公教人員」；國民黨的立委更是一片「不要製造社會對立」之聲。他們早已統一了口徑，只要再批評這個問題，就是「製造階級對立」，這是好大的一頂帽子，彷彿又回到了以前白色恐怖的時代！

近代政治有一個最奇怪的語境。那就是有權力的人可以堂而皇之的公然去製造階級矛盾，但卻不准別人去談這個問題，只要談了這個問題，就立刻會被扣上「製造階級對立」的帽子，就是在「唱衰台灣」，但今天的台灣畢竟已和過去不同，人們已知道退休軍公教的特權優惠，乃是國民黨政府在炮製對它們有利的社會對立。到了今天，這個結構其實已難以為繼，真正的爆炸點遂從最下端的勞保、軍公教保險開始，最後會爆到整個國家的財政。已有人粗估，目前的台灣總負債已超過台幣廿一兆元，達到GDP的一百五十八%，前兩天行政院表示政府將負勞保的最終責任，而我所想的是當整個政府都已在走向破產，誰又是政府責任之後的那個最後責任者？希臘危機再怎麼嚴重，還有歐盟可靠，今天台灣的財政日益惡化，難道只能靠北京來救？

早年我讀黑格爾所著的《歷史哲學》，黑格爾指出希臘文明一度十分光耀，但到了末期，務虛不務實，凡事不肯誠實面對，哲學變成空言只剩語言遊戲，美學只剩墮落浮誇。今天的台灣當權者面對問題，也只是一堆反動的空話，台灣怎麼會有未來？

統治者和他的六種「邪臣」

國民黨四中全會，吳伯雄、連勝文、趙守博、朱浤源、楊來勇等人面諫馬主席，他們都是「愛之深，責之切」的忠臣之言，但馬卻視爲叛逆之言，立刻展開反擊消毒。如此不能容人知人，相信馬政府的圈子只會愈縮愈小，整個形勢更加的江河日下。

在這些逆耳忠言裡，我認爲吳伯雄的「用人圈子太小」，連勝文的「以權謀爲生的人」，以及楊來勇的「地下總統」，這三個發言最點到馬政府的本質。因爲馬政府真的只會一小撮人在那裡搞權謀、搶位子。他們早已沒有了「以天下人之心治天下」的胸襟。這時候，我就想到了明代學問家黃淮及楊士奇在所編纂的《歷代名臣奏議》第一百五十四卷〈知人篇〉裡所說的「六邪」。

所謂的「六邪」是唐代魏徵所提出的理論。他指出若一個統治者無能又無知人之明，則他的小朝廷必然佞倖充斥，這六種邪臣是：

第一種是「具臣」，他們「安官貪祿，不務公事，與化浮沉，左右觀望。」他們爲當官而當官，只會打混度日。

第二種是「諛臣」，他們「主所言皆曰善，主所爲皆曰可，隱而求主之所好而進之，以快主之耳目。偷合苟容，與主爲樂，不顧後害。」他們只會吹牛拍馬，揣摩上意。

第三種是「奸臣」，他們「內實險詖，外貌小謹，巧言令色，妒善嫉賢，所欲進則明其美、隱其惡，所欲退，則明其過、匿其美，使主賞罰不當，號令不行。」這種人很會扮好人，卻以小人的伎倆包圍他的主子，以遂其好。

第四種是「讒臣」，他們「智足以飾非，辯足以行說，內離骨肉之親，外構亂於朝廷。」這種人很有小聰明，伶牙利齒，鬼扯硬拗，但就是不會做正經事。

第五種是「賊臣」，他們「專權擅勢，以輕爲重，私門成黨，以富其家，擅矯主命以自顯貴。」這種人最懂組幫結派，內鬥內行，貪腐公行，官官相護。

第六種是集大成的「亡國之臣」，他們「諂主以邪佞，陷主於不義，朋黨比周，以蔽主明，使黑白無別，是非無間，使主惡布於境內，聞於四鄰。」這種人顛倒了是非黑白，整個政治被搞得亂七八糟，民怨鼎沸，最後一定是國家殘破，最後走上敗亡之途。

魏徵指出，一個國家會出現六種邪臣，這實在是國家人民最大的不幸，但其關鍵仍在於統治者自己。統治者要用人必先知人，而知人其實是極爲容易的事，如果統治者自己有信念，立得正，行得直，賞罰分明，則邪臣自然沒有了生存的空間，但若統治者自大顢頇，師心自用，動輒搞權謀詐術，喜歡講大話，自然身邊全是宵小的邪臣。魏徵說：「有至公之言，無至公之實，愛而不知其惡，憎而遂忘其善，徇私情以近邪佞，背公道而遠忠良，夙夜不怠，勞神苦思，將求至理不可得也。」魏徵的意思是說，若統治者自己把天下搞壞，邪臣

遍地，他再怎麼傷腦筋，在邪臣的包圍下，也不可能找到改革的方向。

今天的馬政府，講句不好聽的話，真是「六邪」齊全，有一堆爲了當官而當官的人，他們享受到官名及厚祿，只會看臉色辦事，這種官多他不多，少他也不少，他們形同具文，只會戀棧權位的「具宦」、「具臣」，另外還有的則是鬼扯硬拗，搶位子，搞權謀的種種「諛臣」、「奸臣」、「讒臣」、「賊臣」和「亡國之臣」，我無意一一點名入座，但看到今天台灣形勢日壞，民生日益艱苦，只是唏噓歎息而已。

今天馬的不滿意度已從七二·一%又升到七六·六%，滿意度則跌至一五·二的新低，不僅經濟成長率連九衰，財政崩潰的危機也迎面而來。台灣已到了搶救的最後關頭，可是我們所看到的，仍是他聽了逆耳忠言即忙著反駁消毒，一點也沒有急迫的改革感，仍在忙著搞權術搶位子，難道真的要把台灣搞成丐幫之國才甘休？

台灣需要「敢於認錯」的領導人

有個英文Apology，它的原始意義是「辯護」，到了十六世紀後產生了反義的「道歉」，從此「辯護」和「道歉」這兩種行為相互糾纏，而且「壞道歉」及「不誠實的道歉」愈來愈多，由這個字的意義變化，其實已顯示了人類的文明是在退化中。

「道歉」的真正意義是在說，如果一個人做錯了事或做錯了決策，使得別人受害，那麼他就應毫無抵抗的道歉認錯，透過他的道歉，受害者得以慰安，雙方的關係也才可以和解。由於他經過了道歉的良心洗滌，他的理性與感性也才可以更上層樓，當有類似的情況發生，他才不會重犯錯誤。正因為有了「道歉」這種文明新元素，人類的公私行為才有可能日臻進步。

不過，劍橋大學前兩年出版了新罕布什爾大學哲學教授史密斯（Nick Smith）所著的《我錯了：道歉的意義》一書。書中指出，近代由於政治文化的改變，政治人物愈來愈恐懼一切攤開到陽光下，如果他們對某件錯事道了歉，有可能整個人格都要被迫攤開，於是打死不道歉，錯也要錯到底的壞政治遂告出現。另一位波士頓大學的哲學教授格里斯渥（Chorles

L. Griswold）在他所著的《請原諒：一個哲學探索》中也指出，政治人物認錯，必須冒著被人認爲他很愚蠢的風險，爲了要證明他很聰明，他自然只會鬼扯硬拗。史密斯教授即表示，現在乃是「假道歉」、「真硬拗」流行的時代。政客犯了錯誤，打死也不會承認錯誤，而只會東躲西閃，拚命玩弄語言修辭遊戲，意圖來稀釋掉他的責任。他表示：「假道歉」和「不誠實的道歉」有如政治上的爛水果，這只是當代政治日益腥臭的原因。

由當代政客犯錯而死不認錯，千方百計的搞「假道歉，真硬拗」伎倆。我們就要回頭來看台灣自己了。馬總統連任迄今，他的油電雙漲及證所稅等已把台灣搞得雞犬不寧，民怨衝天。日前他接受《亞洲週刊》訪問，宣稱「油電宣布漲價的方式與時機都有檢討的空間，政府不應再犯這樣的錯誤」，既然他承認政府犯錯，那是誰的錯誤呢？搞了老半天，原來是「時機不對」，一句「時機不對」，他就把自己的責任撇得一乾二淨。用「時機不對」當做硬拗的理由，一定要先問自己，爲什麼「時機不對」的問題在許多國家並不是問題，只有台灣一切都是「大環境不佳」、「時機不對」？

近年來，有關「道歉」的研究，已成了西方的一種新的顯學。爲什麼這個在以前是個相當冷僻，很少有人感興趣的課題，近年來卻專著和論文日增，我的見解是：

一、人類的公私行爲都應有基本客觀的準則，有準則才會有對錯與是非，但到了當代，由於媒體掛帥，宣傳當道，是非對錯的基本道理已告漫漶，一切只剩下語言修辭，政治人物對自己的天職，何者應爲，何者不可爲，犯了錯就應知道羞恥而認錯改正，已無所謂。本文所提的史密斯教授即明言，當代政治已把一切看成是「語言—行爲」，隨波逐流，鬼扯硬拗的沒良心，無是非的政治遂告出現。當代政治亂七八糟是有原因的，人們開始重視「道歉」的問題，已隱含了對當今政治的批判反思，希望重建以責任感為中心的新政治。以台灣為例，我們就不需要一個只會作秀硬拗的領導人，而期待一個能一切務實，自己心中有是非肯認錯的領導人。

二、「認錯」這種行為乃是古典道德良知的核心。有良心、能尊重別人，從而界定出與時俱進的人我關係，乃是人類政治社會得以進步的主因。而虛偽不誠實，連句「我錯了」都說不出口的政客，其實是不值得被期待的。承認自己的愚蠢和錯誤，進而提高自己的判斷標準，這個國家才可能進步！

因此，我今天對「道歉」這個冷僻的課題稍作發抒，其實是心中頗有感觸。今天的台灣從大方向上起就全部錯，這乃是台灣每下愈況，而且很難好轉的關鍵。台灣現在真正需要的，乃是一個能承認「我錯了」的領導人！

與其更正別人，不如自我改正

台灣的馬總統外號「馬更正」，他認爲自己做的事都是對的，只有吹捧附和的人才是了解他的人，否則就是嫉妒和誤會，因此打從他從政起，就每天忙著澄清和更正。早年他還沒有那麼大，一切更正都自己來，現在他已位居頂峰，已可交代發言人和部屬去做，做來做去還是「馬更正」。自從《經濟學人》在報導中說他是「笨蛋」起，這個「馬更正」已開始走向國際。隨著台灣形勢的日益不堪，外國媒體對台灣的報導必然日增，往後「馬更正」一定更加忙碌了。

一個國家的領導人，真正應該念茲在茲的是國族的前途和人民的幸福，而不應是自己的形象和別人有沒有誤會這種芝麻餖飣小事。如果每天都在爲了形象的完美而更正，那麼「贏得了個人形象，卻輸掉國家和人民」這種最壞的結果即難避免，而非常不幸的，這正是今天台灣的走向。

因此，由「馬更正」的故事，我就想到當代政治學者波耶特（Joseph H. Boyett）在他那本《選民進化論》裡所提到的一種「自戀型領袖」這個問題了。

波耶特指出，現在這個時代已出了一種「自戀型領袖」。這是一種畸形甚至變態人格，它可能起源於成長期的心理創傷，以致於使得他有了一種極度不安全感所造成的自戀。他相信自己很特別，認爲別人總是誤會他和嫉妒他；他對個人形象的完美到了病態執迷的程度、保衛形象已成了他畢生最大的目標。因此他這種人總是醉心於成功，希望受到別人對他有明星式的崇拜。由於內心有極大的不安全感，他甚至對至親好友也顯露出相當淡定的距離；就靠著形象的刻意經營，這種自戀型的人物，在未發跡前，總是能揚其所善、隱其所惡的受人崇拜而一路攀向權位的高峰。

但波耶特也指出，這種「自戀型領袖」，由於他內在的核心是不安全感，因此他不太會信任別人，他也怕別人搶了他的光彩；因此，他會貶低別人，只用親信和庸懦恭順的手下，他公開的場合表現得好像很友善，但私下則傲慢且極跋扈。他那種過度的攻擊性與防衛心，當他權力愈大時會愈明顯。波耶特甚至說，「自戀型領袖」在他仍在向上攀爬時，由於尚有隱藏的空間，他的問題尚不致爆發；但等他到了頂峰，他那種過度小心和缺乏判斷的一意孤行，以及過度的攻擊性及防衛心，就沒有了隱藏的空間，他的失敗會在他真正成功時開始。

除了波耶特所做的分析足堪警惕外，近代第一個把出名成功這種現象當做政治經濟問題而研究，並開創了「名氣經濟學」的喬治梅森大學經濟教授柯文（Tyler Cowen）在他所著的《出名的代價》裡也指出，近代由於媒體發達，出名與形象經營的確已成了一種政客有利功成名就的資產，但政客爲了形象而使用的宣傳、欺騙、僞善、隱藏等手段也告大增。柯文教授在該書第六章〈出名與形象的黑暗面〉裡指出，在這個出名和以形象來獲得成功的時代，

古典的責任政治已日益稀薄，政治人物只在各種病徵上做文章，撈形象本錢，「獲得別人的鼓掌已成了重點，而不再是對自己的能力的自我反思爲重點」。柯文指出，在一個只管自己的名氣和形象的體制裡，弄到最後，乃是政客已失去了治國的能力。只在意自己形象的人，當他把具體複雜的多元問題、簡化爲形象好壞的正反二元問題，這其實是一種嚴重的思想倒退。這也是柯文教授認爲當代政客的無能爲什麼那麼嚴重氾濫的關鍵。

言至於此，我就想到一個從不在意自己形象的林肯，縱使公然輕侮他是「鄉巴佬」和「長臂猿」的政敵史坦頓，他也加以肯定，請來當戰爭部長。不在意個人形象，只注意國族與人民的未來，終於成就了他的萬世聲名。不看小只看大，乃能成其大，只看小小的形象，天天忙著更正，那一點點小，也會煙消雲散。因此「馬更正」何必要去更正別人，快快的去改正自己吧！

第三部（2012.11～2013.12）

政治退化與政爭

他的問題不是笨，而是壞！

上一期的「經濟學人」用「笨蛋，馬先生」（Mr. Ma the bumbler）稱呼馬，馬有哈佛博士的高學歷，這種人我們說他很「聰明」猶恐不及，怎麼可能是「笨蛋」？但他短短幾年，就把台灣搞得亂七八糟，形勢大壞，這也是不爭的事實，馬任內的表現，使我想起十七世紀法國思想作家拉羅什富科（La Rouchefoucaued）的那句名言：「最狡猾的聰明，會做出最不可思議的愚行。」馬一點都不笨，但他似乎比笨更糟糕，他是「壞」！

這時候，可能就要來說一下哈佛甘迺迪政府學院公共領導中心研究主任凱勒曼（Barbara kellerman）前幾年所寫的那本《壞領導》了，在該書中，他提到一種壞領導callaus，這個字不容易翻譯，它有「無情無義」、「自私」、「自以爲是」、「跋扈囂張」等含意。馬的領導國格只能用callaus來形容。

凱勒曼教授指出一種正常的領導風格，乃是領導者和他的徒眾手下要有「權力共享」、「投射民意」的機制，如此才可形成一組差不多的團隊。有了這種精神和機制，雖不保證事情一定可以做好，但至少不會更糟糕。但有一種領導人卻自大獨行，他對別人沒有感情，也不聽別人的聲音，以爲自己一定英明正確。這種人不可能是笨蛋，但卻聰明到了壞的方向。凱勒曼在書裡舉了幾個例子，我重複其中的兩個例證：

一個是前紐約市長朱利安尼。毫無疑問的他是個很厲害的作秀專家。當他還是檢察官時，當辦到政治正確的案子，他要去抓人時，一定會故意透露給記者，報紙、電視一定刊出他去抓人的神勇場面，於是他的聲名快速竄起，當選紐約市長。在「九一一」事件時，他作秀極佳，儼然成了國家未來領導人的預備人選，但除了作秀外，他在市長任內不重視人權，放任警察欺壓黑人及拉美裔的窮苦市民，黑人及拉美社區領袖要向他反映意見，他也相應不理。他充分反映了中上階級的那種高高在上的偏見。當紐約市民發現了他的真面目，於是他的聲望和氣勢遂快速的下滑，現在人們已很少再談他了。一個只會作秀，缺乏了公正做事的能力的明星，他竄起快，隕落得更快。

第二個例子是「紐約時報」的前執行主編雷尼斯（Howell Raines）。雷尼斯以前毫無疑問的是個傑出的記者，他曾創下一年的報導得到七個普立茲獎的驚人紀錄，他的聰明能幹無人可以懷疑。問題是當他被不次拔擢，當上執行主編，相當於台灣的總編輯時，他那種自大專橫、獨斷獨行的本質即告暴露，他會毫無理由的亂刪亂壓別人的稿件，他對同仁頤指氣使，他以爲自己無所不知，別人的意見都不值一顧，他專制跋扈，整個「紐約時報」的士氣被他搞得烏煙瘴氣。最後就是他的執行主編只幹了廿一個月，即在眾叛親離、老闆也生氣的情況下，被免掉職務。雷尼斯這種人當然聰明能幹，但他人生一旦得意，那種無情無義、自以爲是的自大胡爲即原形畢露。我們不能說雷尼斯笨，只能說他聰明得很壞！

由朱利安尼和雷尼斯這兩個聰明的壞人，我又想到了當代美國學者波耶特（Joseph H. Boyett）所特別強調的「自戀型領袖」這種人物了。他所謂的「自戀型領袖」和前述的聰明的壞蛋，實在是一樣的東西。

波耶特指出，現代已出現了一種「自戀型人物」。人懂得「自愛」是好事，但「自戀」與「自愛」不同，自戀的人只愛自己、不愛別人。自戀型人物可能在成長期人格受了創傷及扭曲，因而有著極大的不安全感，他不信別人，只信自己，這種人絕非笨蛋，而是有一定的聰明才智，他會發揮自戀的特質，一路靠著秀自己而走向成功，前面提到的朱利安尼和雷尼斯即可稱代表。但這種人物只愛自己，不愛也不信任別人，以為自己無所不能，因而當他們大到他們滿意的程度，他們那種獨特的自戀特質就完全顯露無遺，他以為自己天縱英明，沒有不會的事，別人的特點他都不屑一顧，他自大吹牛、獨行其是，表面的樣子看起來很客氣，但骨子裡則猜忌所有的人，也貶低別人的知識和學問，他很會保護自己，也很會攻擊別人，前陣子連勝文在提出「丐幫說」的同時，他也說到「那種搞權術為生的人」，他講的其實就是自戀型人物很擅於保護自己、鬥爭別人，對權術至為熟悉的特性。只是人們也知道，自戀型領袖當他大到一定的程度，他們那種獨斷獨行、跋扈囂張的本質總是會原形畢露，所以我們才說他們的失敗是在他們成功後快速的到來。因此說這種人是笨蛋，當然全都錯了，他們一點也不笨，他們很聰明，他們的問題不是笨，而是壞！

馬總統笨嗎？由最近國是會議的風波，他用國是諮詢會議為口號，企圖用四兩撥千斤移轉問題焦點，又立即召開院長會議要談年金問題，卻又要閃開十八趴等最重要的部份，其操

作問題的手段已到了爐火純青的地步。一個笨蛋是不可能那麼聰明的，這更加證明了他的真正問題不是笨，而是壞！

薩傑士讜論，政府官員應當參考

最近，我花了兩個長周末，讀了當代主要政治經濟學家之一的薩傑士（Jeffrey Sachs）教授的新著《文明的代價：衰退之後的經濟學和倫理學》，該書淺白易懂，但字裡行間洋溢著對美國前途的憂慮與關切。該書指出，整個美國幾乎已需要重來一次，要從一個自私自利的社會，變成一個「有心有感的社會」（Mindful Society），而政府也要結束被特殊利益團體綁架所造成的方向混亂，重拾早已失去了的公平正義，改善貧富的嚴重不均，重建政府的公共責任和重獲繁榮與幸福。

該書最獲我心的是第十二章〈高度效率政府的七種習慣〉。他所謂的七種習慣是設定清楚的目標和水準點、動員專家、形成長期計劃、關切遙遠的未來、結束被公司利益團體綁架的現狀、恢復公共管理、權力分權化。而最重要的乃是必須認知到有效率的政府必須是個誠實的政府這個鐵則。但薩傑士教授也指出，政府的改革絕不容易，政府早已有了惰性，而且既得利益者也會反擊，因而所謂的改革常會愈改愈糟。他在書中特別引用了前代政治思想家托克維爾的那句曠世名言：「一個壞政府最危險的時刻，乃是它要改革的時候。」

中場

薩傑士教授乃是哥倫比亞大學著名的經濟學家，他以前集中研究全球化的貧窮問題，近年來則擔任哥大地球研究所主任，也是健康醫療政策教授，關心環境與公衛經濟學的問題。他在該書中指出，近年來美國經濟一切向錢看，鼓吹消費主義和全球化，這已造成了美國產業的空洞化和競爭力的衰退以及社會的貧窮化。他除了對新自由主義經濟學強烈質疑外，對過度消費造成的假性繁榮不滿，認爲這種社會看起來金光閃閃，但那只不過是鍍金的閃亮，整個社會並沒有多少均富平等創新的真金含量。因此他認爲美國已需形成新的均等平衡共識，他也主張政府應加強教育、環境、醫療照護和能源這種具有未來性的投資。經濟的發展不是以消費爲目標，而應是以人民的生活幸福爲目標。

因此，在世界景氣依然未見好轉，而且似乎也不可能好轉的此刻，我讀了薩傑士教授這本觀點相當另類、企圖心也很大的著作，心裡實在很有感覺。薩傑士教授當過許多國家的發展顧問，二〇〇二至〇六年間他甚至當過聯合國祕書長潘基文的個人特別顧問，他在本書裡的許多觀點，我認爲對今天的台灣政府亦極有價值。

由薩傑士教授的新書，我就想到《經濟學人》十月十三日至十九日那一期的「真正的進步主義」封面故事了。對《經濟學人》台灣的統治者可能很感冒，但這份雜誌卻無疑的是世界頂級的雜誌，它經常都能以認真的研究、預見興衰且能帶動時勢。在十月份的那一期，它就以極有學問的分析，爲當今各國的貧富不均發出呼號，該刊指出，人類有兩次鍍金年代，都造成貧富的強烈不均；第一次鍍金年代促成了第一次進步主義，而今天的世界拜金消費主義大盛，貪汙腐化和貧富不均比第一次鍍金年代更甚，因而該刊主張這個世界現在應到了第二次進步主義的時候，應停止劫貧濟富的國家政策方向。該刊那期的封面專題，與薩傑士教授的新著，真可謂是在相互呼應。

言至於此，我還是要重提薩傑士教授新著第十二章的觀點，他認爲今天許多國家的政府都失去了方向，政府的失去方向造成「混亂的社會」（Distracted Society）。政府也被少數公司綁架，專門會做出圖利大公司而爲害勞工與人民的政策。因此薩傑士教授主張，政府一定要誠實的面對問題，不要搞「謀略欺騙」（rig），趕快確定政府的公共責任，將國家的資源做出最有效的運用。政府應在還來得及之前趕快做出真正的大方向政策。今天台灣的政府已出現了嚴重的正當性危機，馬政府的不滿意度已首次超過七成，在這個時刻，請大官們把薩傑士新著找來拜讀一下吧。

政府無能失能，已成當代顯學

上星期的專欄我提到當代主要經濟學家薩傑士的新著，最近又剛讀了二〇〇一年諾貝爾經濟獎得主史迪格里茲新著《不平等的代價》即將由天下出版的中文譯稿。這兩位頂尖大師級的人物，他們共同關心的焦點之一，乃是當今政府無能及失能，最後使得整個國家失去了方向。足見政府的無能失能，所造成的失速失向是多麼的嚴重。

而研究政府無能失能問題的學者都知道，各國的無能失能有不同的類型，美國的無能失能是特殊利益團體牽著政府走；而中國則是專制造成了貪腐無能。而像台灣這種半民主半專制的社會，則是另一種無能失能的型態。台灣式的無能失能，就讓我想到一九八〇年代英國學者比爾（S.Beer）所謂的「停停走走政治學」（stop-and-go politics）。

一九七〇年代後期至八〇年代，英美的民主開始深化，媒體政治的時代也告到來，於是產生了一種新舊夾纏的奇怪領導人；有些事他有專制的特色，但更多事他則是個嚇破膽的人物，他沒有意願和膽識在許多事發生之初就站定立場。於是他的政府就成了一個亂七八糟，「走走又停停」的政府，完全看不到一個方向感。專制與懦弱的兩種缺點都在他的手上集其大成。美國學者加德納（John Gardner）甚至表示這種國家機器其實是「時開時關」（on-again, off-again politics）。

這種型態的無能失能，我們可以看到它的一些困境：

一、在大方向上，它仍有專制的遺傳，但在這個時代，專制已必須用民主來包裝，因此這種政治必然會有很多欺騙的成分，甚至有許多屬於知識詐欺、語言遊戲的成分。對於這種半專制半民主的欺騙，人們當知之甚詳。

二、而在許多具體問題上，美國學者喬尼斯（B. D. Jones）即指出：「由於政府缺乏意願和方法來抗衡別人的競爭性需求」，於是它只好東躲西閃，讓下面的人自己去打。馬是一個喜歡動輒祭出黨紀的人，但像退休軍公教慰問金的問題，他則不搞黨紀這一套，而是讓行政院與立法院自己去打。黨紀或不黨紀，完全沒有客觀的基礎，只是一種視權術需要而玩的手段。一種唯權術的政權，怪不得它的整個政府運作愈來愈癱瘓錯亂了。

三、這種政府由於專制起來就任意而為，膽怯起來就諸事都不為，它自然不可能有國家長遠的目標與規畫，只是隨波逐流。無能失能最後一定走到迷航失向的結果，這乃是今天台灣最大的困境。今天整個台灣洋溢著迷惘不安的氣氛，有的人是無端的憤怒，有的人則只求得過且過，但就是沒有一個有方向感社會才會有的社會積極性。我甚至認為在無能失能這個問題後，台灣的學術界應準備去研究社會與國家的退化問題了。

一個社會與國家，最重要的是要維繫住社會與國家最重要的公平與正義，當有了公平與正義的最低限標準，至少這個社會與國家的基本認同不致於渙散，然後可以逐漸形成新的方

向感，可以替國家保持元氣。我最近讀薩傑士及史迪格里茲教授的新著，已明確的感覺到，他們都共同的關心當今的政府無能失能問題；而且都共同主張，降低社會不公平的程度，從事經濟與倫理人心的革新，乃是讓美國重獲繁榮的不二法門。在讀了他們的新著後，我油然有感的是，台灣政府的無能與失能，其實在程度上是比美國嚴重了千百倍，但台灣的統治者對自己政府的無能與失能卻是完全無感，仍然藉著台灣社會的藍綠矛盾，在玩弄著他的權謀遊戲，而對台灣迫在眉睫的經濟停滯膨脹，退休軍公教的不當非法特權，以及國家未來的財政危機，仍在以一種事不關己的冷漠態度繼續唬弄拖延。對危機的麻木，是在替更大的危機做著奠基的工作。最近這幾天，政府對退休軍公教慰問金問題又再拖延，而在拖延中國民黨自己內部又鬥成了一團。行政院的慰問金是假改革，假改革造成的內鬥是無聊的假內鬥。而台灣的真改革何在？

治國要用常識，不能反常識

上星期五，承蒙花蓮縣長傅崐萁先生好意，邀我到花蓮縣政府演講，講題內容之一是「常識治國論」，因為我認為當今的台灣已很悲哀的走到了「反常識治國」的錯誤方向。由於這個題目涉及了思想史，因此在演講中我只能簡單提到，不能從學理上加此申論，願在此引申。

任何研究政治史及文明史的都必然知道今日的文明，是開始於十八世紀的啓蒙精神，後來的科學與工業革命以及制衡式的民主政治都由此而發生。

而要理解那個時代，就不能疏忽了當時蘇格蘭的道德哲學家里德（Thomas Reid），他後來做到蘇格蘭格拉斯高大學的哲學系主任，在他之前，經濟學之父亞當．斯密及亞當．斯密的老師哈奇遜都坐過這個位子。在那個時代，哲學思想充滿了各種玄奧的理論，他認為這對人類文明的進步意義不大，於是他遂提出「常識哲學」。他認為科學與道德事實上都有自明的經驗法則存在，人類本身就帶了真理之光，人對甚麼是對錯，甚麼是真假是非，都不難判斷；因此他主張人們要追求不離開經驗的系統化科學，要去追求常識的公平正義。他的「常

識哲學」沒有太多學術上的空談，對那時的蘇格蘭和英格蘭科學上飛躍的進步，發揮了很大的作用。當時有個美國留學生拉什（Benjamin Rush）在愛丁堡大學就讀，他對里德的「常識哲學」極爲崇拜，他就把常識哲學介紹給了他的美國作家朋友潘恩（James Paine），並建議他寫的政論以常識爲名出版，這本著作對美國的獨立革命起了很大的領導作用，拉什學成後，自己也是開國元勳的一代，他甚至是美國醫學科學的先驅。

里德的「常識哲學」，除了影響到潘恩外，同時也影響了美國獨立宣言的起草人傑佛遜，獨立宣言中提到人民的正義乃是「自明的真理」概念，就是常識哲學最核心的前提。後來傑佛遜成了美國第三任總統，美國民主的制衡民主就是傑佛遜以常識治國所首創。

因此，「常識哲學」起源於蘇格蘭，使蘇格蘭成爲現代文明及工業革命的始源地，以常識的公理正義治國，後來在獨立後的美國發揚光大，美國開國元勳那一代都不談至高的學理，而重視經驗上的常識。當年法國思想家托克維爾在他所著的經典之作《美國的民主》裡，就推崇美國開國的那一代具有一種特質，那就是他們有著一種「正確理解的私利」，人們在追求自我的利益時，也能重視公共利益，這就是常識上的平衡。這種尊重常識和常識上顯露出來的平衡人性，不只成了治國的要素，也成了批評的主要價值。常識是一個社會自動形成的是非標準，統治者不能違背了常識而遂行其統治意志，違背了常識的統治，就等於是把革命權還給了人民。例如，二〇〇一年諾貝爾經濟獎得主史提格里茲（Joseph Stigliz）最近在新著《不平等代價》中，即重申托克維爾的「正確理解的私利」概念，他的意思就是在說美國政商勾串造成的不平等，已嚴重到違反常識的程度。

因此，「常識」是重要的，「常識」是一種自然神學的概念，它相信一個社會的正義標準和民心的向背，都有自明的道理。用我們的話來說，就是統治者要按常識的標準來治國，而常識治國就是「以天下人之心爲自己的心」，然後以這樣的心來治國。十八世紀新興的美國就是以常識來治國的成功範例。但今天的世界，包括台灣在內，統治者都是按自己的意志和黨派利益治國，整個統治方式愈來愈違背了常識；它不是以常識治國，而是以拖延的口號或空洞的禮貌等顧左右而言他的社會控制手段來治國。當整個統治的方式愈來愈反常識，常識的民怨就會更加沸騰。

近年來，我專門研究十八世紀西方社會飛躍式的進步，啓蒙時代的常識革命和以常識治國的政治革命實在是關鍵因素。英國殖民政府的反常識，使得美國人民以「常識」爲理由，革命成功，並開始了常識治國的新頁。常識太重要了。

媒體控制，在替新專制鋪路

十九世紀末，美國學者羅斯（Edward A. Ross）最先提出「社會控制」的概念。他指出，統治者或統治團體，都會極盡手段，用壓制、恐嚇、宣傳等各種方法來維護對他有利的秩序，並排除別人對這種秩序的挑戰。人類社會的進步指標之一，就是社會控制的粗暴野蠻與否。幾乎每個社會都有過以殺戮、逮捕、入獄爲社會控制的階段。

但到了近代，由於社會的變化，媒體的發達，社會控制已開始往媒體控制的方向轉移。前幾年，美國最後一個世界性的大師杭士基（Noam Chomsky）就寫了厚厚一大本《製造同意》，該書的重點就是說人們對一個秩序的同意，基本上是透過媒體控制而加工製造出來的，不同意的聲音則透過媒體控制使其消音。社會控制及媒體控制早已成了近代統治學最核心的成份。我可以在此舉兩個大家都知道的例證：

第一個是去年美國的「占領華爾街運動」，這個運動主要是靠網路串聯，主流媒體很少報導，但到了全球一百多個城市響應，在全球「行動日」當天，義大利發生警民對打的衝突，於是毫無例外的，所有主流電視報紙全都對義大利事件大登特登。透過這種選擇性報導，在公眾的印象裡，「占領華爾街運動」儼然成了暴力運動。主流媒體並沒有製造假新聞，而是透過選擇性的強調，巧妙的將運動汙名化，由此可見媒體控制的厲害。

再以台灣自己的經驗爲例，台灣解嚴之初，大大小小的群眾事件極多，如果我們不是太健忘，當記得那時的主流媒體對每件訴求並不感興趣，但對每次大型事件，卻在群眾留下滿地垃圾，妨礙交通及製造許多噪音上大幅報導。這也是一種巧妙的選擇性報導，透過這種選擇，它已不明言的影射群眾是一群髒亂沒水準的人，藉著這種影射，其實已在暗示這群人怎麼可能提得出什麼好主張？群眾勞師動眾的熱情，就被這種選擇性的報導，四兩撥千斤的手法貶成一文不值，群眾的正當性因此而被徹底剝奪。這已顯露出，台灣別的本領可能沒有，但在媒體控制上，一點也沒有落在人後。

而就是在最近，如果我們夠敏感，當可發現到此刻的台灣，已透過複雜的媒體控制機制，在爲「鞏固領導中心」展開新的造勢。人們當知道，國民黨不久前的「四中全會」乃是個大鳴大放的會議，包括吳伯雄、連勝文都開始嗆聲。但人們也知道，一個時刻愈是大鳴大放，權力者也就愈恐懼，愈需要提前表態要連任黨主席。

於是，國民黨最近遂出現很詭譎的氣氛，任何國民黨次級領袖只要有意見和中央不同，一定會被說成是對黨主席這個職位有野心，媒體也會對此大幅炒作；而主流媒體的記者也會對當事人緊盯不放，要他們在是否會參選黨主席的問題上表態。這也就是說，當今的媒體已在國民黨內創造出了氣氛，使得像郝龍斌、朱立倫、胡志強等次級領袖，在媒體的緊迫盯人下，不得不趕快表態他們是挺馬的。這也就是說，無論是刻意的控制或非敵意，今天的國民

黨高層已出現一種不挺馬就是有野心，就是有罪的氣氛。這種氣氛已成了國民黨高層的集體恐懼，馬也就因爲這種集體恐懼，在黨內更加毫無敵手。現在國民黨已開始放話要鞏固領導中心，必須全黨都支持馬。控制了媒體，就可以製造出有利於統治者的氣氛，台灣的媒體控制機制，真是青出於藍，舉世第一！

今天的國民黨已到了一個轉捩點，那就是它如果能改革轉型，就應加速黨內民主化，以能力來從事領導，並放棄以前一人獨攬大權的專制領導。但由現在的實際情況卻可看出，它離這種理想已愈行愈遠，鞏固領導中心這種舊戲碼已告再現。追究起來，這實在是媒體控制必然會出現的結果。

南韓因為人民強，政府才強！

南韓大選，朴槿惠勝出。我對南韓政治人物沒有特殊偏好，朴槿惠勝利我祝福，如果文在寅勝，我也祝福。因爲韓國的兩黨均勢已定，無論誰主政都不可能胡作非爲，都必須全力以赴。韓國是個可以放心、値得稱讚的國家。

對於南韓的崛起，前幾年「經濟學人」有一期曾討論過南韓內在精神的改變，那篇報導中指出，自從一九九二年起南韓的宗教人口就已是基督新教最多，這意味了南韓從一九九二年起就已是亞洲唯一的基督新教國家。如果人們對國家與宗教的關係有理解，當會知道新教國家有種特質，那就是它的國民著重抽象思考，重視基本的原則，講究原理原則及長期的規劃，這種特質並非無懈可擊，但它顯露在國家經營上，就比較有條理和有抽象的國家方向。就以今天的歐洲經濟危機而言，全部的歐豬國家不是天主舊教就是更古老的希臘正教。舊教國家的政經會比較混亂，這點在政治思想史裡早已有了定論。近代政經力量強大的國家，如美英德奧瑞士荷蘭等無一不是新教國家。

也正因此，南韓具有許多國家特質，它的人民講原則重是非，該爭則爭，該抗即抗，南

韓的農運工運學運，其凶猛激烈的程度舉世第一。正因爲人民凶猛，逼得統治者和老闆們也必須努力以赴，韓國在亞洲創造了一種強人民、強企業、強政府的特別模式，如果像台灣的政府那麼無能，在南韓恐怕已被推翻好幾次了。

南韓政府由於存活的壓力極大，已被逼得不努力都不行。韓國在一九六六年成立科學技術研究院，翌年成立科學技術部，確定了科技建國的大方向，隨著國力的逐漸增強，近年來它的科技發展及科技品牌經營業已一日千里。目前韓國已定下遠程目標，到二〇二五年成爲全球科技前七大，資訊化爲前五大。目前的三星已敢力拚蘋果，現代汽車已在與豐田拉鋸；除此之外，它還有航空太空計畫，要在二〇二〇年進入全球前七大航空工業國家之列，此外它對文化工業也不含糊，要把韓國料理發展爲世界五大飲食之一。要把南韓變成漢醫藥研究中心，當然更別說它在大眾文化上的驚人表現了。韓國的騎馬舞走紅世界，那絕不是偶然，而是創意與經營。這些事如果十年前就說，人們一定認爲是在做春秋大夢，而韓國真有這種造夢的能力，韓國只不過是個中型國家，卻敢做大國都未必敢做的夢，的確是個奇蹟。

而南韓的民主統合黨也不含糊，它在反壓迫爭民主上功不可沒。它更大的貢獻是在維持南韓的國家自主性，像南韓這種被壓在列強中間的國家，一不小心就會成爲別國傀儡，而民主統合黨的金大中及盧武鉉堅持走自己的路，金大中敢和柯林頓對嗆，盧武鉉也敢說「朝鮮半島緊張，是美國人的利益，並非兩韓人民的利益」，南韓是在以和平的手段主導未來的和平統一，當然是南韓統一北韓，一定不會是讓南韓被北韓統一！

因此南韓是東亞一個奇蹟式的國家，南韓在東亞是個後發的國家，當時台灣在搞十大建設時，南韓還連一撇都沒有，那個時代台北與漢城間，主要都是韓國的考察團來台灣取經，而今風水輪流轉，韓國已後發先至，近代國際經濟上有一種「跳蛙理論」，這個理論是在說，一個國家如果有見識、有魄力，可以像會跳的青蛙一樣，三跳幾跳，就把別人甩在腦後，而毫無疑問的，南韓正是近代元氣最豐沛、最敢跳也最會跳的國家，它是世上最大的跳蛙！

看著南韓這隻最大的跳蛙一路向前跳躍，台灣的命運遂顯得格外悲哀：

（一）台灣的人民最不講是非原則、軟弱多疑，日子得過且過，容易被挑撥分化。這種條件產生不了勇健的人民，當然統治者過得超乎常態的輕鬆，沒有凶悍的人民，就出不了有能力的政府和企業。大家都在混著日子，這種日子當然愈混愈糟。

（二）南韓身處東北亞的列強之間，它堅持自主性、誰也不靠，一切靠自己。自主的責任意識，使得南韓只好拚了命的去強化自己的能力，這種誰也不靠、只靠自己的志氣，乃是今天南韓與眾不同的關鍵，也正因為誰也不靠，一切靠自己，南韓反而贏得別人的敬佩。而台灣則恰恰與南韓相反，今天的台灣自以為聰明，這個也要靠，那邊的好處也要沾，只想在每邊沾好處，不碰壞處，它到處扮可愛、裝可憐，反而造成沒有一個鄰居喜歡它、信任它，美國不信、中國不信、日本也不信。這就是自以為聰明者的下場。而最看不起台灣假聰明的，當然是真聰明的南韓！

因此南韓大選結束，我不認為南韓會有任何改變，南韓的總統五年一任，雖然朴槿惠選前說過，她要修憲改為可連任制，但肯定不會通得過，這意謂她從就職起，就必須帶領韓國

人去拚五年，沒有一點弄權術的空間。如果南韓和台灣一樣，可以先混五年再連任專權五年，那麼怎麼會有今天的南韓？

中場

來，在阿拉伯國家，特別是新加坡的先行下，國家資本已被開創出一片新的天堂，它們成立國家主權基金或國家控股公司，參與全球資本主義體系裡最高端的投資及購併遊戲。這種國家資本主義的新場域，近年來由於中國大陸及印度巴西等的加入，已使得國營企業有了完全不同的新角色，國營企業不再只是內部壟斷的企業，而是外部開創的經濟火車頭。國營企業在國家主權基金的支持下，可以購併外國油氣及礦產公司，以保障國家未來的需要；可以在海外成立公司，大面積的租地種糧食；可以購併外國公司，學得技術及管理能力，及進入市場；可以強化自己與全球的紐帶關係，更加耳聰目明，情報靈通。中國大陸的國企轉型升崛後，從二〇〇五到二〇一一年間，它的海外投資及購併已達三五〇項，總金額達四千億美元。中國國企已成了中國走向全球的火車頭。中國的新策略，印度巴西亦步亦趨的跟進。它們已改寫了國家資本主義的歷史，這也是近年來西方討論國家資本主義的著作大增的原因。

目前各個新興經濟體都已努力於國營企業的轉型升級，但反觀台灣的國營企業卻加速的走在退步的路上。過去台灣的國營企業只有內部的壟斷，不但沒有外部的開創，就是連內部的改革也無。這些國營企業吃著內部壟斷的爛飯，已吃出了不知長進的惡劣習性，它們不但沒有變成台灣經濟的火車頭，現在甚至變成了台灣經濟的大負擔。虧損三八七億的中油，每個員工還可領卅二萬年終獎金；虧損四三三億的台電，亦可領年終廿六萬。台灣的國營企業已成了吃國家，也就是吃納稅人的企業。台灣的國營企業，就使我想到清朝末年李鴻章旗下那時的國營企業，它們吃國家、把國家吃到垮爲止，只吃出了一堆特權官僚！

因此，今天台灣的國營企業已需要做一次徹頭徹尾大改革了。我根本不敢奢望要它們像其他新興經濟體那樣的國際化，因為它們根本沒有那樣的能耐。過去六十多年來，台灣的國營企業和黨營企業早已成了一個龐大的黨團資本體系，它以特權取勝，不以能力取勝。它以內部壟斷、國家補貼、分配利益為主。它們其實早已在慢慢的侵蝕著台灣的財政基礎，只是台灣以前整體情況尚可，人們對國營企業的特權無能力及浪費缺少了警覺，遂使得國營企業這個爛攤子愈來愈大。

到了今天，台灣經濟日壞，財政的惡化也正式浮現，這時候國營企業仍沿續以前那種特權腐化無能的習性才被公眾所知悉，並開始拒絕忍受。人們也才發現，台灣的國營企業吃國家、吃人民的程度原來是那麼的吃人夠夠。而它已吃了六十多年，難道人們還要讓它繼續吃下去嗎？

權力的傲慢是一種精神疾病

一九七〇年代是美國民權運動的年代，美國學術界當時對權力的病理學也做了有史以來最深入的分析。當年的紐約州立大學教授沙茲（Thomas Szasz）以及加州「激進精神治療學派」的許多精神科醫師，就對權力的精神病理學提出了洞見。

他們指出，現在的人雖然大家都知道人生而自由，但很少人知道人們其實是被很精密的鎖鏈所綑綁，統治者會自居主張，而後劃分敵我，形成一種排他性的壓迫結構，他們是好人，別人則是邪惡的壞人。當出了問題，別人的意見它就是不理會，縱使別人的意見再好，它都假裝沒聽到，等別人忍無可忍而開罵或走上街頭抗議，這時候它就忽然精神抖擻了起來，替別人猛貼標籤，說別人就是本性不好，有攻擊性，容易歇斯底里等。它就靠著這種貼標籤，而造成大眾的習慣，於是它那種壓迫就反過來證明有理。

沙茲教授在他的著作《意識型態及精神異常》裡因而指出，壓迫的體制，本質乃是一種精神變態，它以精神虐待別人爲要件，別人有什麼意見它就是不理，等到別人忍無可忍而開罵或抗議，始作俑者的它就可以透過貼別人標籤而佔到惡人先告狀的便宜，權力的虐他者可以享受到虐他的極大樂趣與好處，這也是虐他式的壓迫得以長期存在的原因。

因此，當年美國西岸的一群精神分析師出來組織了一個「激進精神治療學派」，這個學派的掌門人史坦納（Clamde Stainer）即明白指出，政治的傲慢與精神的迫害，本身即是一種虐他式的心理疾病，這種心理疾病已被內化進了社會及政治控制的方式中。這種控制方法會造成人們對政治及社會的疏離，對現狀不得不忍耐接受。他指出，如果要恢復人的真正自由，唯一的方法就是體察到這種權力的病理學，社會上的人們一起站出來揚棄這種迫害，轉化出真正的義憤才有希望。美國經過一九七〇年代這一輪對權力的病理學反思，寓壓迫於歧視中的政治控制方法才逐漸停止，當權的人物與政黨才不敢繼續傲慢下去！

因此，權力的傲慢乃是一種精神疾病，它是一種以虐他爲核心的政治迫害，而今天台灣的馬政權就是個典型的例證。

二〇一二年，乃是台灣嚴重退化的一年，台灣的經濟表現幾爲亞洲主要國家之末，國民平均每戶收入已跌回到十四、五年前水準。由於收入不增反減，加上物價上漲，每戶人家的平均支出已增加了一一五八元，對大官這根本不是錢，但對小庶民已是嚴重的雪上加霜。除了這種經濟問題外，台灣還有財政瀕臨破產的年金改革問題，以及媒體生態改變的問題等，這些問題環環相扣，既是外在環境的改變，也是台灣內在環境的巨變，顯示出整個生存條件的惡化。

因此，如果馬政權是個有感能感而且有知的政權，在這樣的巨變時刻，早就動員官民政學商各界，召開大型的會議，這種會議是否可以叫做國是會議其實並不重要，重要的是台灣已需設法來重塑國家方向，並對各種迫切的中長程問題設定出解決的架構。有關國是會議的說法，不僅在野黨在說，甚至國民黨自己稍早前的四中全會也有很多人在提，主張的民意也高達七成之多。就是說台灣絕大多數民意都對現況感到不安。

如果馬總統真的有感有知，不管他以什麼名義召開這種會議，確定了國家的未來方向，這個功勞一定會歸諸於他，別人想搶也搶不走。可是人們都知道，馬別的本領沒有，但卻有一個最大的本領，那就是民意愈主張什麼，他就偏偏愈不什麼。這就是古代中國帝王式的傲慢心態，他認爲聽從了民意，他那種帝王式的權威就受到了損失。他這種權力者的傲慢，如果他真是天縱英明，每件事一發生，他就能本於擔當，立刻做出決斷，也就罷了。但在過去一年裡，台灣發生了多少事，他沒有一件是有擔當的做出決斷，幾乎每件都是東躲西閃的在那裡敷衍。馬已成了全世界少見的不領導、亂領導的領導人。

於是，就在最近，人民已忍無可忍的生氣了。今年台灣有四十八%的受僱者領不到年終獎金過年，於是火大的人民遂上街嗆馬。「一一三」嗆馬大遊行，原估只有十萬之眾，但最後卻跑出了廿萬人，如果稍有自我的反省心，就該好好自責一番。但本文前面已指出，精神異常的政客，當別人生氣上街，他的貼標籤立刻開始，他們又在藍綠惡鬥、民進黨又想要奪權上作文章。人民的聲音他不理不睬，這是一種對民意的虐待，等到人們生氣了，他們就真惡人先告狀的替別人亂貼標籤，他們真的很享受虐待別人的快感。

在「一一三」大遊行後，他們還送給了人民一個禮物，人們已經難過年了，他們爲了顯示自己的大恩大德，立刻表示今年他們不吃尾牙，第二天又說尾牙還是要吃，只是各單位拆

反核公民新社會運動的理論

一九七○年代，歐美各種新型態的社會運動勃然而興，思想理論界也開始討論這種現象。一九八一年秋季號的重要批判思想學報「目的」（Telos）上，刊出了近代德國思想大師哈貝瑪斯（Jungen Habermas）的一篇文章「新社會運動」，從此以後，近代新興的社會運動就被定了調，一個新社會運動的時代也被開啓。

哈貝瑪斯的那篇文章相當抽象艱澀，它的意思是說近代的新社會運動已和老政治和老社會運動不同。老政治和老運動，基本上以階級、權力和政黨等爲主軸，而新社會運動則在體制和人民生活世界接縫的地方發生。體制的官僚精英企圖以他們的權力將某些事強加於人民的生活世界上，這是一種生活世界的被殖民化和風險化，因此新社會運動是一種社會爲了自我保衛而出現的自主運動。因此，它不是簡單的經濟政治運動，而是涉及更多文化和生活選擇的運動，因而新社會運動必然更加複雜，也必須更加敏銳，它的運動特質也更加的新中產階級化，它更像是個巨大的彩虹。用抽象一點的說法，那就是新社會運動真正在爭的，其實是「一個社會的生活形成的文法」，也就是生活世界的細部規範，它的運動表達也更有彈性，才能形成一個龐大的聯盟。

自從批判理論大師哈貝瑪斯為新社會運動定了調之後，後來「目的」學報出了一份新社會運動的專號，將新社會運動做了更清楚明白的分析。該期專號指出，社會運動根據時代的變遷，可概略分為老社會運動和新社會運動兩個階段。老社會運動階段，社會看重階級、權力等根本問題，因此它對當權者形同是要搞革命，抓人關人殺人乃是常事，社會運動者自然必須秘密為之；而新社會運動階段，由於在爭的已和政權有了距離，它是在爭文化上的群眾影響力，當權者仍會在策略上打壓，但抓人關人殺人已不太可能，這意味著它已可光明正大的活動，強化運動的話語權，讓社會大眾在做公共選擇時可以有更多合理的選項。

近代新社會運動對社會的進步、民主的深化厥功至偉，但在台灣，新社會運動卻相當寂寞，這不是台灣的公民麻木或程度較差，而是國民黨的社會控制的確厲害。國民黨的邏輯裡，運動影響到它的權威，絕不可任其自由發展，因此長期以來它都用「政治化」及「污名化」的策略對付新社會運動，將其政治化，即可阻止對政治有潔癖的中產及中上階級參與；將運動污名化，即可壓縮掉它的成長空間。台灣的新社會運動主要都是知識份子及在野政治人物參與，中產以上的新面孔並不多，即是社會控制所致。

但這次的反核四運動卻不然了：

（一）福島核災造成全球的反省，尤其是歐洲德瑞義等國的廢核，已證明了台灣民間長期以來的「無核家園」，不是一種不理性的意識形跡可疑態，而是一種已被證明了的遠見。

（二）過去多年來核四的弊端頻傳，已使馬政府的擁核失去了正當性。而馬政府的無

能，更擴大了公民對體制的懷疑。在核問題的拉鋸上，正當性毫無疑問的是在公民社會這邊，而不是在體制那一邊。

（三）最使人感動的，乃是在反核四問題上，以前絕對不可能站出來的人物，這次居然一個個相繼站了出來，作家、導演、製片、名模、明星、歌星，這些人傳統上都被認爲是娛樂化社會的代表，他或她們從來就不會參加公共議題的活動。但這次在反核四議題上，這些不可能的人物都一個個站了出來，也帶動出青年一代的公民。這些名人這次發揮了他或她們的公民意識，也證明了新社會運動需要積極的公民，這種條件在台灣已告成熟，新社會運動要有積極的公民，要有更進步有效的動員方式，更重要的是必須有更多新面孔的中堅動員串聯人物，它才能將社會的麻痺性解除掉。這次反核四的動員實在是次動員的範例。

今天的台灣已和過去大大的不同，社會的發展已使得台灣社會的自主性日益凸顯，還使得社會有了更強的自我防衛機制，統治者企圖將他的意志強加於社會身上，整個體制企圖將他們的作爲加諸社會，要社會概括承受一切代價，這種對社會殖民化的舊方式，已不被公民們所接受。

德國思想家哈貝瑪斯說過，一個社會有生活世界自爲的文法，那是整個社會有機體的基礎，當它被侵犯，社會本身就會展開自我防衛，反核四不是公民對體制的侵略，而是一種反侵略。新社會運動本質上就是一種公民社會的反侵略運動。

目前反核四運動正在展開之中，從台灣社會的變化而言，這乃是第一次全民性的新社會運動。我樂觀其成，在反核四運動的推動下，台灣極有可能成爲亞洲第一個非核家園，對周

台灣反貪，愈反愈貪！

清廉反貪有兩種思考方式。

第一種是柏拉圖的西方模式。他在《共和國》裡在談到正義時，以小亞細亞古國多底亞的國王蓋吉士爲例。蓋吉士本來是個牧羊人，有次牧羊時大地震動裂開，他掉進了裂洞裡，撿到一枚戒指。如果他戴了戒指，把戒面朝外，他就會被看見，把戒面朝內，他就可以隱身，別人看不到他。他發現戒指的這種魔力後，就隱身進了皇宮，誘拐了皇后，而後與皇后勾結，殺死了皇帝，自立爲王。由於他有魔戒爲憑，做任何壞事別人都看不見，他遂可以爲所欲爲。柏拉圖的意思是，如果人們有了權力，可以做事不被人知道，他就可以濫權貪腐爲所欲爲。因此權力的秘密，乃是濫權貪腐的起源。這也是西方反貪把體制的透明化置於首位的原因。西方把反貪視爲體制的問題。

第二種則是中國古代的模式，它把反貪視爲個人的道德清廉問題，因此古代文人官僚遂充斥著「其清如水」、「一介不取」的教化與宣傳。

將清廉反貪視爲體制的透明問題，這種問題意識具有客觀性、可檢證性，當體制改革良好，不只清廉的好人會遵循，就是奸詐小人也必須遵循。把反貪視爲體制問題即可使這個問題變成可以檢證、可以執行的問題；但將它視爲道德問題，它就成了一個主觀認定的問題。中國自古以來各種自認清廉的貪官充斥，假借清廉而沽名釣譽之事多不勝數。由此可見把貪腐視爲道德問題是沒有用的，它只會鼓勵出言行不一、沽名釣譽、欺世盜名這種真正的大奸巨惡之徒。凡讀過歷史的，必知道王莽其人，他在權力尙未最大前，真是虛情假意作足了清廉秀，當他做大司馬時，甚至他的老婆也都穿得比僕人還不如。由於他的作秀十分成功，舉國歌頌，但他一到權力的頂峰，即真面目畢露，開始胡作非爲，最後搞得內政外交都殘破不堪，人民造反不絕。他的朝代也很快滅亡。

因此，古代中國將貪腐問題視爲道德問題這乃是一種封建時代愚民政策模式，統治集團可以用他們宣傳的清廉來欺騙人民，合理化它的專制。這種操控模式到了近代依然如此，除了統治者繼續他的清廉秀來合理化他的政權外，這種模式還可以產生言行不一的灰色空間，使統治者得盡好處。他可以得到宣傳自己是多麼清廉的好處，又可以得到手下貪腐的好處。

對國民黨本質有理解的都知道，國民黨上層雖然一直在宣傳它是多麼的清廉，但整個國民黨體制長期以來一直有一種角色，在施展它的國庫通黨庫、收受獻金、分配利益、收買派系的工作。十七世紀法國思想家拉布耶爾（La bruyere）曾說過：「不管一個大人物說什麼，他的身邊一定要有一群惡棍，幫他做不能叫正人君子去做的事。」這就是統治者在玩弄的灰色空間。

就以台灣的國民黨爲例，它表面上是個民主政黨，實質上卻是個全權支配的政黨，它必須有龐大的黨產和黨組織，必須有一些人從事金錢搬運的工作，必須有人來分配政府的利益給同路人，做爲政治的收買與回饋。據我所知國民黨黨政體系內，許多核心秘書所負責的即是這種不能叫正人君子去做的工作。

就以林益世案爲例，當此案初爆，明眼人立刻知道，這絕不是林個人道德敗壞的小貪腐，而是個組織性的大貪腐。林不是行政問題的專家，他被畀以行政院秘書長這種層次的高官，就是要給他足夠大的身分，可以去挪動南台灣的政商資源，俾做爲國民黨光復南台灣的基礎。他做的許多不能見諸天日的工作，其實是有所秉承的。這正是本案初爆，我就認爲此案必須大辦，並對行政院秘書長辦公室封鎖蒐證，那麼一定可以像串肉粽一樣，抓出一連串政商勾串與利益輸送的證據，可是台灣的司法並不公正，最後只能大案小辦，草草了事。

再以馬的黨主席辦公室主任賴素如涉貪爲例，賴以小小年紀即出任這種核心中的核心高官，她肯定不是做事有什麼特別能力，而是絕對效忠，可以承辦主子交辦的各種秘密任務。那就是處理黨產這種核心利益，幫國民黨搬運金錢等。林益世和賴素如都是馬身邊的惡棍，他們的任務就是幫主子去做不能叫正人君子去做的事。

因此，像林益世、賴素如這種等級的人物涉貪，說什麼馬不知情，大概沒有人會相信。林和賴他們本質上就是老闆任用來做不能見天日工作的人，他們穿幫了以後，當初任用他們的人再怎麼去撇清，也不會有人相信。因此我倒主張對賴案的偵辦，應當考慮以污點證人的方式將她列爲交換的對象，看她願不願意供出來自更高層的授意！

本文開始時，反貪有兩種思考模式，進步的民主國家把反貪視爲制度透明的問題，像最

恐龍法官的恐龍判文

中國古代有一種吏，叫做「師爺」，「師爺」的主要任務，就是替縣令做「刀筆功夫」，當縣令斷案，「師爺」就必須迎意承旨，替老闆寫判決主文。也正因此，中國古代的文體裡有一種叫做「判」，乃是收集了許多著名的判決主文，「師爺」一定要熟讀，如何施展文字功夫入人於罪，如何施展文字功夫大案小判，此中的伎倆，盡在「判」文的寫作技巧上。「判」這種文體，嚴重的影響到中國古代的司法。它的遺毒一直延續至今。我在年輕時曾讀過「判」文的選集，它文字華麗，東拉西扯，非常精於小題大作和大題小作的技巧，實在是中國人智慧的見證。看了古代非常恐龍式的「判」文，真讓人啼笑不得、夫復何言。

前幾年，我讀到紐約大學法律心理學家湯姆·蒂勒（Tom R. Tyler）所寫的經典著作《人們爲何服從法律》，這本書由普林斯頓大學出版社出版，蒂勒教授以非常實證的方法，提出了一個重要的論點，那就是人們之所以會守法，並不是畏懼法律的懲罰，而是依賴於對整個法律體系正當性的尊重。因此他遂主張，一個法律體系從法律的制定、執法到判決，最重要的目標就是要法維護自己的正當性，然後它才能規範人們的行爲，人們由於任何行爲都在法律上會有預期的結果，才會守法。如果法律體系自己缺少了正當性，人們的守法就會崩潰。蒂勒教授以法律體系的正當性，做爲解釋法治和社會控制有效性的第一原因，這乃是近代法律社會學的重大改變。徒然談嚇阻式的法治是沒有用的，法律制度本身一定要去建立自己的正當性。他所謂的正當性並非抽象的概念，而是經驗性的概念，法律體系是否有清楚的規範性，它的表現是否被人們尊敬等。

用蒂勒教授的觀念來看中國古代的法治，可以看出中國古代法律的執行與判決，乃是控制在師爺這種狡吏之手，他們可任意用刀筆功夫來解釋法律和胡亂判案，它完全沒有普遍的正義準則，因此古代中國的法治遂成了欺人壓人的吏治。最近電視正在播「水滸傳」連續劇，水滸傳就是在講貪官污吏利用法律欺人壓人的故事，因爲法律體系缺乏了正當性，於是官逼民反，所有受到不正義待遇的人遂殺貪官污吏，被逼上梁山。這種古代的造反現代當然不再可能出現，但今天台灣的法治，恐龍法官成群結隊，他們所扮演的角色和古代師爺相差無幾，他們胡亂寫「判」文，大案小辦和小案大辦，完全憑他們自己的意思亂辦。當台灣的司法體系已成了笑話，它怎麼會受到人民的尊敬，這樣的司法體系正在製造著官逼民反的最壞結果，台灣的法律體系正在對人類的常識回著最大的笑話。

林益世的貪污案，被台北地院合議庭三名成員大案小判，重罪輕判，甚至貪污罪都被辦成不是貪污，其他如林妻林母也都被辦成無罪，這起判決已被全台灣罵翻了天。這也證實了「台灣的法院是國民黨開的」、「台灣的司法碰到國民黨大官就會轉彎」等這種說法的正確。也正因此，這項判決一出，台灣立志要成爲貪官污吏的人立即出現爭著加入國民黨潮。

中場

林益世案的判決已成了台灣司法史上的重大護貪里程碑。國民黨是個護貪黨的帽子他們自己搶著戴在頭上，台灣在這項判決出來之後已毫無疑問地成了全世界最大的貪腐樂園共和國。對於這項恐龍判決的荒唐離譜，連日來台灣的評論已多，我無意加入批評的戰團，但似乎很少人從中國傳統的「師爺」、「刀筆吏」、「判」這種老式的「狡吏」這個角度切入。今天台灣司法的悲哀，乃是法官已成了統治集團的「司法刀筆吏」，他們藉著玩弄文字功夫，隨心所欲地或者入人於罪或者替人開脫，他們的「判」文，可以做很好的文本分析範本。林益世案的「判」文，花了近廿六頁的篇幅爲林益世開脫貪污罪，就是司法刀筆吏的絕妙好文，將來可以列入經典，供後生小輩膜拜。

林益世案的這三名法官的確深諳文字刀筆的重要，重點就是如果要替林開脫罪名，就必須把重要的證據設法說得不重要，然後在說理部分去東拉西扯，因此判決書裡遂：

一、一定要把陳啓祥「一刀斃命」錄音光碟的重要性降低，錄音光碟變成不重要後，利用職權索賄收賄即可被模糊化，於是法官找到陳啓祥曾剪輯錄音這個小瑕疵，遂在錄音上大做文章，雖然錄音有被剪輯，但它的內容並未改變，法官卻用曾剪輯這一點，就完全否定了錄音的價值。把對手的小瑕疵無限放大，用部分否定全部，這乃是詭辯學上的常用技巧，狡猾的官吏都懂得其中的奧妙，這三個法官亦不例外，他們真是狡猾的脫罪高手。

二、要幫林益世脫罪，一定要把貪污的定義縮小，因此法官遂在公務性質的職權行爲和林益世有無實質影響力這兩點極力硬拗，硬要把林益世的貪污說成不是貪污，當林益世不是貪污，林母林妻林舅等四人也就不符洗錢罪「重大犯罪」的前提。只是人們都知道，硬拗一定會走到違背常識這個方向，因此這項判決並不是「違背國民法律感情」，而是「藐視全體國民的常識」！

三、一項重大的判決，不可能只是個案，而是有連鎖效果的通案，當法官玩弄文字功夫把林益世的貪污拗成不是貪污，其實在法理上就等於爲一切貪污案開了後門，根據這個判決，台灣無論民代甚或大官，等於已沒有貪污這種罪名，而可以大貪特貪了。台灣已成了貪污樂園。

古代有師爺這種刀筆吏在玩弄法律，今天的台灣則有恐龍法官在玩弄「判」這種文章，台灣司法已死了，貪官萬歲！

「度估」的哲學和精神現象學！

近年來，我的知識興趣已轉向到了領導學，我一直試著想從領導學上，找到台灣的領導危機的關鍵。因此前一陣子，我曾在「不領導」、「亂領導」、「爛領導」這些近年來領導學的概念，來解釋台灣被搞得亂七八糟的原因。但我也知道，這種解釋只屬現象面，還沒有被拉到哲學面和精神面，因此這種解釋仍不全面。

但五月廿日發生了馬總統的「度估」（台語打瞌睡之意）風波，終於使我的解釋有了新的理論架構：

（一）近代的管理學在一九六〇年代曾有過所謂的「彼得原理」，該原理是在說，人在一個體制裡常常會時來運轉的被提到一個超過他能力所能負擔的位子上。當位子超過了能力，最直接的反應，就是他的位子有關的事由於超過了他的能力，他都不懂、沒有興趣，覺得倦怠無聊，當然也不會有感。

（二）當代美國傑出新聞從業員、「時代」雜誌專欄作者喬・克萊恩（Joe Klein）在他所著的《從羅伯甘迺迪到布希：爲何政府愈來愈沒有勇氣，只想戀棧權位而不會替國家做對的事情》一書中以卡特為例所發表之議論。卡特的才具最大只能做南方一個小農業州的州長，但時來運轉，他成了總統，他什麼都不懂、什麼也不會，也沒有興趣，他只有快樂的冷漠無知，談正經事他不專注，他的親信也同樣的無知。因而喬·克萊恩遂談到，十六世紀的政治思想家馬基維利認為：「政府最大的罪惡乃是怠惰」，卡特乃是戰後美國最爛的總統，即是因為他的無知使他犯了「怠惰」（Indolence）之罪。

（三）由馬總統的「度估」風波，我突然想到馬的領導危機有了一個新的哲學和精神現象學的切入點，那就是當代最新興的「無聊」、「倦怠」的哲學研究。

近代有許多人文學家已注意到，人類有一種既是病、但也不是病的精神行為，那就是「無聊」、「倦怠」（Boredom）。當一個人找不到人生努力的方向，這時候，他就會凡事打不起精神，覺得精神疲憊不堪，這時候他就動輒想打瞌睡，打瞌睡成了他應付無能的逃避戰場。只有在打瞌睡中，才會覺得安慰。因此，「疲憊」、「無聊」、「煩悶」，乃是一種極為嚴重的心理症候。一個人如果焦慮、痛苦，那其實還是好的，因為這種心理狀態顯示出他有某種東西想要克服，俾使他不至於焦慮和痛苦；但「疲倦」、「無聊」則不然，「疲倦」、「無聊」沒有針對的目標，它只是事事不關心、無興趣所造成的倦怠，這種倦怠投向他自身，乃是自戀最極端的形式。他事事不關心，當事事迎面而來，他則用渾渾噩噩的煩厭倦怠以對，煩厭無聊的打瞌睡，即可以一盹解千愁。因此前代大哲學家黑格爾認為，倦怠而造成的打瞌睡，是一種精神上的虛空，它由無為到無感，不留任何正面的痕跡，打瞌睡乃是一種最原始的無知快樂。近代現象學大師海德格也說過，無聊煩厭的人，通常都會一直看手

錶，這種行爲動作所顯示的意義就是對這種人，時間已無任何正面的挑戰意義，他只在意時間的快快過去，而打瞌睡就是讓時間快快過去的方法。

因此，打瞌睡這種行爲在精神現象學上是有深意的，它指一個人的精神麻痺，凡事冷漠無感、無所用心，只是昏昏沉沉過日子的精神狀態，甚至反映了打瞌睡的人的人生態度。十九世紀的存在主義神學家齊克果認爲，一個人必須努力的探求人生的意義，當人生有目標有方向有意義，他就不會煩厭的打瞌睡，只有人生失去努力目標的人，才會有煩厭打瞌睡的空間。因此他認爲「煩悶打瞌睡」（Slumber, Lethargy）這種精神現象，乃是一種極爲嚴重的大罪。由於這種人對事事不關心，昏昏沉沉過日子，他其實已是在用他的無知無感不作爲，替自己和別人更壞的結果做著準備！

馬的喜歡打瞌睡是很有名的，以前的人多半用「他累了」這種鄉愿的態度，讓這個問題唬弄而過，並沒有從哲學和精神現象學的層次，去深入探討。人們不知道，政治領導人這種級數的人物，他們在大庭廣眾下打瞌睡，和小孩子玩到很晚，以及小老百姓睡眠不足，第二天常打瞌睡，是完全不同的兩回事，政治重要人物的打瞌睡乃是有其哲學和精神現象學意涵的。馬的精神恍惚動輒打瞌睡，所顯示的乃是他的職位超過了他的能力所造成的昏昏沉沉精神狀態，這種精神狀態乃是台灣治理狀態亂七八糟的淵藪。當年卡特地位大過能力，他對許多問題都不懂無知，卡特開會時的恍神相當有名。他們兩人真是活寶一雙。

自古以來，昏君與暴君乃是不同的類型。昏君是地位大過能力，因爲無知無感而昏昏沉沉、渾渾噩噩過日子。從古到今，昏君多半是許多人認爲的好人。坦白說，晉惠帝就是個很

政治的退化已在台灣發生！

前幾年，哥倫比亞大學出版了一本《退化論：進步的黑暗面》論文集，有關政治退化的那一章，是由聖路易大學教授吉爾曼（Sander L. Gilman）所寫。

吉爾曼教授指出，十九世紀乃是進步最快的時代，但也是西方思想家對「退化」這種現象開始有了警覺的時代。西方所謂的「退化」，最先開始的時候只是一個警戒式的比喻，但後來在許多學問家努力之下，「退化」已開始定性化。尤其是十九世紀大英帝國的首席思想家白哲特（Walter Bagehot）貢獻最大。他對政治的「蛀壞」提出了一套完整的理論。當一個國家風俗敗壞，紀律蕩然，政治已不能經由討論而制定政策，這個國家就已走到了退化的大方向。吉爾曼教授指出，對於「退化」的警覺，乃是美國當代學術的一個重要底流，重要的學術領域，都對可能的「退化」設下擋土牆，例如近代最重要的政治實證學家伊斯頓（David Easton），他對政治系統的研究，就是希望建立良好運作及能自控的系統來防止「退化」的發生。當代的領導學對領導的黑暗面也日益重視，也是希望公司組織及國家能夠免於「退化」，正是因爲西方對「退化」知所警覺，整個西方才可能出現較佳的微調機制，當一個人一個黨幹不好，很快就會被糾正或換掉，不容許它還有錯到底的機會。西方對於「退化」，社會是有防護網的。

但非常悲哀的，乃是今天的台灣已被養成了一種得過且過，富則富過，窮則窮過的苟存心態，儘管今天的台灣「退化」已開始表面化，台灣已不只是「菲律賓化」，甚至還是更糟的「第三世界化」，但我們也要注意到，當一個社會正在漸漸的失去，這時候人們反而會更加想鞏固他們已剩下的不多，這時候反而會更加麻木保守，對整體社會及政治的退化更加無動於衷。台灣是個對退化沒有防護網的社會！

今天的台灣正在加速退化，而退化當然和治理的無能密切相關，而且其脈絡清晰，歷歷可見！

在馬政府的第一個任期內，他為了求連任，諸事不為，只是拚命減稅，增加政府債務和經濟依賴中國，他的第一任已把台灣的政府帶向既窮又弱，台灣經濟空洞化，人民薪資倒退的情境。而人們都知道，「財政為庶政之母」，當一個政府的財政惡化，意味著政府藉著調控來維持公共利益的籌碼已告蕩然。就以近年來台灣不斷爆發的食品安全衛生事件為例，調控食品安全乃是任何政府的重大例行工作，它需要龐大的檢驗稽查人力及設備，但據「台灣公衛促進協會」的計算，台灣二〇一二年每人每年可分配到的食品衛生經費只有卅六元，美國在二〇〇八年為一六〇元，香港為四五八元。當政府對食品安全的調控已形同可有可無，食品安全的事件當然層出不窮了。美國當代經濟學家傑佛瑞．沙克斯（Jeffery Sachs）最近在著作中指出，財政的惡化將導致政府從公共利益上角色的大撤退。政府公共利益角色的撤

退，就是國家退化的重要指標之一。

馬政府連任後，他爲了歷史地位，突然由不領導而進入獨斷獨行的階段。近代領導學早已指出，一個體制最怕的就是這種自以爲是的領導人，他們判斷別人只是根據別人的身分如學歷等，而不根據別人的行爲。因此這種人只會形成親信徒眾，不會形成有能力的團體。他們凡事看老闆臉色，這種人只會錯上加錯，不可能對上加對。油電雙漲、證所稅、核能等問題獨斷獨行的結果，是搞到全民反彈，台灣的亂又升了一級。

而繼馬政府連任後的獨斷獨行，最近由十二年國教這個簡單的問題竟然搞得荒腔走板，變來變去，搞到現在仍未搞定，我們已可看出馬政府的退化又告升級，有政府已形同無政府。

當代領導學極關心一種獨我式的寡頭壟斷，這種領導人自以爲是，當別人有了不同的意見，他就會出現一種獨特的心態，認爲別人不瞭解他，對他有惡意，他是別人的受害者，這是一種奇怪的心理防衛機制，他是真正的加害人，但他卻假扮成被害者，企圖藉此來合理化他對別人造成的傷害。有這種心態的人是不可能有團隊，甚至於還會把整個體制細分畛域，親信是圈內人，非親信則是圈外人。他躲在暗處仍進行著操控，而整個政府體系則成了決策的圈外人，他們摸不清老闆的意思，一切事情自然且戰且走，變來變去，在這種搖擺不定的氣氛下，模稜兩可的「再研究」、「再溝通」，已成了官吏明哲保身之道，政府的變來變去已成了例行的常態。一個良好運作的政府，官僚體系應該是統治集團的第一線尖兵，而現在他們卻成了事不關己的圈外人，十二年國教搞到亂七八糟，不是沒有原因的。

而除了有政府變成了無政府之外，前述的沙克斯在批評布希任內的親信亂政時甚至還指出，當政府功能衰退，最後會貪腐逐漸擴大；布希任內最有名的是親信主持的國土安全部貪腐盛行，一場卡崔娜風災都擋不住，造成大災難。貪腐會是政治退化的最後結果，而這種親信貪腐的局面早已在台灣發生！

政治的退化是一種向下溜滑梯的過程，近年來的台灣已一步步的往下滑，溜滑梯會逐漸加速，但願我的預告是錯的！

中場

「台灣之春」的時間應該到了

當一個國家，無能、貪腐、濫權當道，國家已國不成國，軍官已成了魔鬼，政府則成了土匪強盜，這時候，人民就有權挺身而出，將國家從毀滅邊緣救回來。這乃是近代世界各國顏色革命和國家之春人民運動正當性的來源，而今天的台灣，台灣之春運動的時間應該已到了成熟的時刻，台灣已必須被拯救！

台灣從戰後的專制威權、白色恐怖一路走來，由於人民的勇健，而有了解除戒嚴、政府民選的新局面。但政府的民選只能說是一個開始，更重要的應該是趁著民主化的時刻，根據民主正義的準則，將台灣轉型、排除歷史的餘毒，整個台灣才可能成爲正常化的國家。但可惜的是，台灣的民主化，甚至經過政權輪替，這種民主轉型的偉業卻完全沒有進展，當民主缺乏了轉型，這時候，古老的缺點就會換上一種包裝而再現。今天的台灣淪爲一種選舉出來的暴政，就是台灣不進反退的關鍵。

一個真正民主的國家，講究的是以能力來領導治國，民主國家從來就不需要「鞏固領導中心」這種封建的價值，領導者的能力就是秩序的保證。但台灣的國民黨政府卻以「鞏固領導中心」為名，推動它的新專制政治。它以封建價值脅迫同黨的黨員，向它效忠，效忠這種封建價值當然就鼓勵出了無能的專制，它不論怎麼亂搞，國民黨員都必須服從支持。於是民主的「分政」就惡化成了民主的「暴政」。近年來台灣從經濟、社會到政治，都每況愈下，早已成了一種新的專制。

這種選舉出來的暴政，它可以假借獻金制而擴大貪腐，它也可以藉著利益的輸送而擴大地方派系的惡勢力，也可以用「依法行政」為名，鼓勵出苗栗大埔土地徵收案，這種政府儼然成了土匪強盜的野蠻政治。民主政治乃是複雜龐大的政治，如果一個當政者或執政黨居心不良，還可以玩出許多花樣。馬政權把民主政治玩成貪腐無能的暴政，這在當代民主國家裡已成了最大的異數。

近代民主國家早就注意到，一個政黨取得了政權，就可能利用執政的方便，讓它的官僚體系以「授權」為名，擅自立法或制定規章，這種官僚體系的「授權制」對民主會造成極大的侵害。因此民主國家對官僚體系的「授權立法」和「授權制法」都有嚴格的規範，就是害怕一個執政黨會濫用執政的方便而制定出侵害人民權益的法律規章或條約協定。今天台灣的「服貿協議」，就是件濫用執政的便利，以授權為名，嚴重侵害人民利益的事件。民主政治絕對不是當選四年，就可無法無天亂搞四年，而台灣卻恰好就是當選四年就亂搞四年的反面例證。一個選上的政府，就可以用封建的效忠價值形成一個黨意共同體，而亂搞四年，怪不得台灣在每個領域都會快速退化了。

一個封建性的選舉出來的政府，由於它只要求效忠服從，而不會在民主人權上去努力，

因此它的主要權力機構，愈是效忠叫得最大聲的，就愈被縱容，而可以無法無天腐敗濫權愈爲嚴重。近年來台灣主要的權力機構如政府、如軍隊，都嚴重的退化，軍隊甚至成了比黑道幫派還不如的超級大黑幫，軍方治軍不力，部隊士氣軍紀不高，但它內部的黑暗濫權卻極爲囂張，殺人整人虐待人的文化卻極發達。洪仲丘案就已把軍方黑暗濫權的本質展現無遺！近代有關集體邪惡的研究早已發現到，愈是講究效忠和服從的機構必定也最殘忍殘酷，殘酷的特權是用效忠換來的。你對我愈效忠，我就愈給你殺人整人的黑箱特權。因此洪仲丘不是給某個人整死的，他是被政府謀殺的！

今天台灣政府的無能、貪腐、濫權、甚至殘酷當道，換了別的國家，人民必定早已忍無可忍，但台灣卻不。台灣的政府有龐大的宣傳機器，會幫它硬扯硬拗，會幫它設定停損點，讓一切事情都被有效控制在安全的範圍內；一旦逾越了安全範圍，它所控制的媒體就會東拉西扯，將問題扯離焦點或將別人污名化。

台灣宣傳機器、媒體控制以及表演政治早已將台灣人民馴服化，當人們看到再大的不義也只是嘴巴上訐譙一下，當事情過了，一切又都船過水無痕。正是因爲台灣人民太過善良，太過忍耐怠惰，台灣人太容易統治，所以台灣的統治者才會最容易混，也永遠可以軟土深掘的得寸進尺，一直混下去。

因此，台灣的無能、貪腐、濫權、反民主，愈來愈走回頭路，人民自己也要負起一定的責任。當人民失去了批判的道德勇氣和採取行動的義憤，他們就等於已對國事日非棄權，國家的退化甚至亡滅，就會發生在他們面前。

馬英九對洪案真相不感興趣

洪仲丘冤死十二天時，國防部長高華柱請辭，馬英九當時的答覆是：不需要爲此事辭職，希望高華柱盡速釐清真相，妥善處理本案。

但洪案一拖再拖，已成了爆料到哪裡、他們才辦到哪裡；再加上錄影的「沒有畫面」，案情只圍繞在下層打轉，於是民憤愈積愈高，何時會民憤大爆發已不可知。

而就在此時，馬英九已宣布八月十一日他將出訪巴拉圭及加勒比海三國。如果洪案到八月十一日還沒有搞定，屆時民憤大爆炸，他出國心裡都會七上八下；如果各種民憤民怨集體發作，台灣亂了起來，他恐怕就會「出得了國，回不了國」，而必須有新的策略和時間表。

馬英九必須將八月十日設定爲洪案的D-day，在八月十日前必須把洪案這個火藥庫的引信拆除，他出國才能安心放心。

馬英九也必須爲洪案設定最後、也是最大的停損點，顯然的，他認爲高華柱下台就是這個停損點。部隊整死了一個兵，我馬英九用國防部長下台來賠罪，你們還鬧得下去嗎？馬英九認爲，高華柱的下台，等於洪案的引信已被拆除，他已可開始去做他的出國秀。

這就是典型的「馬氏風格」。近年來台灣紕漏不斷，每次鬧出事情，都顯示體制已必須進行重大改革，而馬或因無知，或因無能，對問題從不思考去做真正的改革，只是以拖待變，或以手段性的方法轉移本質性的問題。

就以洪案爲例，他在前一階段，認爲記幾個人過和辦幾個人，靠著這種懲罰秀，事情應該就可以擺平，因此高華柱根本不需要辭職，他對洪案的真相根本不感興趣。

只是台灣人要的不是這種假戲式的懲罰秀，人民要的是真相。當人民忿忿不平，馬遂被迫要重新設定高華柱下台這個停損點。馬英九栖栖皇皇，只是在停損點這種小手段上動腦筋，對所謂的真相，對台灣部隊的改革這種真正的問題，可從來就沒有進到他的腦袋中。

高華柱的下台，是否真的會達到停損的效果，可能不會如馬英九的預期。人們追真相的呼聲一定不會小下去，反而可能因爲高華柱的下台，而更加升高。洪案已注定成了台灣軍中革命的動力。

任何人都知道，洪仲丘案的真相是暴露出台灣軍中黑暗結構的關鍵性案例。台灣的軍隊和全球多數國家的軍隊都不同，別的國家，在基本的國家定位和認同上都很完整，部隊只需要管抵禦外侮這種作戰的問題，外國的軍隊根本不必管到政治，軍人效忠國家的價值也從來不會淆亂。但近代中國則不然。中國自清末湘軍淮軍起，軍隊就派系化，軍隊不是效忠國家與人民，而是效忠某人某派某黨。國民黨的軍隊在一九四九年之前是「蔣軍」，撤退抵台後叫做「黨軍」，它是保衛國民黨政權的武力。

因此，台灣的軍隊在作戰能力上進步緩慢，但在部隊控制上卻相當發達，它有龐大的政

戰監軍系統，管理士官兵的政治正確；它會以整頓軍風紀爲名，強化士官兵的服從。它的「服從機制」在軍中保安的條件下日益壯大，早已成了一個黑暗帝國，它可以「愛國」、「軍紀」、「國安」、「服從」等理由恣意去「管教」士官兵，而且軍中行政監察司法早已一體化，官官相護，弄死幾個人乃是常事，書面作業一番就會石沉大海，而且神不知鬼不覺唬弄過關。由洪案發生迄今，一堆人在那裡，掩滅證據的掩滅證據，用程序拖延的拚命拖延，已可知那個共犯結構是多麼龐大純熟。

因此，台灣的軍中已需要來一次具有革命意義的改變了。軍隊中除了戰爭技能、軍事演練、武器維修等屬於部隊專業事務，有其專業的管理方法外，其他如士氣、軍風紀、國家安全、人員教養等事務，有的屬於政治，有的涉及懲罰，它都應回歸正常面，亦即軍中在法律事務上應回歸民刑法，軍隊中不應有政治角色。除此之外，由於軍人的行爲有武力，會造成極大的效果，因此軍隊對於拒絕服從命令應有特別的保障規定。服從是一種美德，但也可能是一種禍害，軍隊的組織會使它的效果被放大，當然必須特別明白規定。

台灣的軍隊，從當年中華民國的「蔣軍」、「黨軍」時代一路走來，具有很多很壞的傳統，已應進行大手術式的改革，但在馬政府任內有可能嗎？

統治者沒有正義，只有算術！

這個世界非常殘酷不義，有許多人就這樣莫名的死了，一紙公文書就以「熱衰竭」或諸如此類的理由，落個死亡證明了事。許多人死得不明不白，了無蹤影。

但這種殘酷不義真的會就這樣永遠下去嗎？答案是否定的。馬丁路德·金恩在他死亡前夕有一次證道，他就說：「我們必將勝利，這個道德宇宙的弧形極爲綿長，但它的彎度卻是朝著正義這個方向。」正義總是會遲到，但我們要相信，只要人心不死，它最後總是會到來。

英國近代最傑出政治家之一的格拉斯東（W. E. Gladstone），曾於一八八六年在利物浦做了一次劃時代的演講。他在演講中表示，爲了要推動改革，「我會在群眾這一邊，遠離政治階級，因爲群眾這一邊才有真理、正義和人性。」格拉斯東乃是近代著名的改革家，他也是第一個將正義量化的思想人物，正義只在群眾集合之處，不在官僚集合之處，民憤中才有真理、正義和人性。正義之弧，是要群眾才畫得出來的！

一個國家出了問題，本來就是該怎麼辦就怎麼辦，該怎麼改就怎麼改。但對統治者而

言，人們視爲應該的事，他們卻永遠不會照著「應該」走。統治者在他們自閉的世界裡，當要求正義的人只在個位數、百位數或千位數，他們就根本不予理會，當作不存在，繼續軟土深掘；當千位數變成了萬位數，他們會稍微側目一下，企圖唬弄過去；只有當人民增加到了十萬位數，外國也開始報導，他們才會當成一回事。正義問題在他們的標準裡從來不是正義問題，而只是個數字問題。

用老百姓的話來說，政客天生就是一種犯賤的動物，當人民人數不夠多，他就吃你吃到夠。老百姓不想被吃，只有人數多到他們吃不下去時才會停止。這也提示我們一個道理：下次若真有事，一定要有超過百萬人上街。統治者乃是個欺少怕多、欺軟怕硬的族類。他們沒有正義，只有算術！

洪仲丘案就是個典型的正義算術學：

當洪案發生之初，雖然洪家人喊冤，網友及成大同學等基於義憤都在反彈爆料，但因爲這似乎只是鬧不大的小事，軍方及馬政府根本不當一回事，他們只是點到爲止搞個懲罰秀，就以爲事情即可擺平，再也鬧不下去。他們設了一個很低的停損點，認爲這個案子很容易就可擺平，至於真相問題，他們根本就沒在理會。甚至馬英九也認爲，高華柱根本就沒有下台之必要。在這個階段，他們認爲洪案的擺平很容易，拖個幾天就可混過去。

但隨著此案的發展，黑幕愈揭愈多，民憤已日益提高，七月二十日的白衫軍三萬人是個轉捩點。馬開始調整他的停損點，讓原本不必下台的高華柱下台。但三萬人雖然已經很多，對制度改革及真相仍然沒有構成壓力。在他們的盤算裡，大官多幾個人去洪家探望幾次、多上幾炷香、多摸幾次頭、放話說要賠償一億元，問題就可以搓掉。

至於真相和軍中改革問題，他們仍沒在意。他們以爲這些問題可以矇混過去。他們不知道，拖延及矇混只會使民憤愈拖愈大，對政府也更加失望。當時就已有人預測，七月二十日的白衫軍只有三萬，八月三日白衫軍再起，可能會有三萬人的十倍。而果不其然，八月三日有二十五萬人參加，如果還有第三次白衫軍，那就可能是百萬人以上，整個政府都可能被推翻。

二十五萬是個真正的數字，他們在二十五萬的壓力下，稍微收斂了敷衍的態度，比較誠實來面對問題。

只是他們能有多誠實？我卻沒信心。

洪案乃是命令殺人的案件，這種案件的究責必須從上面辦起，而不能找幾個小兵就扛起全部責任。洪案必須以完全不同的正義是非標準來辦，我不認爲台灣會這樣來辦。再者，本案的湮滅證據已到了差不多的程度，本案的真相爲何，我可不敢樂觀。現在軍方還有郝柏村之流出面，以穩定軍心爲名反改革。台灣的軍隊改革，本來就是非甘願的改革，現在又有了軍頭的反彈，將來已註定是個半調子的改革，風大雨小，不容樂觀。

因此，洪仲丘案對全民等於上了很大的一課，正義真理和人性都是算術問題，只有人民基於義憤，自動自發集合，超過十萬百萬，他們才會把我們當人看。否則軟土深掘，人民死了都是活該！

中場

我為什麼參加「一三三公民罷免運動」

二〇一一年八月二十四日，我不幸腦部小中風，我中風的程度屬於中度，走路和寫稿都極勞累不便，中風後我已極少參加公開活動。

但就在前兩天，承蒙好意，中研院的黃國昌先生打電話來，邀我加入「憲法一三三公民罷免運動」的發起，我二話不說就答應了下來。理由不是別的，今天的台灣已和清朝末年愈來愈相似，國家日益無能貪腐濫權，早已國不成國，許多人也家不像家，台灣已走到歷史上很難見到的大退化的方向上，現在已到了公民必須站出來救台灣的時候。

而救台灣的第一步，就是瓦解當今國民黨那個控制政權、也綁架了國會的那個結構，只有對共犯的立法委員發動罷免，他們才會感受到公民不滿的壓力，當立法委員有所忌憚，脫離那個吃人夠夠的共犯結構，馬政府才會有所收斂。

「憲法一三三公民罷免運動」只是公民救國的一種形式、一個開始。台灣人民已必須站出來自救。甚至如果有知識分子願意站出來，主張台灣的茉莉花和平非暴力革命，我也會欣然發起、參與！

認識我的人都知道，我本質上是個非政治人。我真正喜歡的是文學、哲學、文化藝術等問題方面的閱讀和思辯。但近年來，由於台灣國是日非，已逼使我不得不向公共領域轉移。我發現到，馬政府不思考不研究，因此錯誤的政策不斷，空頭支票也亂開。

馬政府由無能開始，最近這一年已變爲貪腐濫權，於是台灣經濟倒退，已快成爲亞洲之末；核四等案、服貿協議等更是濫權到了極致；至於大官的貪腐不斷，《會計法》的貪汙除罪化、苗栗大埔案，更顯示上級官威已告蕩然；而由毒澱粉事件、狂犬病的出現，則顯示政府的無能，已使社會的公共管理日益敗壞。整個台灣的上、中、下三個層次都在大幅度退化中。

而我們都知道，當一個國家在退化，這種累積出來的不滿，就會以一種不可預測的方式在某個事件上爆發。台灣的「二二八事件」在一個女菸販林江邁被毆案爆發，埃及的「茉莉花革命」，也是一個水果小販之死所引爆。台灣的洪仲丘命案，它之所以會造成二十五萬人集結，乃是洪案已發揮了凝聚人民不滿的催化劑角色。最近我和好幾位媒體界的元老見面，大家即認爲洪仲丘案的二十五萬人，已是「台灣茉莉花革命」的微型預演，離大型上演的時間已不再遠！

因此，今天台灣在倒退，社會在敗壞，人心在不滿。但這並沒有造成統治者的反省，原因乃是：

（一）台灣的統治者手下有龐大的宣傳機器和筆隊伍及嘴隊伍，明明不對的事情，他們都可以硬拗成似乎有道理，而且它的宣傳機器很擅於抹黑別人，使人民的意見無法聚焦。

（二）國民黨非常善於利用鞏固領導中心這種操作手法，藉以形成危機意識，用這種假意識來綁架它的國會議員和群眾，命令他們必須效忠。能效忠就可分配到利益，權位即可確保；拒絕效忠，可能就立委難保。馬政府之敢於一意孤行，不理會民意，就是它有龐大的黨紀機制所致。而且他們相信，現在的領導人雖然民意支持度已掉到只剩十三趴，但下次選舉，換個親信，經過宣傳機器好好包裝，照樣可以選上，他仍是實質的掌權人。

民主選舉制度，在台灣早已異化成了民主獨裁及民主暴政，只不過是選出個民主皇帝。要打破這種惡性的民主制度，一定要從罷免立委開始。當立委被迫站在民意這一邊，它的黨意命令才可能改變，台灣才可能有真正的民主，而不是僞形的、專制的民主！

因此，今天的台灣已需要一場新型的公民民主運動。台灣只有憲法、只有民主選舉是不夠的，罷免和創制等權利，已不能只是憲法裡聊備一格的幾句空話。台灣人民已需要真正的民主心靈轉型，公民不能再信賴權威。當人民對他們不信賴，而且願意隨時站出來反抗，這時他才會做出對的事情。當一個體制有太強的黨性和命令的服從性，這就只會養成統治者一意孤行、吃人夠夠的惡習。今天台灣已大幅倒退，民主已成了暴政，這乃是公民縱容所致，現在已到了公民們收回對他們的信賴，從罷免立委開始，瓦解那個濫權機制的時候到了！

「馬好人」「王聖人」的真相

前幾年，哈佛政治哲學暨倫理學著名學者湯普遜（Dennis F. Thompson）出版了一本論文集《恢復責任感》，書中的有些觀點助我良多，我在有些文章裡曾提過其中的一些，現在願再談他在〈私人生活和公共職位〉這篇論文裡的論點。

湯普遜教授指出，私人道德和公共道德乃是不相干的兩回事。私人道德著重在個人生活的一面，自己的居家生活，對妻子兒女以及對友人的態度等；而公共道德則是指一個政治人物對於公共事務應有的態度，如必須有是非、肯負責、有遠見等。一個人私人道德和公共道德都好，兩相得兼當然最好，但這兩者並無必然的相關性或因果性。一個私德好的人並不必然是個稱職的公職人物。這種公私道德之辨，美國有過最經典性的討論。那就是一八八四年總統大選，民主黨的克里夫蘭對共和黨的布萊恩。克里夫蘭公共道德極佳，絕對是個稱職的國家領導人，但他卻私德欠修，他和小三有個私生子的事鬧得好大；但布萊恩則不然，他的私人道德無可非議，但他無能貪腐亂搞卻人盡皆知，於是那次大選，遂成了「私德壞人，公德好人」對「私德好人，公德惡棍」最經典性的一次大選，幸而美國公民還算有程度，結

果是克里夫蘭當選。如果讓私德無可非議，但無能貪腐亂搞的布萊恩當選，美國史上一定會出現一個黑暗年代。

因此，湯普遜教授在論文中特別對當今美國政治上，喜歡在私人行爲方面做文章，發表了他的批評。他認爲一個社會、媒體和公民一定要有公私分明的判斷標準。他有一段話對台灣也極具啓發性。他說一個社會的公共人物如果過分在私人行爲上做文章，處心積慮的精打細算，那就是公共德性上的劣幣驅逐良幣，只會讓人注意謹小慎微的私人行爲不出差錯，而荒廢了政治人物對公共美德及責任感的追求。湯普遜教授已從另一種角度，將好人政治致命的缺點指了出來。由他的論點，我就自然而然的想到，我們社會一度拚命的宣傳「馬好人」、「王聖人」，到了今天又如何？

國民黨是一個本質非常中國的政黨。而人們都知道它的官吏教養就是把滿口仁義道德這一套當做口頭禪，做爲愚人自愚的手段。因此，中國是人類史上第一個靠宣傳立國的王國，皇帝大臣明明得盡了一切特權好處，但他們對那個特權結構從不做任何反省，一個個都在自己的私德是多麼偉大上吹噓宣傳。當皇帝的例必愛民如子，當大官的必然知書達禮、子孫賢良、生活儉樸，在私德上儼然都是無可非議的好人，但他們對自己的利益卻不放鬆，大話會講但大事卻不做。而他們這種自我吹噓的好人形象，在中國文化下有個知識陷阱，中國文化講究「修身、齊家、治國、平天下」，它把私德和公德連繫了起來，公德以私德爲基礎，一個好官的前提是個好人，因此自我宣傳是個好人，就可以很容易欺騙別人，讓別人相信自己是個好官，但這種靠吹噓、宣傳、欺騙而得到的好人形象真的就會變成好官嗎？馬英九在他權力還沒有最大時，做盡一切工夫，要讓人們相信他是個好人，靠著這個「馬好人」的形象，他贏得二〇〇八大選，二〇一二年許多人仍以「不管怎麼樣，他畢竟是個好人」，繼續投票給他，而今那個「馬好人」安在哉？

馬自從踏入政壇起，就非常明瞭中國式官場及深受中國文化影響的台灣選民的知識盲點，刻意塑造他是個好人的形象，他溫良恭儉，見人有禮貌，喜歡慢跑作秀，一雙鞋子和一床棉被用了好多年。這種私德宣傳乃是道德上最廉價也最討好的劣幣，人們已不會去過問他的能力和有沒有公共政策制訂視野等複雜問題，既認為他是個好人，這個馬好人必然是個馬好官。就靠著這種好人形象，雖然那麼多年來他並無任何具體的事功，但他終究能一路竄起，直到如今。

但這種靠著宣傳而加工製造出來的好人是真好人或假好人，今天大家都應心知肚明。他那句有名的「謝謝指教」，看起來很有禮貌，其實是一種最不禮貌，它等於是在說「隨便你們怎麼說，老子就是不理你」；他的存款多於他的所得，顯示他所宣稱的捐款都是在用特別費，這其實是自私而非慷慨。除了這些私人行為外，宣傳來的好人，宣傳久了自己也會信以為真，認為自己是好官，於是自以為是、擇惡固執的獨斷獨行遂告出現。騙人的最後是騙到自己。「假好人、真劣政」因此而形成，今天台灣搞得天怒人怨，遍地烽火，就是馬好人所造成的。

除了「馬好人」的騙局已被自動拆穿外，我還順便談一下王建煊這個「王聖人」。「王聖人」也是靠著形象塑造而竄起的人物，最後成了最高統治核心五院院長之一。他絕對有權

去推動監察權的改革，但他出任院長迄今，正經事沒做幾件，無聊事倒是鬧了不少，他說「馬的歷史地位就是無能」，在無能的領導下，他就應無所眷戀的辭去職位；監察權不彰乃是他的責任，他就應辭職負責，以他的下台刺激出監察院的改革風潮。但講了這麼多話，他只是像個路人甲般不提自己辭職之事，他這個聖人聖在哪裡？更像是個只在那裡狗咬狗的小丑。

因此，「馬好人」、「王聖人」攏係假，他們靠著宣傳私德而賺到名號，但在公德的責任心上都相當低劣。湯普遜教授說：「在討好的私人行為上精打細算，最後會扭曲民主，蛀壞了責任感。」他講的真是有道理啊！

馬好人和王聖人攏係假

前幾年，台灣大家都在說馬是好人，王建煊是「王聖人」。但到了今天，大概已沒有人在說「馬好人」、「王聖人」了。馬的新稱號已成了「馬笨蛋」、「馬邦伯」（bumbler）、「螞蝗帝」、「馬豺狼」乃至「水母」、「手有毒」，而「王聖人」天天都在鬧有的沒的無聊肥皂劇新聞，他已成了「王小丑」。這兩個人外號的變化，實在是給人上了寶貴的一課。

二〇〇一年，中國的記者作家吳思寫了一本很犀利的《潛規則》，他在這本書中指出，中國政治並無明確的正式規則，真正在運行且被大家習慣的是另一套「潛規則」，當大官學到的第一課乃是必須表現得很仁義道德，像個好人聖人，而在官場上他很快的就學到第二課，那就是人民是可以詐騙欺侮的，不欺白不欺，對人民的「合法侵權」遂成了真正的規則。

這也是中國歷史上宣傳的仁君賢相多得不計其數，但事實上猶如豺狼虎豹的苛政多得像海中之沙的原因。

所以從極早的古代，中國即懂得「文宣治國」。解讀夏商周三代的神話傳說，當時就懂透過非正式的媒體力量，製造統治者的各種好人聖人文化，來塑造統治的合理性、正當性，後來的大官及皇帝，更懂得仁義道德的宣傳價值，並讓教育也納入它們的手段，藉此軟化人民的不滿、強化人民對現實的忍耐力。

自我宣傳是仁義道德的好人聖人，宣傳久了，他們自己都信以爲真，認爲自己真的是好人聖人。於是，這些人自以爲是的膽子愈來愈大，苛政也愈搞愈極端。愈宣傳自己是好人，它的暴虐本質愈明顯，自己的錯也要認爲是對，更加擇惡固執。好人和聖人這種宣傳搞久了，他們另一面的殘虐、自以爲是、死不認錯、吃人夠夠等特性也袒露無遺。

因此，「馬好人」今天變成「螞蝗帝」，「王聖人」則變成了「王小丑」，其中的道理，實在值得國人思考。

台灣的統治階層，深受中國官場文化潛規則的影響，他們懂得在滿口仁義道德上搞宣傳、做文章。他們宣傳自己如何知書達禮、如何節儉，球鞋內褲棉被用了多少年。但他們拚命在個人道德上宣傳，把自己講成是個居家的好男人，而人們多半有知識的盲點，以爲宣傳的私德好，公德必好，於是靠著這種欺騙式的宣傳，他們的好人形象遂告確定。但如果仔細思考，他們好人聖人形象的獲得，其實乃是一種文化上的欺騙，近代倫理學早已證明私德和公德乃是不同的兩碼事。

公德與私德的代換性很低，一個謹小慎微的好人，縱使是真的也不足取，政治人物需要的是大開大闔的公德，要能體恤民情，制定出負責的政策，只顧自己私人道德的人，公德必然極差。

尤其最可怕的是，當他們在吹噓自己私德多好時，對政府的不公不義及貪腐濫權不聞不問，這等於是他們任用體制濫權欺人，他們得盡政治不道德的利益，這時他們的私德宣傳，就更是明目張膽的欺騙。而今天台灣上演的，就是這種打著道德口號的不道德欺騙政治。

就以馬的問題而論，他不斷在宣傳自己是多麼的好人，但在公共事務上卻縱容親信貪汙腐化，任由體制濫權妄行，而親信所得的政治利益，他當然是最大的受益人，而他的整個政府濫權胡爲，已將侵害民主和民生的「合法傷害權」玩到了最大程度。左手在演好人假戲，右手則真正做壞事，一個有公共道德的人會這樣嗎？難怪今天已沒有人再說他是「馬好人」，反而認爲台灣是「豺狼治國」了。

再以「王聖人」王建煊而言，王也是個謹小慎微，小公務員出身的人物，他早年非常懂得仁義道德的形象塑造，因而能以「王聖人」的名號竄起，最後成了監察院長，這是五院院長之一，已是最高的權力核心圈。

官已做到這麼大，如果他真的關心監察權的發揮，他一定可以推動監察院的改革。問題是他擔任院長至今，事情沒做幾件，無聊的新聞倒是鬧了不少。如果他是個真聖人，這次監院彈劾張通榮未過，他就應主動辭職，一者以示負責，二者也表示抗議。相信他的辭職，一定會造成震撼，進而促成真改革。但他戀棧權位，辭職的話不說，卻彷彿路人甲一樣，盡講些事情好像和他無關係的媚俗話。「王聖人」簡直成了「王小丑」！

因此，「馬好人」變成「螞蝗帝」，「王聖人」變成「王小丑」，已證明了欺騙式的好

人聖人是沒有用的，他們其實是假好人假聖人，日子久了都原形畢露。東方式的好人聖人可以休矣。在民主時代，需要的是有公共美德的人，他們必須聽取民意，必須主動負責來制訂政策，進行改革，而「馬好人」、「王聖人」，都是沒有公共美德的人！

他們命好，他們才有特權！

在進行現代政治研究的分析時，有時會把一個社會畫成一個同心圓，一切的好處，如利益和方便都往有權力的圓心集中，而一切的壞處，如受到惡整及不方便，則會向圓心之外發散。當時機歹歹，必須有人死掉，也一定是最外圈的最先死，圓心的那一小撮人，好處永遠少不了，壞處永遠輪不到。人間一切的規則碰到他們就會轉彎。

因此，十九世紀英國的改革家首相狄斯雷利（Benjamin Disraeli）遂說：「有特權者和人民分屬兩個不同的國家。」近代作家布魯克納也說：「有特權的小孩永遠都會碰到笑臉迎人的好臉色！」

副總統吳敦義的女兒吳子安與家人出國遊玩，到了桃園機場才發現兒子（即吳敦義的金外孫）的護照效期不足，於是找到吳敦義辦公室，吳辦大概打了幾通電話，機場的領務局遂發揮了這個政府從來沒有的效率，立即趕辦護照，一小時內即有了新護照。領務局人員還好心把他們一行人送上飛機，同機旅客「只」多等了十一分鐘，而不是一小時十分鐘，實在應該感謝外交部領務局才是。

吳敦義的女兒及金孫享盡榮華富貴的好處，這當然是特權的好處，立刻就被國人罵翻了天。我並不想參加到這罵特權的行列，而是想換個角度來看這個問題。

所謂「特權」的這個觀念及詞彙，乃是百分百的西方產物。西方早在十二世紀就已警覺到有「特權」這種行爲，於是設計出「特權」（privilege）這個字。它的意思是「因人設法」、「法律爲了個人而設」。對「特權」這種行爲有了警覺後，西方才有了「反特權」這種價值。

英國當代歷史學家希爾（Christopher Hill）遂說：「要一直到很久很久以後，有人來實現普遍的自由，否則世上唯有特權橫行。」中國人及台灣人近年來開始討論「特權」問題，字和觀念都是從英文翻譯而來。在中國思想裡，從來就沒有「特權」這種觀念和反思。

任何一個文明體系，一定是先對某種現象有了警覺和注意，才會形成概念，然後才有語言。中國從古代起，就對特權缺乏概念和反省，這並不是中國無特權，而是所有的人都把特權這種事視爲理所當然。當特權被視爲理所當然，難怪中國的古代和現代思想裡，都對特權問題缺乏反省了。

中場

由於對特權缺乏反省，於是中國和台灣遂出現一種很反動但又很認命的態度，那就是大家都認爲，那些享盡榮華富貴、得盡特權好處的人是他們命好，吳子安享受到特權的好處，是因爲她的命好。用命好命壞來合理化特權，乃是中國文化裡最糟的元素。前陣子，退休公務員得盡好處的問題鬧得好大，這當然是特權問題，但台灣的銓敘部長卻說，反對的人是「見不得別人的好」，特權是他們命好的思想已表露無遺。

因為把享有特權的人視為命好，中國人和台灣人遂出現一種很畸形的價值觀：當大官的可以享受到特權，可以「一人得道，雞犬升天」，這是他們命好，所以大家不要嫉妒，最好也去加入那個特權的競賽，當你有幸也能當上大官，你也可以享受到特權。官場的特權競爭因而形成。這也是中國及台灣社會的特權不會減少及消失的原因。

在官場上，自然也形成一種小官自動變成狗腿的文化。當小官的碰到大官搞特權，他們一定會很配合。堂堂副總統的女兒和金孫會找上他們，那是何等的光榮！本來不可能的事，也變成了可能。機場補辦護照是為入境的僑民而設，所以是在禁制區內，現在為了幫副總統的女兒和金孫，他們自己跑了出來，不必戶口名簿也可以，而且全程相陪，一下子就全部搞定。

政府的「於心不忍」已到了令人感動得要痛哭的程度，政府的好心及效能，如果有萬分之一分到老百姓身上就足以使人感激欲泣了。這些當小官的，面對大官要特權，為何沒有一個人敢說「不可以」、「恕難從命」呢？大官管部長、部長管小官，這是個特權結構，這種結構已在本案具現無遺！

本案明明就是起特權案，但事情爆發後，他們卻不承認是特權，猶在那裡鬼扯硬拗，吳辯說「孫子護照上沒有我的名字」，這已是在說謊，是「得了特權便宜還賣乖」。特權和硬拗，這個特權結構已註定會直到永遠。

他們命好，他們官大，他們有特權，他們有本領把沒理拗成有理，因此命不好的老百姓別再鬧了，誰叫你們的命不好？

香精、劣米、馬桶幸福指數

當代學者裡，美國喬治梅森大學經濟學教授柯文（Tyler Cowen）乃是第一個把「出名」這種現象用經濟學方法來研究的。他曾著作了一本經典小書《出名的代價》（What Price Fame？）。

該書的論點之一是，在媒體時代會出現一種政治領導人，他們每天和影歌星拚版面、爭時段，製造個人性的新聞，他說：「政治領導人應是一個社會公共道德的標竿，當宣傳式的假名愈來愈重要，該社會的道德庫存就會愈來愈少。」他的意思是說，政治領導人應該是一個社會、守法、誠信、負責、上進這些品質的守衛者，當領導人只做秀、不做事，社會的好品質沒有了標竿，這種好品質當然無人還會相信，於是搞宣傳、拚做秀，不拚實際的風氣必然大行，這是手段價值取代了目的價值，只會造成社會的自私、貪婪、欺騙。

柯文教授的論點，對今天的台灣實在很有解釋的力量，他的論點已將今天台灣「先有奸政客，而後有奸商」的現象做了極佳的說明。上個星期所發生的事，就是最好的樣版。

今天的台灣早已成了靠宣傳治國的「馬式風格」國家。馬英九擅於製造個人形象，而後靠著龐大的文宣機器來造勢，我們不能否認這種文宣招術，以前的確有效。但人們也知道，文宣營造出來的只是假象，能力做出來的才是真相，假象和真相如果相差不遠，宣傳的效果尚會存在；但當假象已和真相差距愈來愈大，這時爲了製造假象，就必須靠各種欺騙、玩弄數字的手法。

最近行政院主計總處，宣稱台灣是亞洲第一的幸福國家，甚至超過日本和南韓，這種說法已完全違背了人們的常識。它的確是一種「騙很大」的宣傳手段，難怪主計總處的幸福指標一公布，就被人罵翻，並諷刺它是「馬桶指數」了。宣傳的假象和真相愈差愈遠，後來的宣傳就只好在欺騙上動腦筋。

我們都知道，領導人對社會價值有很大的影響與決定力量。當一種價值被領導人所奉行，上有好者，下必甚焉，民間的人物自然有樣學樣。而上個星期，台灣所鬧出的幾則負面新聞，這幾則新聞又都是亂搞宣傳，形同欺騙的例證：

一是國民黨籍苗栗縣長劉政鴻，他深得「馬式風格」的真傳，任內就以辦文宣式燒錢的活動聞名。最近幾個月，他和馬一樣獨斷獨行，一個大埔案已搞得天怒人怨，而他仍不反省，反而更加宣揚自己的「德政」，彷彿是苗栗的恩主。劉政鴻獨斷獨行，另外則只搞宣傳、搞欺騙、自我造神，他已是馬的縮小版。

而以上星期鬧得好大的胖達人麵包和山水米事件爲例，這兩家公司都絕對稱得上是搞宣傳的奸商。山水米擅於搞宣傳，它深知自然生態是流行的價值，因此也推出個「有機鴨間稻」，一砲而紅。但鴨間稻發跡後，此一年營業額二十億元的大公司，卻去搞將進口低價劣

質越南米來冒充台灣本地米的行當。一個曾高喊自然生態的公司，竟然會做出汙染台灣心靈生態的惡劣行徑，它們講的是哪門子的自然生態？它們只是在搞宣傳，玩欺騙。

至於胖達人就更扯了，它的老闆以醫美起家，一開始就是以宣傳取勝，到了胖達人更是以天然食材、名人加持等惡德商法取得爆發式的成功，而人工香精及炒股才是它的真面目。這是奸商行徑，它和奸詐政客完全如出一轍。誠實無欺乃是從政和經商的根本態度，而今天，台灣人心的道德庫存裡，早已沒有了誠實和負責這兩種價值。

一個社會必然是先有了奸政客，而後才有了奸商。奸政客不務實際，只會搞宣傳。一個有良心、肯負責的領導人，會善盡政府的責任，做好管理工作，當政府會管理，其他的小政客及商人，就沒有貪圖僥倖的空間，大家就會老老實實做事賺錢，當人人守行規，進步才有可能。而一個無能的領導人，自己只會做秀搞宣傳，不去好好治理政府，整個政府的管理功能就會蕩然無存。當政府不負責、不管理，就等於替次一級的政客及商人打開了許多自私自利、違法亂紀、貪圖僥倖的法門，領導者自己那種搞宣傳、搞欺騙的方法就會被大家仿效。

今天台灣的政府官吏裡，一堆人都成了小馬英九。政治人物只會搞宣傳，不做事；而在商場上，只有會搞宣傳的不誠實者才會發財致富。這其實是有因果關係的——先有奸政客，才會有奸商，奸商都是奸政客的心傳徒弟，這些人一起造就了摻香精的假天然麵包、劣質假米和馬桶上的幸福指數！

此人已不適任總統和黨主席！

馬英九對王金平發動整肅式的鬥爭，事情一發生，我在「香港明報」的專欄就以「台灣的政治惡鬥已經開始了」，做了報導及評論，那是香港媒體的第一篇正式報導。

也正因如此，所以最近幾天，包括香港的「鳳凰衛視」、「南華早報」等重要媒體都好意的打電話來訪問，我都坦白的回覆說「馬英九已經瘋了」。我所謂的「瘋」，不是精神醫學上的「瘋」，而是權力病理學上的「瘋」。那幾位香港記者都程度不錯，當我說「馬英九已經瘋了」，他們都聽得懂，並發出會心的微笑。

近代對權力病理學的研究已相當深入。特別是學者和知識份子早已注意到「昏君」變成「暴君」的心理機制。當一個昏庸的領導人造成國事日非，這個昏君一定不會自我反省，而會以種種陰謀論將責任「諉罪」（Blame）於別人。當他的這種「諉罪」之心出現，於是「昏君」很快就會變成「暴君」。當年的明末最後一個亡國皇帝崇禎，他自己昏庸誤國，但最後他卻認爲是「諸臣誤我」，於是一切良臣武將全都被逐被殺，只剩沒有良心的吹牛拍馬等親信圍繞在身旁。一個大權在握的昏君，「諉罪」於別人是個太好用最廉價的武器。這就

是權力造成的瘋狂。因此，十八世紀英國著名的智慧詩人波普（A. pope）遂說：「最壞的瘋狂，是那種自以爲最聰明的瘋子！」

而今天的馬英九就已走在由「昏君」變成「暴君」的路上。他治國無能，現在只剩殺大臣來證明自己道德優越唯一的毒招和賤招。因此，在權力病理學上，馬英九真的已成了瘋子。

當年的英國文豪薩繆爾·約翰森（Samuel Johnson）曾說過，對於這種權力的瘋子，我們應該：

——「當一個這種瘋子，拿著棍棒跑到房裡揮舞，喊打喊殺，我們就要懂得自衛，我們必須用棍棒先將他打趴，然後再回頭來對他表示悲憫！」

因此，在權力病理學上，馬英九真的已是瘋了。他這次公開的站了出來，對王金平展開追殺式的整肅鬥爭就完全是權力瘋狂的行徑。上個星期，我爲了了解此案，特別訪問了很久不見的國民黨的相當高層人士，得出了這個事件的完整故事。

——馬英九真正決定對王金平下手，是在八月份他前往中美洲訪問，過境美國時，馬和他的第一號親信、現任駐美代表的金小刀見了面。當時就已決定了「滅王大計」，返回台灣後，馬又和另外的親信江宜樺、羅智強、黃世銘等三人，編好了「滅王劇本」。因此，馬鬥王的整個計畫，除了馬本人外，台灣政壇上的「四人幫」已由暗處正式走上了台前，這四人就是金、江、羅、黃！

——馬對滅王大計自信滿滿，「四人幫」成員也態度張狂到極點。九月八日「滅王大計」正式展開前，府內召開了五人小組會議。出席者有馬英九、吳敦義、行政院院長江宜樺、國民黨秘書長曾永權、總統府副秘書長羅智強。在那個會上，曾永權是個沒聲音的圈外人，只有吳敦義對「滅王大計」唱反調，據內情人士所告知，吳因爲唱了反調，曾受到江和羅的圍剿。知情人士表示，江和羅對吳的圍剿，口氣凶狠，完全不像是對副元首談話，而像是長官在訓部下，最後馬居然與親信附和，暗示要吳閉嘴，那次五人小組會議後，馬還架著吳去開記者會。在那次記者會上，吳鐵青著臉，不發一言。事後吳和親友說「我已觸怒了龍顏」，國民黨高層則已有人說，「這次是王金平，下次就是吳敦義！」

——馬這次動用司法機器，靠著非法監聽，而展開整肅式的權力鬥爭。這種方法在當代政治學裡，叫做「道德法西斯」，它是指沒有道德的權力者，透過非法違法的特務監聽，蒐集政敵、反對黨及不滿人士的黑資料，然後擺出一副很有道德的面孔，將別人鬥垮鬥臭和進行權力的恐嚇及勒索。當年的美國聯邦調查局長胡佛，即爲「道德法西斯」的原型，他透過竊聽監聽，蒐集了三分之一國會議員的公私黑資料，因而可以爲所欲爲。他並竊聽到馬丁路德金恩召妓的床上錄音，希望藉此將金恩鬥垮鬥臭。後來尼克森搞出水門案，就是受到了胡佛的啓發。美國總統居然用特務當工具搞出水門案，這乃是不可原諒的大罪，所以美國國會才一致決定彈劾罷免，尼克森在彈劾案通過前只得主動辭職下台。而今天台灣的領導人對國會院長及反對黨黨鞭非法監聽，而且將監聽的材料自鳴正義的展開權力鬥爭，非法還自認有理，這已是對台灣人民最大膽的藐視。馬以特務手法鬥王，這已不是手段粗糙的問題，而是絕對不可以的問題。如果一個政黨還敢把這種事稱之爲黨紀，這個政黨就已不夠資格稱爲民

中場

主政黨，如果台灣有嚴格的憲法法院，人民其實已可要求取消它的政黨資格！

因此，馬英九惡整王金平，對台灣社會其實是上了寶貴的一課。台灣人民已知道權力病理學的瘋子是什麼樣子；也知道了國民黨的黨紀原來就是一個人無法無天的旨意；人們也知道了不只中國有「四人幫」，台灣的國民黨同樣也有親信亂政的「四人幫」，他們原來如此相似；人們也才知道馬英九表演的溫良恭儉背後是一張多麼殘酷無情的面孔。現在王金平在司法上確保黨籍上已贏得首勝，這顯示馬鬥王將會有得拖，在拖延中馬的垃圾步將會愈來愈多，他的瘋子程度將會變本加厲曝現在國人面前。

台灣人應該想一想，這樣的瘋子還能再幹總統嗎？國民黨員也該自問，他還有當黨主席的資格嗎？

馬有五大罪，應自知進退！

馬英九以非法手段對立法院長王金平展開整肅式的鬥爭，已成了馬自己壓死自己的最後一根稻草。馬的滿意度掉到九．二％，這是當代國家僅見的奇蹟。當年陳水扁民調降到一八％時，馬曾要扁「知恥下台」，如今他顯然已到了應「知恥下台」的時候。

由最新的發展，我們卻看到他還歹戲拖棚、要鬥王鬥到底，只是把殺氣騰騰的嘴臉，變成溫情牌，而後發動親馬派的媒體繼續對王金平追殺。這種虛假的溫情牌，以前或許會有效果，但現在人們已知其伎倆，不僅不可能有效，還可能反效果。

因此，「九二九我們上街罵英九」運動或許更值得注意。屆時國民黨的「十九全」可能會成為反馬大會，「罵馬」也可能演變成「倒馬」。一個只剩九．二％的總統，去日實在不多。主動下台而非繼續掙扎，才是替社會保留最後一口元氣的方法。歹戲拖棚，只會使社會的騷亂持續。

最近，我一直在思考「馬英九到底怎麼了？」這個問題，終於在幾本重要著作找到了可以做通盤解釋的觀點。

一是哈佛管理學教授凱勒曼（Barbara Kellerman）寫的《壞領導》（Bad Leadership）。書中指出，「無能」（Incompetent）和「無情無義」（Callous）乃是壞領導兩種類型。「無能」就是「昏君」，「無情無義」就是「暴君」。「無情無義」的領導乃是領導者妄自尊大、對別人都任意處置，要打要罵要殺都隨他高興。而「昏君」變成「暴君」是很容易的，今天是個無能的昏君，明天一轉眼就成爲「暴君」。馬英九的無能早已成了台灣全民共識，他公開的鬥王，顯示了他由「昏君」轉型成「暴君」！

另一本著作是兩個財經專家穆洛（Paul Muolo）和帕帝拉（Matthew Padilla）所寫的《鏈式互相指責》（Chain of Blame），這本書指出一種重要現象：人有一種劣根性，當發生了問題，經常不會就事論事的檢討解決，而是找替罪羊，對這個替罪羊做「卸責式的攻擊」（Blame）。馬自己無能，搞得立法院都不敢附和，卻將一切責任都賴給王金平，而對王展開「卸責式的攻擊」，這其實就是「昏君」變成「暴君」的心理學基礎！

其次，近代美國特務問題權威布洛德（David Broder）所寫的《警察國家》，書中指出，大權在握的人經常動用特務力量，蒐集政敵、在野黨、異議人士的黑資料，然後藉此進行權力勒索敲詐或迫害。當年聯邦調查局局長胡佛就靠著竊聽監聽，掌握了三分之一國會議員的公私黑資料，遂可以對國會予取予求。這就是「特務治國」，當年尼克森會搞水門案，就是受到了胡佛特務手法的啓發。布洛德在書裡說：「以打擊魔鬼爲理由，卻使出魔鬼般的手段，這乃是真正最大號的魔鬼！」馬動用具有司法警察身分的特偵組，進行非法監聽，即是最大號的惡魔手段。

再其次，前陣子重讀西漢重要的官員學問家劉向所著的《說苑》，劉向身在官場，對親信政治有深刻理解。他知道從政者喜用親信，於是不學無術的小人就群聚身邊。這種親信會奉承上意，相互拉抬，互相取暖壯膽，結成了一幫。這些政治上的劣幣就會驅逐良幣，忠臣良將將會被驅逐迫害。中國古代迫害忠良之事，近代中國有個「四人幫」，大家也都知道。中國的「四人幫」是四個人靠著與統治者的關係，占住了黨政的重要位子，於是黨同伐異，迫害元老忠良之事遂不絕如縷，最後搞得天怒人怨，元老忠良才團結起來，將「四人幫」剷除。

而今天由馬鬥王，人們看到台灣的「四人幫」是多麼張狂，這四個人是金小刀、江宜樺、羅智強和黃世銘。這四大親信之外，還有許多小親信，據我所知，這次鬥王就是這個台灣「四人幫」在操盤鼓動所致。近年來台灣政治之所以混亂，主因即在於馬的「親信之禍」，如今，這「四人幫」居然更張狂地展開迫害忠良的第一戰。當年中國為了救國必須剷除「四人幫」，而今中國已死的「四人幫」跑來台灣還魂，台灣人豈能不特別警惕！

馬的民調跌到九．二％，已顯示出台灣人還是深明大義，懂得是非正義的。我認為馬在政治上有罪，他的大罪有五：

一、他只會做宣傳、假扮好人，卻不會做事，這是「無能」、「昏庸」。

二、他偏愛親信，已造成「親信亂政」、「親信誤國」。

三、他和親信以非法或不適法手段胡亂監聽，乃是「特務治國」，這是台灣版的水門案。

四、他用己意，僞稱是黨意，而後展開鬥爭，這已違背了國民黨的創黨精神。

五、他把黨紀視爲國法，干預國會，已嚴重破壞憲政原則。已可算是典型的「暴政」！

由上述五大罪，我認爲馬已的確不再適任總統和黨主席，當年俄羅斯總統葉爾辛的民調跌到個位數，俄國國會表示考慮辦他誤國叛國罪，於是葉爾辛只得自行倉皇下台，向全體國民道歉。葉爾辛的下場今天已到了馬的頭上。若馬還希望自保，就應該立即開除法辦台灣的「四人幫」，而後向王金平正式道歉，那才是他免於被看不下去的台灣人驅逐下台的唯一方法！

馬鬥王，窮斯濫矣！

每個人讀過《論語》，一定記得「窮斯濫矣」這句話。它出自「衛靈公篇」，意思是說一個君子，窮得沒有招了，沒招就沒招，但小人則不然，他窮得沒招，就會搞濫招、賤招。「窮斯濫矣」這句話，實在可以做爲我們立身行事的警惕！

而非常令人遺憾的，乃是馬英九鬥王金平，鬥到現在馬的確已沒有招了。沒有招就休兵，不要再鬥啦。我相信馬如果自己肯善後，向王公開道歉，以王的好好先生個性，他一定不會去追究。

但顯然馬不是這樣的人，他不鬥到底誓不罷休，沒有招了就換個新招繼續鬥王去，換到現在，已開始了濫招和賤招，真的已應了「窮斯濫矣」這句話。

馬鬥王，鬥到今天，簡直已破綻百出，完全失去了正當性，這是「殺人八百，自損三千」的局面，但他還是要鬥。於是正經八百的哭鐵面，一夕之間換成了笑鐵面，改打溫情牌。但溫情的面具下，仍是那個殺氣騰騰的臉孔。當面具和瞳孔已完全不能相配。那個笑鐵面就會愈看愈虛假，愈襯托出他的心虛。

中場

除了換上笑鐵面繼續鬥王之外，我心裡真正不安的是四個濫招和賤招：

第一個濫招和賤招是馬居然親自打電話給電視台和報社，不論他們如何硬拗，他打電話已擺明了是要影響和操縱媒體。馬鬥王的過程中，他的權力黑手到處亂伸，他們伸向國會，現在又伸向媒體，他沒有招了，窮則變，愈變愈濫，也更加不通。

最使我心裡發毛的，乃是國民黨爲了挺馬，已開始在台灣各眷區發動鬥王的耳語攻勢。耳語宣稱，王金平在立法院與民進黨陰謀合作，就是要讓馬沒有政績，把台灣搞垮，爲民進黨奪回政權舖路，因爲王有消滅國民黨的陰謀，所以馬爲了保衛國民黨，才決定滅王。

這個耳語攻勢真是卑劣到了極點。它把馬的治國無能推給了王金平，把鬥王牽拖到藍綠矛盾上。把整個鬥王鬧劇說成是國民黨救黨國存的愛國大戲。只企圖在眷區煽起外省群眾爲主的恐懼感和扭曲的使命感，又意圖在眷區重新挑起早已變淡的省籍矛盾。世上最惡劣的政治，就是爲了自己的利益，不惜挑動族群間的仇恨，這是最濫最賤的招式，居然會在台灣出現。

因此，馬鬥王真是已難看到了極點。人在世上，有可爲，有不可爲，有的事則是極不可爲。而今馬鬥王，不可爲和絕對不可爲的道德最後紅線已全都踩過。所以我才會想到孔子所說的「窮斯濫矣」！

馬自己掉進了恐怖的深淵！

「白色恐怖」早已成了歷史名詞，可能很年輕的朋友連這個名詞都沒聽過，更別說它的具體滋味了。

「白色恐怖」真的很恐怖，二戰之後的一九四〇及五〇年代是它的高峰期。在媒體新聞及文化學術界搞得最厲害，任何人只要有一點批判想法，就會被擺進黑名單，重則砍頭坐牢，輕則丟掉飯碗，最輕的也要寫份切結悔過書存檔，使得那一代都活在陰影下，非常壓抑。

在「白色恐怖」的時代，台灣特務橫行，郵電檢查，電話竊聽監聽都非常氾濫，差不多每個機構都有「人二」和「安全室」。

以自由精神立國的美國，也曾經有過「白色恐怖」，當時許多教授、媒體文化人丟了飯碗。後來擔任總統的雷根，當時還年輕、在好萊塢當演員，他就進了黑名單，寫過切結悔過書。正因「白色恐怖」時的壓迫太厲害，後來才有一九六〇年代的大反彈。

而今時代已變，政府已不可能再抓人殺人關人，這意謂著「硬式白色恐怖」的時代已成

中場

過去。但我們切莫高興得太早，因爲「白色恐怖」的時代雖然已過，但「白色恐怖」的幽靈還在人間遊蕩，以一種「軟式白色恐怖」的姿態重新出現。

所謂的「硬式白色恐怖」，乃是一種恐怖性的社會控制手段，它是對整個社會伸出拳頭。而今時代已變，它已不可能將打擊面搞得那麼大，因此「社會控制」遂轉化成「政治控制」，這種控制手段，目前已全部出爐。

一、它必須用監聽這種見不得天日的手段，蒐集主要對手、反對黨、上層的民意代表、媒體上出現的主要異議分子等的機密，而後用這些資料將別人鬥垮鬥臭。「硬式白色恐怖」是真正的殺人關人，現在則是以鬥垮鬥臭爲手段的「政治殺人」，因此遂說它是「軟式白色恐怖」！

由於台灣人對普世標準的禁止非法監聽並無認知，所以這種「軟式白色恐怖」在其他民主國家已不可能出現，卻能在台灣大張旗鼓囂張地上演。

二、軟式的白色恐怖，乃是一種藉著竊聽監聽而得到的訊息做爲鬥爭伎倆的手段。它本質上乃是一種資訊戰，因此這種鬥垮鬥臭的伎倆，一定需要媒體的配合。

近年來，國民黨的名嘴極多，靠張嘴來鬥垮鬥臭別人。馬鬥王，就特地關照親馬媒體。在他們的邏輯裡，只要有自己的媒體力，就可以對公眾造成影響，他們的鬥爭就有了理由。

民主政治就是媒體政治，國民黨已在整編它的挺馬媒體勢力。最近台灣有幾家媒體言論都離譜而奇怪，可見馬的黑手在伸進立院後，的確已經伸進了媒體，並產生一定效果。

三、「軟式白色恐怖」乃是不論手段，只論宣傳實力的政治，因此它一定在造謠耳語這一塊也要去發展。透過最不能見諸天日的謠言耳語，來達到它的目的。最近最值得注意的，乃是國民黨已在眷村發動耳語攻勢。這種耳語宣稱，王金平在立法院和民進黨勾結，就是要讓馬沒有政績，替民進黨執政鋪路，正因如此，馬鬥王不鬥爭，而是要救黨。

這是最惡毒的謊話，它把馬的沒有政績、表現很差，全都推給了王金平和民進黨。藉此來騙起眷區群眾的恐懼，用這種恐懼感使他們大團結挺馬，來堅定馬繼續鬥王的決心。煽動社會的對立和製造危機感，乃是「白色恐怖」的要素，而今這種要素都已出現。

因此我才說現在的台灣已進入了「軟式白色恐怖」的新階段，社會的矛盾會擴大，政府的無能與濫權會更加嚴重。

而最糟的是，馬居然深信這種「軟式的白色恐怖」會有效，所以他的鬥王完全沒有停的意思，不把王鬥死鬥臭，他是不會罷手的。

但從國民黨把「十九全」延後，我們也看出馬儘管表面很兇惡，但他的內心卻已恐懼到了極點。「九二九」的「十九全」有社會團體集結要去嗆聲，宣稱將會有十萬群眾，馬一聽十萬人，早已嚇得腳骨痠軟。「全代會」延期，在國民黨的歷史上，乃是從未有過的事。

而今「九二九」全代會延期，人民對馬的不滿，一定會集中到十月十日。「九二九」可以延後，但「十月十日」可不能延後，馬的這一場鬥王鬧劇，已把自己逼進了死胡同。一個亂鬥、亂搞「軟式白色恐怖」的領導人，最後只是天怒人怨，自己掉進恐怖的深淵！

「豎仔」考

近年來，我已形成一種知識習慣，只讀中文的古代書，只讀西方最近的書。中文的古書，是學問的開始，樸實而深刻；西方人能與時俱進，說是能開創新的視野。最新的書當然要讀，中文古書裡「周禮」就是本我常翻的書，它有助於人們瞭解遠古周代的各種社會角色。

「周禮」卷七寫道：「內豎掌內外之通令，凡小事。」根據漢代鄭玄的注，唐代賈公彥的疏，它的意思是在說，以前王室有一種角色，叫做「內豎」，它都是找一些小孩，跑裡跑外傳送消息命令和打雜，這些小孩因爲年紀小，人們對他們也不會要求太多，他們跑來跑去辦事才快速方便。

周代的「內豎」，就是後來罵人「佞豎」和「宦豎」的起源。台灣的閩南語，乃是漢語裡保存古語古詞古腔最多的語種之一，「豎仔」這個名詞就是古漢語的保存至今。當一個人幼稚不成材，年紀老大卻還不懂道理像個笨孩子，人們都可用「豎仔」論之。小時候我在台南長大，那個時代的「豎仔」，有了一種新意，如果一個小幫派自己這邊人多，別人落了單，他們就狠狠的欺侮對方，但萬一對方的兄弟跑來，他們人多了，這些人就腳底抹油急忙落跑。對這種仗勢欺人，勢不好就落跑的人，台南人就會說他們是「豎仔」；台南人的這種定義，幾乎已成了現在的標準定義。

現在這個標準定義的例子又再出現了，馬鬥王，由於勢大人多，真是鬥得十分來勁；但「九二九」國民黨「十九全會」，全台四十幾個社會運動團體發起圍馬行動，宣稱至少會百十萬之眾，這是別人人多，於是國民黨在最後關頭的五天前，即九月廿四日緊急決定延期改地。對一個百年老黨，全代會是何等重要的大會，而今卻怕到緊急喊卡，既需延期，又要改地，落跑的速度真是敏捷，套句「馬氏語法」，這不是「豎仔」，還有什麼是「豎仔」！

「豎仔」這種古語，只在台灣留存，其他地區與它意義相近的詞，大概只有廣東四川的「孬」這個詞，它讀爲Nao，「孬種」、「小孬孬」它的意思和「豎仔」接近，不好合爲「孬」，這個民間的俗字，可是古代庶民其實是很會造字的。

漢語有「豎仔」，西方好像並沒有相應的字，但卻有一個更概括性的詞，它就是「懦夫」（Cowart），仗勢欺人，苗頭一不對，就急忙落跑，當然是「懦夫」行徑。當年莎士比亞在「凱撒大帝」就寫道：「懦夫在他真死以前會死很多次。」懦夫是雖生猶死！

「豎仔」一看苗頭不對就急忙落跑，只是「跑得了和尙，跑不了廟」。只要廟在，他欺侮過的人就會如影隨形，追到天涯海角。於是我就想到一則古代智慧：「既然怕事，就不要處事。」「豎仔」會下場不好，其實還是多行不義造成的自斃！

中 中場

上帝第九誡：不可做假見證陷害人！

《舊約》出埃及記第二十一章，是說耶和華頒下十誡的故事，其中的第九誡就是「不可做假見證陷害人」。

美國文豪馬克吐溫也說過：「有八百六十九種不同的說謊方式，但有一種絕對禁止，你不可做假見證陷害你的鄰居。」

人類從小開始就已學會了說謊，說謊有千百種目的，有些是居心良善的「白色謊言」，上帝也可以理解；絕大多數都是爲了保衛自己而撒的小謊，它雖然不對，但卻無大害，對一個良心尚在的人，說了小謊多少都會良心歉疚不安。有了這種良心的自責，這種良心猶存的人，才不會去撒大謊。

但耶和華也知道，人有邪惡的一面，真正的大奸巨惡會用說謊的方法去害人。這大概才是耶和華不把說謊列入十誡，只把說謊害人列爲十誡的原因。

因此，「不可做假見證陷害人」實在太重要了。

做假見證陷害人必須撒的是大謊，由於他的目的是要害人，爲了要害人害得很像很有理，他當然必須揑造事實、編些劇本，造出一個大型謊言。近代歷史上，希特勒是個大說謊家，他非常懂說謊的效用，他在《我的奮鬥》裡就說了這樣的真話：「對一個國家的多數人，只有大謊言才有用，小謊言是沒有用的。」這乃是政客會去撒瞞天大謊的原因。

做假見證陷害人，爲了要達成害人的效果，一定要有一群死黨，根據劇本，形成一套說詞，然後展開奇襲，使其他所有人都措手不及，這才可使謊言的效果極大化。當年希特勒的謊言操作就是範例。

做假見證陷害人，一定要有拚著去撕裂整個社會的雄心壯志，當社會被撕裂，自己透過操作，占住被撕裂的較大一塊，撒謊就容易立於不敗之地。因此，撒大謊的人必然會心狠手辣，而也只有心狠手辣之人才會撒大謊，歷史已有諸多明證。

當然，做假見證陷害人雖然如此有力，但在人類歷史上犯這條誡律的人仍然不多。最重要的，當時代一直在進步，政治的品質也在進步，人們的良心程度也在提高，太違背良心的事大家已不會做。除了人類良知進步這種原因外，說謊害人雖然有用，但它的風險也相當高。

近代知識分子和哲學家早已察覺到：

做假見證陷害人雖然有用，但這種陷害人的手段，一個社會的人民看在眼裡，他們縱使不知道詳情，但人們其實都有一種天賦的是非標準，直覺就會感到這是不對的。做假見證陷害人，很容易喚起人們天賦的是非之心，這乃是除了極落後的國家，多數國家的統治者都不敢也不會這麼做的原因。

中場

十六世紀法國哲學家蒙田早就指出過，做假見證陷害人，必須去編造一個大型的謊言，但這種「不是真的」謊言縱使編得極好，也必然千瘡百孔，到處是破綻。只要謊言出了一個破綻，破綻就會愈牽愈多，最後整個謊言就會內爆。俗話說：「人不能說謊，因爲爲了圓一個謊，必然要用大的第二個謊來圓謊，最後必然謊愈扯愈大，終至全部迸裂。」

因此，耶和華要求世人「不可做假見證陷害人」，我們必須謹記在心。人不應有害人之心，特別是不能做假見證陷害人，因爲說謊做假見證，它的報應是很快的。

馬鬥王就是「做假見證陷害人」的殘酷鬥爭大戲。在事情開始時，他們一定有自認完善的劇本，所以馬才走上第一線鬥王，展開奇襲，而且他們顯然認爲穩操勝券，所以金小刀才會顯示出他們最初劇本的內容。

出乎他們意料之外的，乃是他們的奇襲無法奏效，於是全案發展的主導權就逐漸不在他們手上。說大謊的人必須有個先決條件，那就是主動權必須在他們手上，謊才可以一再扯下去，當主動權旁落，就是謊言開始露出破綻的時候。

於是在過去兩個星期，乃是大謊破裂的時候。黃世銘的鬥王原來是馬的指導，特偵組的監聽原來是如此的大膽妄爲。馬、王、金、黃原來都是在說謊，整個馬鬥王的劇本就是個超大謊言。此案繼續發展下去，我相信更多謊言還會被一一戳破。現在黃世銘大概已知道自己的下場，所以他才不斷爆料，把馬江二人的說謊也抖了出來，做爲自保。黃還會不小心漏出更多祕密，全體國人應密切注意。耶和華說：「不可做假証陷害人」，這是原始十誡的第九誡，害人者必自害，假見證必然穿幫，上帝的話我們一定要聽！

為什麼不對馬江等人測謊？

一九九〇年，英國的「企鵝文庫」出了很厚一本《謊言全書》，它將分化謊言和對說謊的研究匯總而成，該書五、六百頁，很有價值。可以讀原文原著的，不妨找來閱讀。

在西方《聖經》舊約是最早說不可說謊的。《出埃及記》裡，耶和華頒下十誡，第九誡就是「不可作假見證陷害人」，意思是說「人不可說謊害人」。

後來，十三世紀最偉大的神學家聖多瑪斯（Thomas Aquinas）在他的鉅著《神學大全》裡用了一段主談說謊。他說人和上帝乃是永遠的對話溝通，上帝也是人的良知。而人神對話，幾個前提，那就是人心必須乾淨清澈。說謊則會阻斷了人神對話的管道。然後，他對說謊這種行爲做了很複雜的分析；說謊有很多種，人們有時候會撒一點小謊，有時候會基於好心而說善意的謊言，這種謊言雖然不好，但只是小罪，但在各種謊言裡，說謊害人卻是死罪，那是上帝絕對禁止的。聖多瑪斯等於把「十誡」的第九誡做了完整的解釋。由於對說謊害人定義爲道德上的死罪，所以西方社會對說謊害人這種行爲才有很高的警覺性。西方法庭上，人們必須按著《聖經》宣誓說不作證，這個動作即由此而來，由此可見第九誡「不可作

假見證陷害人」是多麼重要的戒律和信條。

除了神學家聖多瑪斯在《神學大全》裡對說謊有深入的討論外，我認爲西方哲學裡，對說謊講得最好的乃是十六世紀的法國哲學家蒙田。他在《蒙公散文集》裡，有一篇《說謊家必須有完美的記憶力》，該文指出：

一、事情的真象只有一個，所以說真話才會記得，說謊話必須掩蓋許多事實和捏造許多假話，由於假話並非事實，因此它不容易記得，當環境一變，假話的矛盾和破綻就會暴露出來。

二、因此，說謊必須全部造假，今天說的謊言會在明天忘記，加上說出不一樣的謊，說謊愈多愈兜不攏，最後全部穿梆。由於說謊是有這種必然性，因此最好不要說謊。

蒙田的分析乃是對說謊問題所做的最深入觀察，也最符合語言哲學的道理。他的分析已在台灣獲得了印證。檢察總長黃世銘最近的講話每次都不一樣，在效果上形同另類爆料，我以蒙田的理論，認爲他就是以前說的話隱藏了太多真象，以前說的不是真話，他遂真假攪得大亂，所以後來講的話才後語不搭前語。

西方人從十誡的時代開始，就把說謊列爲最高的戒律，因而西方對謊言有著超乎平常的執念，它把不可說謊列爲道德信條，也把不作僞證列爲司法信條，這也形成了西方對說謊心理學的研究特別發達，測謊術因而興起，這都是我們無法理解的。

因此，黃世銘洩密案，如果發生在美國，像馬、江、羅，黃等人，一定不會只聽他們說的話，而會要對他們測謊作爲傍證。因此我懷疑，我們的檢察官爲何不對他們測謊？

犯賤的人沒有好下場

最近翻閱各種辭書，發現幾個很精準的詞彙，可以用來描述台灣馬英九惡鬥王金平的鬧劇。

中國古代，皇帝和大官由於權大勢大，而且缺乏制衡力量，所以他們敢一意孤行，相信錯也要「錯到底」，只要「錯到底」，錯也會變成對的。

根據南宋詞人陸游的《老學庵筆記》，北宋末期的宣和年間，女人流行一種鞋子，鞋底尖，以二種顏色拼成，這種鞋子叫「錯到底」。後來「錯到底」被專門用來指官場胡作非為，明知是錯也要「錯到底」的惡劣習性。「錯到底」就是中國專制政治的根本，馬英九滅王，就是中國專制政治的再現。

「錯到底」除了把政治愈搞愈糟，顯然是沒有用的，古漢語裡又有幾個詞彙來描述「錯到底」造成的苦果。

第一個是「前倨而後恭」，語出《戰國策》。意思是一個大官在亂搞之初，得意傲慢得不得了，當他搞到天怒人怨，又嚇得要死，恭順得要命。專制到後來，只是使他們像個精神

分裂症患者。

二是「自詒伊戚」，這個片語出自《詩經．小雅》，是說一個人自己亂搞，於是招來災禍，即所謂「自作孽，不可活」。

第三個是「天下本無事，庸人自擾之」，典出《舊唐書．陸象先傳》。這是指有一種人自認聰明，硬是要東搞西搞、招惹是非。「天下本無事，庸人自擾之」，馬鬥王不就是最好的例證！

接著，我們要談的是最犀利、也最通俗的那個詞彙了：「犯賤」。

「犯賤」一詞看似粗鄙，其實不然，這個詞在清朝初年出現，《儒林外史》大概最先使用。一個人如果亂搞，最後惹出了大麻煩，自己招架不住，搞得手忙腳亂、失去了方寸，這時候就可以用「犯賤」說那個人。回頭看馬鬥王整齣鬧劇，馬搞到進退不得，很有可能惹火上身，這不是「犯賤」，什麼才是「犯賤」？

馬鬥王之初，馬自己站上第一線開記者會，他御駕親征，押著國民黨考紀會開除王金平黨籍。在馬的盤算裡，只要一個星期就可輕輕鬆鬆滅王成功，就因爲他們充滿自信，滅王的幾個主角才會說出「立法院前院長」、「沒有王金平的立法院」這樣的話。由於馬自信滅王必成，他連立法院新院長人選都已派定。

馬用奇襲方式要滅王，在第一時間壟斷話語權，「勢」當然在他這一方，但隨著王金平展開防禦，形勢天秤大逆轉。台灣有國法，國法大於黨紀，王金平因而在地院高院連勝兩場；台灣還有民心公義，而民心公義都不在馬這邊；最重要的，乃是英國重要作家葛林

（Graham Greene）所說：「我們從未見過一個招惹是非的人，有什麼善良的動機。」馬打著道德招牌來喊打喊殺，他的邪惡性已陸續在監聽等手段暴露無遺，如果監聽案深入查究，他未嘗沒有可能成為共犯、教唆犯。

滅王大火已燒到馬身上，他不滅到自己就已萬幸。於是我們看到馬手忙腳亂地意圖自救，新動作頻頻。他拚命和黃世銘切割，要讓黃扛一切責任，他怕群眾反馬會形成滾雪球效應，所以國民黨「十九全」不但延期，甚至準備躲到台中梧棲。

不久前江宜樺才說「沒有王金平的立法院」，居然親自到王金平辦公室拜訪，並主動發新聞，製造「馬王和」氣氛；馬也放話不會向最高法院抗告，馬的媒體又把「馬王和」宣傳成了新德政，其實這只是馬明知滅王已告慘敗，現在只求自保。

收回殺氣騰騰的臉孔，馬改採新的笑臉攻勢：他是主張「馬王和」的，是個好人，彷彿所有要求真相的人都成了壞人。這次「馬好人」忙著要去收拾他搞出來的爛攤子，去遮蓋違法監聽的犯罪。

比起尼克森，馬的操作聰明百倍，當年水門案初爆時，尼克森如果叫司法部去組成調查小組，隨便找個「行政疏失」之類的理由就可把案子吃掉，哪會弄到下台？

滅王之計徹底慘敗，但馬敗得很不甘心，仍不願公開認錯，只能垂死掙扎。他企圖運用權力將違法濫權的痕跡抹除，用新的濫權掩蓋舊的濫權。特偵組的濫權監聽，基於制衡原則，只能由國會調查，不能由法務部調查；交給法務部調查，就是用左手掩護右手，但馬只求事情盡快掩蓋，哪顧違法不違法。

中 中場

我從古代漢語的「錯到底」、「前倨而後恭」、「自詒伊戚」、「天下本無事，庸人自擾之」，一直談到「犯賤」這些辭彙和現象，用來說馬英九滅王惹出的違法違憲爛攤子，他形同作繭自縛。接著，我要轉談當年莎士比亞的讜論了。

莎士比亞是第一個深刻瞭解到權力濫用的思想型作家。他在四大悲劇中的《馬克白》第三幕裡就有一段千古名言：「權力帶給人的安全感，使得人們敢於胡作非爲，因此權力的安全感乃是人的最大敵人。」當一個人權力過大，他就會任意妄爲，惹出各種麻煩，造成眾叛親離的亂局。他在該劇第四幕裡有一段詩句寫道：

加倍啊再加倍，所有的麻煩都加倍
烈火在燃燒，麻煩在鍋裡沸騰
威力極大的麻煩有無比的魔力
彷彿地獄的濃湯，在沸騰翻滾。

馬滅王鬧劇對馬英九而言，不正是在翻滾沸騰的地獄湯鍋中嗎？

奴隸意識和卑賤意識

古漢語裡有兩句俗話，很值得做哲學上的討論，一句是「皇帝不急，急死太監」，另一句是「狗腿」。

十九世紀初，距今兩百多年前，德國哲學家黑格爾發表了經典名著《精神現象學》，書裡提出了兩個重要的意識，一個是「奴隸意識」，一個是「卑賤意識」。

所謂的「奴隸意識」是說，一個自由人都有自我的認知和判斷準則，但「主子和奴隸的關係」則否。奴隸會把主子的意識當成自己的意識，他自動成了主子的分身，主子的喜就是他的喜，主子之怒即是他的怒。皇帝和太監的關係就是標準的主奴關係。

太監自己的存在根本不是個東西，但當他的自我成了皇帝的分身後，他立刻由〇變成了九〇，因此當皇帝有事，他當然比皇帝還要緊張，否則他就會跌回〇的狀態。古代太監在整人時會格外心狠手辣，這是「奴隸意識」，形成的「狗仗人勢」作風，「奴隸意識」的理論，可以解釋專制政治的許多現象。「皇帝不急，急死太監」這句話就是最好的說明。奴隸是沒有自我意識的人，他的世界只有主子。這句話很能描述大明王朝以太監為主的特務治

國。

至於「卑賤意識」則是和「奴隸意識」完全不同，但卻相關的意識狀態。在專制制度下，專制者佔有了國家的名號，又佔有國家的權力，可以使別的一些人享受到榮華富貴的好處，於是官僚階級的自我意識遂出現了一種分裂的狀態，他們有一部份自我的意識，知道是非善惡，知道爲國盡責，但專制者擁有可以使人享受榮華富貴的權力，這卻是一個極大的誘惑，於是他們的自我遂告分裂，他們以爲國盡忠爲理由，來合理化他們的貪圖榮華富貴及爲虎作倀，因此這是一種自甘卑賤的精神狀態，因而稱之爲「卑賤意賤」。

中國古代官場，在漢代稱替惡劣的皇帝效忠爲「鷹犬」，爲「走狗」，爲「爪牙」，到了清民，開始改稱爲「狗腿」和「狗腿子」。黑格爾就指出，這種由於「卑賤意識」而成爲的「狗腿」，由於他們自我意識是分裂的，他們官場上也是陽奉陰違，一旦專制者苗頭不對，就「樹倒猢猻散」的主因。

因此，中古漢語裡「皇帝不急，急死太監」到「狗腿」這些俗語真追究到黑格爾的「奴隸意識」和「卑賤意識」，我們對今天台灣的亂象，應該有更多理論上的觀察點。

從馬鬥王開始，他和一堆親信就展開主動整肅政擊，那幾個親信甚至比主子還要積極，這就是典型的「皇帝不急，急死太監」！

鬥王鬧劇搞到現在，馬已灰頭土臉，於是我們看到一堆「狗腿」出來「善後」。「狗腿」媒體拚命在「馬王和」上做文章，「狗腿」法務部則在違法監聽上做文章，把它說成是「行政疏失」是「烏龍」，一堆「狗腿」藍色立委則高喊團結，要阻擋倒閣，被別人監聽他

中 中場

大特務和小特務！

在這個挑戰極多，很不確定的世界，每個國家的統治者難免都會養一堆特務，幫統治者蒐集各種情報資訊，因此而有了竊聽、監聽、跟蹤、分化等特務手段。由於特務制度每個國家都在做，因此我並不懷疑它的必要性。只是特務雖有必要，但特務手段的行使卻不能無限大，例如特務的監聽絕對不容許違背國家憲政和基本的民權，否則就成「特務政治」，那是「恐怖治國」的源起。台灣會把監聽國會議員硬拗成是「行政疏失」，這真是無是非、無良知、無恥至極。人類史上最惡劣的「特務政治」已在台灣正式復活。

講到「特務政治」我就想談一談人類史上兩個最偉大的特務，一個是十六世紀英國伊莉莎白一世時的約翰迪（John Dee）；另一個則是十七世紀英國威廉三世時的笛福（Daniel Defoe）。

伊莉莎白一世乃是歷史上最偉大的女王，她在位時，歐洲強權競爭，天主教國家西班牙和法國勢力強大，英國相對較為弱小，處於那個時代，英國一定要情報靈通，評估形勢準確。於是人類史上最厲害的特務約翰迪遂告出現。

約翰迪在伊莉莎白一世尚未成為女王前就是她的支持者，甚至還為了支持她而坐過牢。約翰迪是那個時代英國主要的天文學家和數學家，他和女王的老師乃是學問上的好友，因此當女王登基後，他遂自告奮勇的擔任女王的國際特務。他由於是歐洲有名的學者，熟悉各國的王公大臣，遂替女王蒐集各國情報，作情報和對策分析。他定期向女王和女王的宰相賽希爾（William Cecil）寫報告，報告都用密碼書寫，他都署名「○○七」。約翰迪即是○○七諜報員故事的源頭。女王由於有這種學問家特務的幫忙，她在外交上始能得心應手，使英國國勢漸增。女王的精明，乃是要搞特務，就要搞大特務，不搞小特務。大特務是用一流學者作情報蒐集和對策分析，成為國家的政治方針，小特務只會耍一些小手段，偉大的女王不屑一顧。

其次我們再來談一談第二個大特務笛福，他就是文學史上有名的《魯濱遜漂流記》的作者。

笛福出身寒微，但他對社會及政治的觀察卻是有天才般的本領，因此英國的新聞史遂說他是「新聞記者之父」。由於他對剛登基的英王威廉三世相當支持，因此威廉三世就特別請他擔任國王的私人最高特務，他在英國各地旅行考察，民心的向背、社會的矛盾、風俗的變化，都是他報告給國王的重點。他的有些報告之片段至今猶存。由於笛福很能抓重點、看趨勢，他這個大特務，對國王確實發揮了作用。笛福後來成為一代文學宗師。他的文章簡潔扼要，顯示他的特務生涯對他的寫作發揮了很大的影響，威廉三世雖然不是個偉大的國王，卻是個不錯的國王。

中場

因此，伊莉莎白一世和威廉三世，可以說是特務政治之祖。他（她）們知道要當一個精明的統治者，先決條件就是需耳聽目明、訊息靈通。於是他們遂搞以蒐集國內外情報爲主的特務政治。但他們搞特務政治，要搞就搞大特務，以形勢分析和如何因應爲主，約翰迪以當時歐洲聞名的天文學家的身分幫女王搞特務，笛福是個大作家，幫國王蒐集情報，他們都是大特務，他們都沒有去搞郵電檢查、跟蹤、挑撥分化等招數。近代許多統治者喜歡搞竊聽、監聽等小伎倆，這其實都是小特務手法。大特務以國家形勢的情報分析爲主，它是治國的輔助工具；小特務則是在恐嚇人民與政治不同團體，它是專制的恐怖政治。傑出的領袖出大特務，渺小的統治者則靠惡劣的小特務！

因此，人類史上最偉大的伊莉莎白一世女王乃是大特務制的發明者，她用一流的學者、科學家幫她蒐集分析情報，而後據以做爲政府對策的指南，她開始知識治國的傳統；而恰好與伊莉莎白一世女王相對的，乃是中國在明代也形成了全世界最糟的恐怖式的小特務治國的模式，而非常湊巧的，乃是明代正好在十四至十七世紀，與伊莉莎白一世時代正好部分重疊。同樣的時代，西方走向情報分析、效率治國的方向，而中國則走向小特務恐怖治國的專制方式，東西治國的不同，由此而完全分流。

明代的小特務政治，起源乃是皇帝把身心不健全的太監當作親信所造成的宦官政治的延長。明太祖朱元璋本人就是個有虐待狂的人，他開國後就用太監當親信，他最早成立錦衣衛，最初只有五百人，但到了明末嘉靖年間，已增爲十五、六萬人了。至於東廠則設於明成祖永樂十八年；而西廠則於憲宗成化十三年和武宗正德二年兩次成立。這些機構都由太監負責，他們身心畸形，虐待成狂，喜歡整人，到了明朝末年，這些特務加總起來已有幾十萬人。但特務愈多，民怨日深，政權更不穩，明朝在崇禎時亡國，李自成進入北京時，還是太監杜勳開的城門。各種特務後來都被李自成整得很慘。

用小特務的手段治國，主要是靠監視、相互檢舉、羅織、分化、陷害等方式造成集體的恐懼來治國。由於人人恐懼，這種方式的治國必然有效；但政府的濫權貪腐無能，也必然日益擴大，今天的台灣小特務橫行，其實就是大明王朝的重現！

台灣要有一次「光榮革命」！

二〇〇〇年，加州大學著名的經濟史教授彭慕蘭（Kenneth Pomeranz）出版了《大分流：中國、歐洲與現代世界經濟的形成》，該書立即造成全球學術界的轟動，「大分流」這個名詞也成了一個時代性的辭彙。

「大分流」是指，西元一八〇〇年之前，歐洲和包括中國在內的其他國家，在國家財富、人民生活水準、平均壽命等方面都相差無幾，但從一八〇〇年以後，雙方開始分流，而且愈差愈遠。

此時歐洲出現工業革命，生產力大幅提高，不但民生改善，國勢增強，而且隨著當時的全球化，席捲了全世界；至於中國則是在原地踏步，而且是愈踏愈慢。根據另一位經濟史學者麥迪遜（Angus Maddison）的量化分析，中國在一九七五年達到了最低點，中國的人均所得只有西歐的七．五％，到了現在才慢慢追趕。

用經濟的「大分流」來說東方和西方的愈差愈遠，只講對了一半。「經濟學之父」亞當史密斯（Adam Smith）早就指出過，東西方的差異，除了純經濟因素外也和西方的法律、制度和政府的效能有著密切的相關性。這使得西方政府不致過分濫權，也有較好的能力。

當政府有能，一旦人民及市場的活力解放，經濟的新時代遂告到來。這也就是說，在經濟的「大分流」之前，其實早就有了一個「政治大分流」。

研究英國史都當知道一二一五年的《大憲章》，一六八八年的「光榮革命」和一六八九年的《權利法案》。

「光榮革命」和《權利法案》的一六八八和八九年，正是中國的清王朝康熙二十七和二十八年。「光榮革命」是英國的貴族們趕走了專制濫權的英國國王詹姆斯二世，迎立新王威廉三世和瑪莉二世，第二年的《權利法案》則確定了專制王權的結束，國家的權力行使主體在國會，國王不得擱置國會通過的法案，國王未經國會同意不得徵稅。

「光榮革命」和《權利法案》結束了皇權行政獨裁的舊時代，國王的濫權專制空間被縮小，權力開始制衡，後來的權力以國會爲主體。也就是說，當歐洲已由一二一五年的《大憲章》到一六八八年「光榮革命」和一六八九年《權利法案》，國王的專制行政權受到制衡時，中國卻是明清兩代專制王權達到頂峰的時代，東西方經濟大分流之前已出現「政治大分流」。

正因爲中國專制已久，專制文化已經根深柢固，以國民黨而言，它就一直在爲行政獨裁大肆宣傳，任何的權力制衡都被極力醜化。最近馬政府鬥王搞得灰頭土臉，於是馬派媒體即在醜化立法院上大做文章，它們不去反省行政的濫權專制與無能浪費，居然厚著臉皮去醜化立法院的制衡是行政不彰的主因，意思就是：一個只當橡皮圖章的國會，才是他們心目中理

想的國會。不論多麼違反民意的法案都必須通過，馬政府的行政獨裁，已到了不可思議的反民主程度。

由馬英九鬥王金平，人們已可看出，台灣的問題不在國會，而在馬政府。馬政府大權在握，如果它有能力，已擁有太多做好事的權力與方便。但它毫無能力而又任意妄行，因此搞得國是日非，人民怨聲載道。它的行政無能乃它自做的，與立法院何干？

馬爲了替他政府的無能卸責，即透過滅王要把一切責任推給立法院。在滅王的手段上，諸如違法監聽國會等，其實已是嚴重的政治犯罪，對於這種行政權力濫用的犯罪，基於權力制衡的信用原則，其實應由國會展開調查，而台灣卻由行政部門自己的法務部門展開護航式的調查秀，權力濫用再加上權力欺騙，它的政治犯罪已愈犯愈大。

根據台灣權力的結構和生態，今天的台灣其實已等於絕對王權的復活，它已隨心所欲，恣意亂爲一切它想做的事。在二十一世紀的現在，仍有類似絕對王權的權力濫用，放眼全球，罕此怪事！如果台灣人民仍對此默不作聲，將來的歷史一定會嘲笑這一代的麻木和無感無知！

因此，今天的台灣實在已和一六八八年的英國一樣，需要一次「光榮革命」，結束那個現代的絕對王權；並在「光榮革命」後，對新的統治者制定限制權力濫用的「權利法案」。

自由民主的最先決條件乃是限制權力的濫用和權力制衡，當有權力的人不再容易那麼方便的亂搞，政府才會被逼出能力和效率。當有權的人很方便濫權亂搞，它的無能就會成爲必然。今天馬政府的無能早已成爲全民共識，這絕對不是它們的權力太小，而是權力太大，已大到絕對王權的程度。

台灣如果沒有一次「光榮革命」，台灣的自由、民主和法治效率將永不可能。只有透過「光榮革命」，台灣的自由民主才可能與古代的專制制度和文化出現「大分流」。

我寧願談「光榮革命」，而不願談罷免馬英九，乃是「光榮革命」這種說法才具有歷史及文化的縱深。至於「光榮革命」的途徑，可以透過罷免，也可以透過公民運動，甚或國民黨內大家族登高一呼，裡應外合，任何方式都可達成「光榮革命」之目的。台灣的確到了若要救民主，不「光榮革命」不行的時候！

特務頭子的保命術

美國有史以來最大也是最壞的特務頭子，就是前聯邦調查局局長胡佛，他死後有許多著作談他，我最喜歡的是ＢＢＣ記者和作家桑默士（Anthony Summers）於一九九三年所出版的《胡佛的秘密生活》那本厚達五百多頁的巨著，寫出了許多胡佛卑鄙的事蹟。

胡佛當聯邦調查局局長達四十七年，他歷任了八個總統，但沒有一個總統敢動他。尼克森恨他入骨，他說：「這個傢伙早該下台，但誰敢呢？」

美國前國務卿魯斯克也說過，胡喜歡向每個總統講別人的醜聞，這好像是一種變相的威脅：「我也知道很多你的醜事！」所以沒有一個總統敢動他。

胡佛靠著竊聽和監聽，蒐集了每個人的黑資料，他有每個總統的黑資料，他有八八三個市議員和七二二個眾議員的黑檔案，許多文化名流，像海明威、畢卡索，他也都有黑檔案，他有偷窺狂，最喜歡叫特務到處竊聽和偷拍，取得別人在床上幹那件事的錄音和照片，就靠著這些黑資料，他向所有的人進行權力勒索，誰也動他不得。

聯邦調查局的老板是司法部，但司法部長對這個特務頭子完全無能為力，後來司法部執行副部長希爾伯曼就說過：「胡佛是美國有史以來，最可怕的公務員！」

由胡佛的故事，可知特務頭子之可怕。他擁有特別的權力，可以非法的竊聽、監聽、偷拍別人，找別人的黑資料，然後利用這些資料向別人恐嚇。美國國會不可能通過對他不利的法案；上級官員對他的恣意妄爲，也只好睜隻眼閉隻眼；甚至總統也對他有所忌憚。特務頭子是一種新型態的帝王，他可以用權力綁架整個體制。而今天「台灣的胡佛」已告誕生，他是主管特偵組的檢察總長黃世銘。

黃世銘乃是馬英九鬥王金平的核心人物，他可能掌握了馬鬥王太多秘密，因此他在監聽國會上捅出了那麼大的漏子，馬英九只好硬著頭皮挺黃到底，並動員法務部爲黃世銘開脫，合理的推斷是：

黃是馬鬥王的核心人物，他一定還有更多保命的資料，一旦馬爲了自保而將他犧牲，他就會將滅王的真正內幕公開，對馬造成致命的傷害。

前陣子黃世銘只是由於故意的不小心，將他與馬英九見面幾次說出事實是兩次，就已把馬搞得焦頭爛額。由黃的這個動作，他等於已是在向馬出警告，別想把我犧牲掉，若想把我犧牲，我一定會搞出更多內幕，要死就大家一起死。顯然黃的警告已發生了作用，馬遂決定挺黃到底，馬大舉動員爲黃開脫，已到了違背常理的程度，因此可見黃世銘的確已成功的綁架了馬英九。意思就是說，馬滅王一定還有更多真正的內幕在黃世銘手上，除非將他法辦，他爲了保命而供出真正的內幕，否則真正的內幕即會永遠消失。

黃世銘職司檢察總長，已相當於「台灣的胡佛」，他手上顯然有太多寫人們的黑資料，

他可利用這些黑資料來綁架別人，可以用這些黑資料來自我保命。馬英九挺黃到底的手段，有太多值得玩味的地方！

女性小官才能打破「體制的癱瘓」

二〇〇四年，哈佛大學政治哲學教授湯普遜（Dennis F. Thompson）出版了《重建責任感》（Restoring Responsibility）論文集，其中有一篇論文，提到了一個重要而有趣的現象：

湯普遜指出，近年來美國各種體制性的積弊日深，許多重大問題都逐漸浮現，像是美國天主教會神父在性的問題上亂搞；美國許多大公司都在做假帳進行詐欺；以及聯邦調查局日益官僚化，對情勢的演變麻木不仁，缺少了警覺心和反應能力等。這就是理論上所謂的「體制的癱瘓」。

他發現到，這種「體制的癱瘓」是有原因的。每個部門的主管及負責人，他們官大了，已養成一種習性，對弊端已視而不見，只想把問題捂蓋住，如果把問題捅破，就會有許多麻煩，大官們根本不想去碰這種麻煩，以免對他們的官運造成不利的影響。

不過，體制內畢竟還是有人去碰這種問題。例如教會一個低階人員嘉蘭特（Margaret Gallant）是第一個將神父亂搞的事捅了出來；安隆公司一個中階女主管華特金斯（Sherron Watkins）是第一個把公司帳目造假的事檢舉出來；美國聯邦調查局明尼蘇達支部一個中階

中場

女主管羅妮（Coleen Rowley）則是全美第一個預測到會有「九一一」恐怖攻擊的人。羅妮把她的消息和研判向上呈報，但未獲得理睬，於是「九一一」發生後，她將曾正確判斷但不被上級聽信之事公開，也就是說「九一一」原本是可以防止但未防止的事。

由上述這幾個重要的例證，湯普遜教授抽離出了幾個重要的原理原則：

在一個體制內，大官爲了保權位，他們都會形成不想惹事的習慣，只想太平無事，這乃是「體制癱瘓」的最大源頭。

相對的，體制內中級幹部對體制的事務和問題熟悉，而中級幹部中的女性主管，她們升官到了中級差不多已到了頭，將來要再升官的希望已極渺茫，所以大官階層那種文化對她們就比較沒有影響，她們反而比較能做事。湯普遜教授等於提出了「大官無用論、中官有用論」。

近年來，像美國天主教性醜聞、公司做假帳，以及情治機關無能等，都是超級大案，這些案子的被踢爆都不是大機構的大官，而是小機構的小官，特別是下等機構的女性小官，這實在是個值得研究的課題，且不但美國如是，台灣亦然。

就以塑化劑案爲例，踢爆這個案子的乃是食品檢查單位的一名女技正。她查出塑化劑就公事公辦，造成軒然大波。

我可以想像，如果是個男性主管查出塑化劑，他一定會想東想西，擔心公布後會影響經濟，上面怪罪下來，他立功不成反而立過，影響將來的官運，他一定能拖就拖，能吃案就吃案，塑化劑案根本就不會出現。

以這次食用油案爲例，根據截至目前的訊息，已知道早在二〇一一年，國科會委託台大農化系教授蘇南維的研究報告，就已指出市售七種麻油有四種混摻大豆油，國科會卻將這份報告隱匿不公布，形同變相吃案。

除了國科會變相吃案外，二〇一二年，當時的衛生署在十月份就已接獲檢舉，知道黑心油品的問題，但衛生署卻應處理而不處理。反而在今年，人民的檢舉到了彰化縣政府，該縣的衛生局科長林毓芬、技正許婉貞等人就用完全不同的態度面對。這些地方小單位的女性小主管，竟然把它當成要事來辦，還主動和彰化地檢署的小檢察官葉建成、鄭智文聯繫，合作辦案。

當國科會、衛福部還在睡覺，等著升官發財的時候，只有那些地方小單位的女性小官、職員和檢察官在辦事，她們和他們會去現場查證物、扣帳冊，會去重罰，並以短短十天就把廠商起訴。大官不辦事，只有女性小官、職員和小檢察官在辦事，等到小官他們辦事辦出了成果，大官他們才跟風般的去做食品安全秀。

大官不做事，只會做秀，只有地方女主管和地方小檢察官在做事，這種現象太値得台灣反省了。整個食用油案，已把台灣大官不辦事、只會做秀的歪風盡現在國人面前。這也是當我讀到湯普遜教授的論文時，特別有感觸的原因。近代政府的無能早已成了一種普遍現象，大官他們早已形成了一種不做事只會做秀的文化。

大官他們只想做太平官，只想升官發財，根本不想去惹事做事，做事如果惹出風波，前途就會受到影響，因此大官他們的吃案已日益平常。只有女性的小主管和地方小官，由於受到官場文化的影響較小，也才會一件事情該怎麼辦就怎麼辦。大官無能不做事，只有小官做事，特別是當大官已無望的女性小官最能辦事，這就是新版的「大官無用論」！

馬的屁股是麻煩之源

馬的民調只剩九趴，他走到哪，人們的破鞋子就丟到哪，於是上個星期四府內人士遂宣傳說，馬將減少公開行程，專心國政。但這個話講了才過兩天，他就再度大陣仗的到新竹市知名的花生醬店去作採購秀。馬的屁股和別人不一樣，你要叫他星期六好好的坐下來專心國政，那簡直是對他的最大折磨。四界趴趴走，早已成了他的第二天性。他怎麼可能坐下來專心國政？

馬的屁股真的和別人不一樣。他從當台北市長起，就辦公室坐不下去，每天趴趴走的時間多過批公文和思考問題的時間；當了總統後，這種趴趴走、趕行程的習性當然變本加厲。

據我所知，馬的心態是：

—當個統治者，只有趴趴走才可以享受到權力的癮頭，他白天趴趴走，有人開道，他的座車可以風馳電掣，到了每個定點後，有人列隊歡迎，有隨扈前呼後擁，這是權力最大的樂趣，不享受白不享受。馬曾經告訴他的親信，到處趴趴走，到處去握手，每握一次手，就可能多出一或多張選票，而在辦公室專心國政也握不到新的手，完全沒有選票上的效果，這

才是他寧願趴趴走、趕行程的主因。我們不能否認，馬的這種趕行程、趴趴走、到處去握手騙選票的作風，的確替他騙到了許多選票。但他固然很會算，老天也會算。當一個統治者每天只是在趕行程、趕場作秀、到處握手，而不肯坐下來思考國政，整個國事當然越搞越糟，當國家爛到一定的程度，人民就會霍然覺醒，發現到統治者只會趴趴走、作秀、握手的欺騙性：一旦人們覺醒，他這種趴趴走的騙人作風，人們就愈看愈煩，破鞋子也愈丟愈多。

由台灣的例子，我就想到美國政治學教授柯亨（Jeffrey E. Cohen）二〇〇八年由普林斯頓大學出版部所出的那本的「廿四小時新聞時代的總統文宣」。柯亨教授指出，自一九六〇到八〇年代，是美國電視宣傳的黃金時代，總統很容易透過新聞宣傳爲自己造勢，但從新媒體開始發達起，特別是網路的興起，新聞上的競爭加大，整個媒體界已愈來愈不接受總統的宣傳，反而更喜歡從負面去看總統的作秀。這是時代改變後的新聞標準改變，只有有能力能夠做出政績的總統，才能禁得起考驗，只會趴趴走搞宣傳的總統，人們已看破他的手腳。文宣治國的時代已告結束，馬的趴趴走搞宣傳，到處握手騙選票這種招數已愈來愈沒有用，這其實也是一種時代變化的必然。

因此，馬總統現在被人罵成一團，他趴趴走到哪裡，人們的破鞋子就丟到哪裡，這已在提醒他，真該好好管一下他的屁股。他真該停止趴趴走作秀的風格，把屁股安定下來，好好去關心台灣的各種問題。他的屁股坐不下來，乃是他的麻煩之源。

黃世銘已成最大恐怖分子！

二十幾年前，有一個與藝術圈有關，也和許多知名畫家有過性關係的名女人，她的緋聞鬧得好大，那一陣子台灣的藝壇也人心惶惶，大家都怕她會捅出哪個人的名字。於是台灣藝壇遂替哪個名女人起了一個外號，她是台灣最大的「恐怖分子」，她的存在是許多人的「恐怖」。不過那個名女人還算好，她並沒有把舊雨新知的一大串名單全部捅出來，一堆人終於有驚無險地放下心頭重擔。

而到了今天，「台灣最大的恐怖分子」這個綽號顯然已換了別人，他就是檢察總長黃世銘。

黃世銘乃是馬英九狠鬥王金平，即所謂「九月政爭」的真正核心。但鬥到後來，不但鬥王不成，反而演變爲違法濫權的違憲大醜聞。於是在強大的民意壓力下，馬只得回頭去「清理戰場」，所謂的「清理戰場」乃是個戰爭術語，它指的是把戰爭的某些痕跡抹除，特別是要把不利於自己這邊的證據抹掉。例如法務部認定非法監聽是「行政疏失」，就是要把違法的手段淡化的招數。這種「清理戰場」的動作還有許多。十一月一日，台北地檢署將黃世銘

依洩密罪起訴，就是很有發展的雙面刃。

在表面上，台北地檢署只起訴黃世銘的洩密，而對非法監聽部分則略而不提。起訴書中又說黃世銘的所爲已「造成人民誤認總統干預司法，陷元首於不義」，這擺明了馬政府已開始準備做最壞的打算，最後可能叫黃世銘一個人扛起所有的責任，但這實在是個險棋，如果黃世銘不甘於自己被犧牲，他在未來開庭審理時，供出馬鬥王更多內情，例如他如果表示他的違法監聽只不過是奉命辦事，如果他供出了這種內情，馬就等於成了僞證及教唆犯。

這也就是說，黃世銘如果供出真正的內情，台灣一定會出現政壇上的滔天巨浪，馬縱使不倒，他下台後也難免被追究，搞不好真的會成爲阿扁的鄰居。

因此，黃世銘已成了馬英九及馬政府「最大的恐怖分子」，他將來會怎麼說，將決定馬英九和馬政府的生死存亡。黃世銘是搞法律的，他不可能不知道違法監聽，因此他若要以非法監聽的手段來立功，乃是冒著極大的風險，如果總統反對，對他就會大罵，今後黃必定不再受到信任。因此他將非法監聽得到的資料向總統報告，事前必然有接獲來自上面的暗示或明示。將來如果黃世銘案進行審理，法官如果精明能幹，這部分應該才是重點。如果透過審理，能問出內情，那才是本案的大突破。

正因黃世銘一個人怎麼說，將會決定馬英九和馬政府的生死存亡和會不會坐牢，他的命運已和馬政府徹底綁在了一起。馬政府爲什麼挺黃挺到如此程度?馬的最大親信金溥聰和羅智強爲什麼公開讚美黃有「勇氣」和「鐵膽」，法務部長羅瑩雪也一路挺黃到底，一向以超高道德爲標準的馬，到了黃世銘案，就忽然變成了超低標準。

馬政府和親信所有的這些挺黃動作，只有一個解釋，就是他們動用一切力量，將黃世銘穩住，如果讓黃世銘感受到他會被犧牲拋棄，他可能就會說出更多內情。

我們不要忘了，特偵組監聽立法院總機，和黃世銘見馬由一次變二次，都是黃世銘自己爆出來的，還惹出馬「說謊」的風波。黃是馬鬥王的核心，他有太多內情和資料，隨便爆一下，馬和馬政府都會吃不完兜著走。他的命運已和馬綁在一起，馬和黃世銘切割看看！

因此，今天黃世銘已成了馬政府眼中「最大的恐怖分子」；黃世銘幹到檢察總長，又是馬的鬥爭最大工具，由人類的普遍經驗，像他這種角色的人物，由於幹過太多不能見諸天日的事，這種人每幹一件事，就會替自己保留一些資料做爲救命符之用。而他的救命符，就是別人的恐怖。馬英九和馬核心親信，就算被全國百姓惡罵及冷嘲熱諷，也全力挺黃，而黃也照樣「飯也吃，覺也睡」，好像沒事人一樣。他那「最大的恐怖分子」身分已產生了作用。

黃世銘的問題已不只牽涉自己，馬英九比黃更緊張。現在已不是「皇帝不急，急死太監」，反倒過來成了「太監不急，急死皇帝」！

因此，由黃世銘的故事，它對馬政府手下的大官，等於上了寶貴的一課。在馬政府手下，每個人都應該學會自己保命，要盡量留下保命的資料，當有了這種保命符，就不會任人宰割。在馬政府的官場就必須成爲「官場上的恐怖分子」。這很悲哀，但整個馬政府不就是這麼悲哀嗎？

馬是日薄崦嵫的黃昏太陽

旭日東昇時的太陽是太陽，日薄崦嵫時的太陽也是太陽，但這兩種太陽卻完全不一樣。太陽快掉到海平線之下前，只剩昏昏黃黃的最後一抹餘暉。它再怎麼掙扎，還是挽不住沉落的命運。馬總統吃相難看到極點的在「十九大」圖權保位，要兼黨主席到他總統任滿爲止。他的處心積慮，其實只不過是他的人算，反顯出了他的恐懼。

近代著名的醫生政治家，曾任英國外相的大衛・歐文（David Owen）前幾年曾出了一本重要的著作《疾病與權力》，該書分析了近代領袖的各種身心疾病。它在該書一開始時，就列了一張「權力狂言症候群檢查表」詳細的列舉了權力狂妄所造成的結果，如嚴重的自戀，對自己的形象有超過比例的關心，特別會講空泛的大話，認爲自己會在歷史上成功留名，完全與現實脫節，因而造成狂妄的無能，但他雖日益孤立，但他仍相信自己的行爲是道德正確的。這種權力的狂妄症候群，最後就會合理化他的專制集權，成爲他自掘墳墓的動力。在讀了該書後，任何人都可以感覺到，他所講的權力狂妄症候群，簡直就是在說台灣的馬英九。馬的自戀無能，已使他跌到只剩九・二%，他的權力已危在旦夕，這種危機感反而更刺激出了他自認正確的更大的著魔。

他要集權狂妄到底。這已是狂妄症候群的最極端形成，馬的權力狂妄已病入膏肓。馬的主政現在已到了天怒人怨的程度，他已有兩大危機在眼前，如果「七合一」選舉大敗，他難免在黨內被究責清算，如果二〇一六大選失去政權，他本人甚至有可能被司法究辦，成爲被關在阿扁隔壁的同窗。就爲了保權圖位，尤其是爲了免受司法究辦，他才拚命在「十九大」通過黨章修正案。但黨章修正，只是他的第一步，他的下一步現在已露出了端倪：

上個星期馬已公開表示，台灣的國債危機根本不嚴重，有些國家的國債高到GDP的百分之兩百還不是好好的。馬會講出這樣的話，已透露出從明後年起，國民黨政府將會擴大國債，以印鈔票的方式來拉抬選舉造勢。因此七合一選舉及二〇一六大選，必將金錢泛濫，爲了這兩次選舉，馬已在籌劃新的銀彈政治。

根據國民黨內的消息，馬在「十九大」之後，即將進行府內和黨部人事的調整，他的親信將全部走上第一線，成爲「保馬運動」的核心，他的保馬大作戰，已傳說將由金溥聰擔任總統府秘書長作爲總提調，其目的就是不管以甚麼手段，一定要推出馬派候選人來選二〇一六。這攸關馬下台後，馬的路線是否可以延續，馬本人是否可免於司法究辦和免於牢獄之災。

因此，「十九大」的修改黨章，只是馬的保權固位第一步，更多新的步數最近都將陸續展開。台灣財政的加速惡化，銀彈政治的更加猖獗，以及更加的親信誤國很快即將上演！

迎接第四次台灣青年民主運動

十一月十五日，政大圖書館舉辦了有關「大學雜誌」和台灣民主化的論壇，承蒙政大的好意，請我去做了專題演講。

我在演講中指出，台灣知識青年的民主運動大集結，以前有過三次，而毫無疑問的，現在已到了知識青年第四次大集結的時候。今年以來，年青的一代，無論是否在學，都廣泛的參與各類公民運動，提出他們的訴求和期望，充份顯示了他們的民主認知超過了上一代。這是台灣深化民主的最大動力。台灣的當權者們卻只會在丟鞋子這種問題上做文章、搞醜化，他們的程度真是差遠了。因此，台灣第四次知識青年的大集結是可實現以待的。

台灣以前有過三次青年民主大集結：

第一次是在日治的大正昭和交接的年間，殖民地的台灣進入了現代。當時的台灣青年首次啓蒙，形成了波瀾壯闊的民主運動，但被日本殖民政府強力的彈壓了下去。

第二次知識青年民主大集結是在一九五〇至一九六〇年代雷震的「自由中國半月刊」主導的組黨運動。這個民主運動的主導者是國民黨內的自由派官吏，台灣的本土力量只是配角。「自由中國生日刊」的民主運動和一九五七年開始的「文星」雜誌新文化運動，對台灣都有過正面作用。

但因爲它都是國民黨內的自由派所主導，它也造成了一定的副作用，台灣有些人省籍歧視因而形成，他們認爲台灣本地人是政治及文化水準較差的族群。

第三次知識青年和本土型民眾大集合，是在一九七〇年代出現。戰後成長的一代開始覺醒，最初是朦朧曖昧的聯合，到了後來真有本土認同的青年和民眾崛起。台灣進入了民主抗爭階段，雖受到壓制，亦屢仆屢起，遂有了一九八六年的反對黨成立，並替台灣的政權轉換創造了條件。

而現在正在進行中的第四次知識青年大集結。今天的馬政府乃是國民黨權貴子弟所講的「革新保台」的一代。它繼承了長期的歧視文化，又再加上新的學歷歧視，因而台灣人民以前都認爲它們是優秀的，是有能力的。但舊政府演變到現在，已證明了：

（一）它對台灣缺乏了基本的認同，一個對台灣缺乏認同，對本地百姓缺乏了關心的政權，它當然不可能制訂出對的政策，不可能增加台灣人民的福祉。因此馬政府的無能主政，等於它是自動瓦解了國民黨權貴世代的「革新保台」的價值體系，台灣年青一代對本土的新認同因而出現並凝聚。

（二）馬政府繼承了台灣的「省籍歧視」和「學歷歧視」，這也是它敢於唬弄民眾，只靠文宣治國的原因。

當馬政府無能，影響台灣最大的這兩個歧視結構形同自然消失，普通人民的聲音開始抬

頭。

台灣的民主進入了人民作主的階段。青年的一代已開始對民主的細部問題展開思考。

（三）由馬政府任內台灣的貪腐盛行，政商勾結共生，已使台灣青年的一代，對國民黨的統治結構有了更多的反省和覺悟，這對將來的民主深化將有極大的助益。

因此，我對馬政府的無能、貪腐及濫權，真實是很感謝的，它自己瓦解了它的統治神話，才給了人們重新思考覺醒的空間，台灣青年一代的大集結，一定可以開創一個新的時代！

黨主席是馬英九的保命符

近代對權力的病理學研究日深，許多離奇的權力現象都有很好的解釋，其中之一，就是用虛無飄渺的「歷史使命」來合理化無能，用專制來合理化恐懼。

權力病理學發現，如果一個統治者無能，一定不會承認自己無能，那該怎麼辦呢？他會以高高在上的姿態，宣稱自己的胡作妄爲是多麼有歷史遠見，他一定可以歷史留名。

就靠著這種空洞的大話，他的胡作非爲和無能似乎就有了冠冕堂皇的理由。他的無能是別人不瞭解所致，他的無能經過這種硬拗，就可以變成歷史上的有能。中國明代學問家王夫之早就指出，這是一種「震」的政治，翻譯成今天的白話，「震」即是「唬弄」，用空洞的大話把人民當成白痴來耍！

除了講大話來合理化無能，更嚴重的是以更大的專制來合理化他的恐懼。

當一個統治者胡作非爲、倒行逆施久了，人民的不滿日增，這時他心裡其實是恐懼萬分，怕人民會揭竿而起。他怕自己任滿後會受到後人的法律審判或歷史審判，但這種最深沉的恐懼，他不會也不能說出來，於是他的心理防衛機制就會把恐懼轉化爲更大的專制獨裁。

他宣稱自己所做所爲都完全正確，對他不滿的人都是心有二意的陰謀分子，必須予以鏟除。他是在做歷史的功業，不能有任何阻擋的力量。他更要集中權力，更大的集權專制已成了合理化他恐懼的工具。

而這種權力病理學的症候，現在已清楚表現在馬英九身上。他的民意支持度已跌到百分之九點二，而台灣的情況仍在惡化，估計今年GDP成長非但不能保二，只能保一點五；而台灣的社會治理也亂成一團。由於治國無能一再擴大，日前已演變爲他走到哪裡，人民的舊鞋子就丟到哪裡的局面。

根據這種情況，明年的「七合一選舉」和二〇一六大選，馬所代表的國民黨都危機重重。國民黨如果失去政權，他現在所享有的豁免權就不再保護他，他就可能因監聽國會而被偵辦起訴，他極有可能成爲阿扁的獄中同窗。未來的牢獄之災，已成了他最大的恐懼，他必須對這個最大的夢魘預做準備。

因此，國民黨十九全，他吃相難看的修改黨章，一直兼任黨主席下去，這其實非常具體反映了他的恐懼心情。他必須獨裁，獨裁是爲了保位和保下台後的免於坐牢。修改黨章的目的其實只有一個，他必須掌握二〇一六大選的提名權，由他的親信江宜樺出來當他的代理人，他對國民黨其他的人如朱立倫、胡志強、郝龍斌，以及連勝文、吳敦義等，一個也不相信。只有與他同樣無能的江宜樺才是他心中的代理人。

因此，修改黨章擴大獨裁，乃是馬集權固位的開始。根據最新的發展，他另外的步數已經開始了。

馬最近已經表示，台灣的國債其實一點也不嚴重。由他的話，已可看出在未來兩年裡，他已在金錢上動腦筋，他會擴大赤字、增加債務、籌備財源，來打未來的兩次選戰。當國民黨可以印鈔票來選舉，他認爲選舉就還有勝算。這也就是說，未來選舉他爲了自保必須要勝，台灣的選舉必然腐敗至極。

國民黨內現在已傳出消息，「十九全」之後不久，他的「保馬」人事即將大異動，金溥聰可能回台擔任總統府秘書長，負起「保馬」、「救馬」的責任。

馬和他的親信幫早已成了命運共同體，如果馬的權勢不再，他的親信幫就根本什麼東西都不是，當他下一波讓親信集合，展開「保馬」、「救馬」大作戰，台灣之亂必會格外加速。因此，「十九全」乃是「保馬」、「救馬」大作戰的第一步，在可見的最近，更多的步數都將陸續展開，台灣人民必須格外提高警覺。不知道馬的極權專制會把台灣搞成什麼模樣？

雖然馬很會打算盤，但台灣別的人也一樣各有各的算盤。馬打過修改黨章的算盤後，胡志強就已經帶頭起來放砲。馬以爲修改了黨章，「七合一選舉」他就可以不必負責，胡志強卻表示，一個黨主席當然必須爲選舉負責。胡志強說的是民主責任政治的道理，黨主席當然要爲選舉負責；馬則奉行獨裁的道理，獨裁者可以不必負任何責任。但如果七合一選舉失敗，國民黨全體要他負責，到時候黨章恐怕也救不了他。

因此，台灣的選民真該振作了。馬的濫權無能乃是糊塗選民所造成的，選民們真該清醒了！

內耗只是無能的托辭

最近一二十年，我的學術興趣轉往語言學，包括語辭的考古、語法的運用、語意的分析，最後到論述的形成，以及語言中的偏見和語言控制等都是我的關切範圍。

我發現到，古漢語言裡，實在隱藏了太多問題，例如凡夫俗子亂搞性關係，就被說成是「奸夫淫婦」和「下流」，但如果士夫夫官僚亂搞，就會被說成是「風流」和「紅粉知己」，漢語說貪污，全被冠上「孝敬」、「人情」、「互相關照」等帽子，當貪污被說得很合乎社會現狀，難怪自古以來，中國官場的貪污才會泛濫。再例如：漢人一向敵視人民，當人民聚眾表示不滿，就會被說成是「造反」，官僚的鎮壓好像就有了理由。

近年來，由於語言的社會控制更趨成熟，台灣已出現了許多倒果爲因，顛倒是非的新語辭，在此先舉兩個例子：

一個是「內耗」。近年來台灣政府無能，政治及社會全亂糟糟，尤其是立法院本於監督的職責，當然要發聲，於是台灣保守的媒體和學者就發明了「內耗」這個名詞，配合了這個名詞，還有「藍綠惡鬥」這種說法。但這種說法其實都是很奸詐的混亂是非。

任何一個國家，權力都有大有小。權力最大的乃是行政體系和執政黨，它有龐大的官僚體系，又控制了巨大的預算，以前就有美國學者估計過，行政權如果有九十分，國會權只有十分，其他如媒體權，人民的抗議權等則少到幾近可以忽略的程度。

這也就是說，如果一個國家的政府有能，單靠行政權就可以充份發揮，國會對它的約束是很小的。但近代許多政府無能，它自己做不出好事，遂形成了一種「卸責機制」，它將自己的無能推給國會的制衡和人民的反對。所謂的「藍綠惡鬥」及「內耗」就是典型的卸責語言。

它根本不是「惡鬥」，而是「良鬥」，但台灣的保守媒體本質上即不接受這種民主，它們只相信一呼百諾的行政專制，它們刻意要去醜化國會的制衡，於是倒因為果的將國會的「良鬥」講成是「惡鬥」，也將人民的不滿醜化為亂源。其實無論國會與人民的表現，它對行政體系的影響均極少，這也就是說，一個國家的治理無能，行政權才是主因，其他權只是果。媒體應該去追究行政權的無能才是正確的態度。

這種情況在西方亦然。西方有些國家的政府無能，但保守派學者和媒體不去面對政府無能的問題，卻只說什麼「民主超載」的謬論，認為無能只是太民主所致。其實政府無能，才造成國會的喧譁和人民的不滿。不能把無能的責任推給國會及人民。

現在到了年底，媒體開始總結二〇一三年的亂象，「藍綠惡鬥」及「內耗」這種似是而非的說法又開始大量出現。我只要一看到有人大談什麼「藍綠惡鬥」及「內耗」，心裡就非常失望，台灣這些保守的媒體更是腦袋漿糊。政府無能才是關鍵，其他的說法都只是托辭！

中 中場

他們不是國妖，什麼才是國妖！

近年來，我的學術興趣在新興的「領導學」，西方學者對「領導學」的研究，都可以用來分析馬政府的無能：但愈到後來，我已發現到「領導學」的概念已不夠用。於是我開始重讀中國古代經典，我發現到只有古代的統治哲學裡所謂的「妖世」、「亂世」才足以形容今天台灣的末世景象。

在先秦諸子中，《荀子．大略篇》是第一個用「妖」這個概念來形容一個國家的，荀子說：「口言善，身行惡，國妖也」他的意思是，如果一個統治者私心自用，濫用親信，把國家搞得亂七八糟，但他還在那裡講漂亮話硬拗，強辭奪理，矇騙大眾，那就是「國妖」。「國妖」之世，將會貪官污吏盛行，奸佞酷吏成串。而漢代思想家王符在潛夫論，明闇篇則說：「闇者，偏聽也」他的意思是，若一個統治者有私心、用親信，只聽一面之辭，最後一定「過日甚矣」意思是愈錯愈大，造成國家的不可收拾。

因此，今天台灣殘破不堪，而且殘破的程度日甚一日，我們除了用荀子所著的「國妖之世」來形容，已找不到更好的說法。古代的俗諺說「國之將亡，必有妖孽」，今天的台灣就是個混亂持續擴大的「妖國」之世：

上個星期，台灣公布了今年的全年GDP估計已無法保二，只有一．七四%，除此之外，十月份外銷訂單兩百九十五．九億美元，其中「台灣接單，海外生產」的比率為五十二．九%。如果將這個與台灣生產無關的部分扣除，近年來台灣每年GDP的成長早已為負，每年大約負個五%，台灣的經濟衰退已到了極嚴重的程度，《荀子．大略篇》說，如果一個國家沒有治國之方略，只會講大話空話欺騙人民，那就是「妖國」，今天台灣的經濟衰退、食品安全問題混亂無比，這不是「妖國」，什麼才是「妖國」！

除了經濟外，一個妖國由於妖孽成群，錯的事愈錯愈大，上個星期有兩件事值得討論：一是特偵組違法濫權監聽，還監聽了許多檢察官和法官。這顯示了特偵組的紕漏愈鬧愈大，而且由特偵組的卷證，已發現到特偵組在訊問高檢署檢察官林秀濤和陳正芬時，特偵組的訊問方式，形同是在用威嚇誘導的方法意圖將別人羅織，中國古代有一種訊問方式叫做「羅織」，它是指問案的人早已有立場，問話時就圍繞著自己的立場威逼利誘，企圖證明自己的偏見。「羅織」這種手法的祖師是唐代武則天時的「左都御史中丞」來俊臣，相當於今天的監察院副院長，他擅於整人鬥人，當他決定要鬥一個人時，就會動員一群流氓特務濫告濫訴，將別人以莫須有的罪名羅織入罪，因此《舊唐書》將來俊臣列為「酷吏」第一名，來俊臣的問案手法，我們已可說特偵組簡直是「妖臣」和「酷吏」。

第二是上星期監察院彈劾黃世銘未過，民意罵成一團。台灣的監察院早已成了小立院，正經事沒有辦一件，現在碰到了馬英九可能會捲入的黃世銘案，監察委員當然原形畢

露，藉著護黃來護馬。監察院已成了護馬院。當一個國家濫權日盛，紕漏愈鬧愈大，最後整個體制部會動員來保駕，體制的離譜事情已愈來愈多，整個體制的妖性就會大發，有人說監委已成奸偉，我則認為監委已成了妖委。

今天的台灣已愈來愈離譜，整個國家已亂上加亂，這不是「國妖」，什麼才是「國妖」！

請續看馬政權的開場、中場與收場（下）收場

新修版

馬政權的開場、中場與收場(中)中場

作者：南方朔
發行人：陳曉林
出版所：風雲時代出版股份有限公司
地址：10576台北市民生東路五段178號7樓之3
電話：(02) 2756-0949
傳真：(02) 2765-3799
執行主編：劉宇青
美術設計：吳宗潔
業務總監：張瑋鳳

出版日期：2023年6月 新版一刷
版權授權：王杏慶
ISBN：978-626-7303-73-3

風雲書網：http://www.eastbooks.com.tw
官方部落格：http://eastbooks.pixnet.net/blog
Facebook：http://www.facebook.com/h7560949
E-mail：h7560949@ms15.hinet.net
劃撥帳號：12043291
戶名：風雲時代出版股份有限公司

風雲發行所：33373桃園市龜山區公西村2鄰復興街304巷96號
電話：(03) 318-1378
傳真：(03) 318-1378
法律顧問：永然法律事務所 李永然律師
北辰著作權事務所 蕭雄淋律師

行政院新聞局局版台業字第3595號 營利事業統一編號22759935

定價：380元

國家圖書館出版品預行編目資料

馬政權的開場、中場與收場 / 南方朔著. -- 二版. --
臺北市 : 風雲時代出版股份有限公司, 2023.05
冊； 公分
ISBN 978-626-7303-73-3 (中冊 : 平裝). --

1.CST: 臺灣政治 2.CST: 言論集

573.07 112004632